# Noch mehr Experimente

**Naturwissenschaften zum Ausprobieren**

# DER
# KINDER
# BROCK
# HAUS

# Noch mehr
# Experimente

## Naturwissenschaften zum Ausprobieren

Von Joachim Hecker

Mit Illustrationen von
Axel Weigend, Andreas Rzadkowsky
und Stefanie Scharnberg

**Bibliografische Information der Deutschen Nationalbibliothek**
Die Deutsche Nationalbibliothek verzeichnet diese Publikation in der Deutschen
Nationalbibliografie; detaillierte bibliografische Daten sind im Internet über
http://dnb.ddb.de abrufbar.

Das Wort BROCKHAUS ist für den Verlag Bibliographisches Institut &
F. A. Brockhaus AG als Marke geschützt.

**Redaktionelle Leitung** Nina Schiefelbein
**Redaktion und Bildredaktion** CoLibris-Lektorat Dr. Barbara Welzel
**Fachlektorat** Prof. Dr. Andreas Wieck
**Autor** Joachim Hecker
Die vorgestellten Experimente basieren auf der Sendereihe „Heckers
Hexenküche" im WDR-Kinderprogramm LILIPUZ.
**Herstellerische Leitung** Annette Aatz
**Layout** Horst Bachmann
**Illustration** Andreas Rzadkowsky, Stefanie Scharnberg, Axel Weigend
**Umschlaggestaltung** die grafiker, Heidelberg
**Umschlagabbildung** Andreas Rzadkowsky, Axel Weigend (Versuchsillustration);
picture-alliance / dpa, Frankfurt am Main (Taucher)
**Satz** Katrin Kleinschrot, Stuttgart
**Druck und Bindung** Firmengruppe APPL, Wemding
Printed in Germany

ISBN-10: 3-7653-3211-9
ISBN-13: 978-3-7653-3211-1

Die in diesem Buch dargestellten Experimente wurden sorgfältig vom Autor ausgesucht und
geprüft. Autor und Verlag können jedoch nicht ausschließen, dass einzelne Experimente nicht in
der dargestellten Weise gelingen. Die Haftung für das Gelingen der Experimente und mögliche
Schäden bei ihrem Fehlschlagen wird, soweit gesetzlich zulässig, ausgeschlossen.

# Vorwort

Liebe Leserinnen und Leser,

wann brennen Wunderkerzen unter Wasser? Warum kann man Spaghetti nicht in zwei Stücke brechen? Haben Joghurtbecher ein Gedächtnis? Kann man Eier kalt kochen und Wasser kalt zum Sieden bringen? Fragen über Fragen und noch ein Buch voller Antworten! Nach dem großen Erfolg des ersten Bandes „Kinder Brockhaus Experimente" hier nun der zweite mit noch mehr Experimenten für kleine und große Neugierige von 8 bis 99 Jahren.

Naturwissenschaften machen Spaß und stecken voller spannender Phänomene, die entdeckt werden wollen. Das geht am besten mit Experimenten, denn wer etwas verstehen will, der sollte es auch – im wahrsten Sinne des Wortes – „begreifen" können. Alles was ihr braucht, findet ihr bei euch zu Hause. Für ein paar Versuche müsst ihr sogar Schokolade essen, um an die nötigen Zutaten zu gelangen – im Dienst der Wissenschaft, versteht sich!

Dass eure Experimente gelingen, ist sicher. Denn sie fußen auf der Sendereihe „Heckers Hexenküche – Experimente im Radio für Kinder" in der Sendung LILIPUZ des Westdeutschen Rundfunks (WDR). Dort haben ganze Schulklassen mit mir Kerzenflammen und Rosinen tanzen lassen, Kugellager gebaut oder „in die Röhre geguckt".

Wie schon im ersten Band werdet ihr sehen, wo das, was ihr in den Experimenten seht, im Alltag vorkommt – und nicht selten verblüfft sein. Was Postkarten schweben lässt, lässt auch eine Magnetschwebebahn gleiten. So, wie ihr mit Spritzen Wasser drückt, werden auch große Bagger bewegt. Und wie ihr über den Gartenschlauch telefoniert, hört euch der Arzt an Bauch und Rücken ab.

Ich wünsche euch von Herzen viel Spaß beim Lesen und Experimentieren, beim Spielen und Entdecken!

*(Joachim Hecker)*

# Inhalt

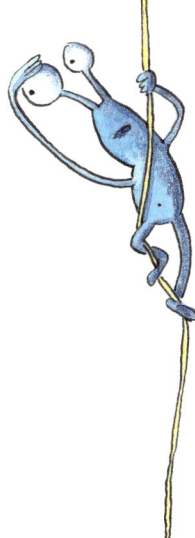

▉ Themen-Sonderseite

# So benutzt du dieses Buch

Jedes Experiment in diesem Buch wird zusammen mit einer naturwissenschaftlichen Erklärung und Beispielen aus dem Alltag auf einer Doppelseite dargestellt. Wo was auf der Seite steht, wird dir unten genau gezeigt. Über das Buch verstreut findest du außerdem große Sonderseiten, auf denen dir Kalle Clever und seine Freundin Maja erstaunliche Informationen und witzige Anekdoten zu bestimmten Themen präsentieren.

Wenn du einen Begriff nicht kennst, sieh im Glossar auf den Seiten 170–171 nach. Dort werden schwierige Wörter erklärt. Kommen im Text chemische Elemente vor, sind in Klammern die Elementsymbole angegeben, wie sie auch im Periodensystem stehen. Auf den Seiten 172–175 gibt es ein Register, in dem du nachschlagen kannst, wenn du im Buch nach einem speziellen Thema, einem Begriff oder Experiment suchst.

**❶ Schwierigkeitsgrad**
Auf dem Stempel ist der Schwierigkeitsgrad des Experiments angegeben. Ist er gelb markiert, bedeutet das, dass du einen Erwachsenen dazuholen solltest, z. B. wenn mit Feuer oder scharfen Gegenständen hantiert wird.

**❷ Zeitangabe**
Diese Angabe sagt dir, wie lange das Experiment ungefähr dauert.

**❸ Zutatenliste**
Diese Liste gibt an, welche Dinge du zum Experimentieren benötigst.

**❹ Experiment**
Schritt für Schritt wird hier erklärt, wie du bei dem Experiment vorgehen musst, damit alles gut klappt. Die roten Zahlen zeigen an, in welcher Illustration der beschriebene Arbeitsschritt dargestellt ist.

## Laborregeln für Profis

Wenn du zu Hause experimentierst, wird aus eurer Küche oder dem Badezimmer ein kleines „Labor". So nennt man den Arbeitsraum eines Naturwissenschaftlers. Deshalb solltest du dich dort – wie die Profis auch – an ein paar Regeln halten:

- Essen und Trinken sind im Labor tabu – es sei denn, das Experiment sieht es ausdrücklich vor. Denn beim Experimentieren gilt deine ganze Aufmerksamkeit dem Versuchsablauf.

- Versuchsabfälle gehören in den Müll: Was beim Experimentieren übrig bleibt, und sei es ein Ei oder etwas Essig, kommt in den Abfalleimer.

- Nach dem Experimentieren sollten alle Versuchsspuren beseitigt werden, damit das Labor wieder zur Küche werden kann; das heißt aufräumen und danach gründlich die Hände waschen.

---

**Warum ist das so?**  **6**

Das Besteck wurde durch die Hitze der Flammen erwärmt und hat sich ausgedehnt. Mit bloßem Auge ist das nicht zu erkennen, weil die Ausdehnung nur sehr gering ist, aber die Sicherheitsnadel als Anzeigeinstrument macht die Längenänderung sichtbar. Weil die Nadel sehr dünn ist, also einen kleinen Durchmesser hat, dreht sie sich schon bei kleinen Auslenkungen deutlich sichtbar. Dabei wirkt das freie Ende der Sicherheitsnadel als Zeiger, verwandelt also eine kleine Drehung in einen großen Zeigerausschlag.
Machst du die Kerzen aus, schrumpft das Metall auf seine ursprüngliche Größe zurück. Ausdehnen und Zusammenziehen macht das Besteck übrigens, so oft du willst, ohne zu ermüden oder sich zu verbrauchen.

**Wo kommt das vor?** **7**

Praktisch alle Stoffe dehnen sich bei Wärme aus und ziehen sich bei Kälte zusammen (siehe Experiment S. 16). Das geschieht normalerweise gleichmäßig, nur an zwei Punkten nicht: am Schmelz- und am Siedepunkt, also dann, wenn Stoffe ihren Aggregatzustand ändern, das heißt vom festen in den flüssigen Zustand wechseln oder vom flüssigen in den gasförmigen.
Dass sich Stoffe ausdehnen und zusammenziehen, darf man nicht vergessen. Brücken etwa sind nie direkt an die Straße gebaut, sondern besitzen Dehnungsfugen, also Lücken an beiden Seiten. Sie liegen frei beweglich auf Rollen (Lagern), damit sie sich im Sommer ausdehnen und im Winter zusammenziehen können, ohne dass die Brücke einstürzt. Daher sind die Lücken im Winter größer als im Sommer, was man beim Darüberfahren oft deutlich merkt. Solche Dehnungsfugen werden

auch in den Unterbau von Autobahnen eingebaut, damit sich die Fahrbahndecke bei Temperaturunterschieden verändern kann, ohne dass die Straße gleich beschädigt wird.
Eisenbahnschienen sind im Sommer länger als im Winter. Früher ließ man Lücken zwischen den einzelnen Schienenstücken, was man beim Fahren als „klack-klack" hörte. So hatten die Schienen Platz zu „arbeiten", konnten sich also ausdehnen. Sonst wären die Schienen krumm geworden und Züge entgleist. Heute werden Schienen ohne Lücken aneinandergeschweißt und so fest verlegt, dass sie sich beim Ausdehnen gar nicht verbiegen können.

---

**8**

■ **Metalle als Strom- und Wärmeleiter: Note „sehr gut"**
Alle Stoffe, die gut Wärme leiten, leiten auch gut Strom – und umgekehrt. Das beste Beispiel sind die Metalle, die Wärme ausgezeichnet leiten. Sie fühlen sich zum Beispiel immer kalt an, wenn du sie anfasst, da sie sofort die Wärme von der Hand ableiten. Ebenso gut leiten sie Strom. Der Grund dafür ist, dass Metalle wie Gold, Silber, Kupfer oder Eisen sehr regelmäßig aufgebaut sind und ihre Ladungsträger – die Elektronen – besonders flink und beweglich sind. ■

Zusammendrücken und ausdehnen **9**

---

**5** **Ergebnis**
Mal völlig unerwartet, mal verblüffend einfach: Hier wird das Versuchsergebnis beschrieben.

**6** **Erklärung**
In einfachen Worten wird hier erklärt, welches naturwissenschaftliche Phänomen hinter diesem Experiment steckt und wie es funktioniert.

**7** **Beispiel aus dem Alltag**
Der Kasten enthält alltägliche und überraschende Beispiele, wo uns das Prinzip, das dem Experiment zugrunde liegt, in unserer Umwelt begegnet.

**8** **Sonderinfo**
Hier präsentieren Kalle und Maja spannende Zusatzinformationen.

**9** **Kapitel**
Der farbige Balken zeigt an, in welchem Kapitel du dich befindest.

# Vitamin-Rakete

„Zehn, neun, acht, sieben ...", der Countdown läuft. Die Rakete ist geladen und startklar. Der Treibstoff arbeitet schon, gleich hebt sie ab. Und das Beste: Das Startzentrum ist bei dir zu Hause!

☐ leicht
☑ mittel
☐ schwer
☐ nur für Erwachsene unter Aufsicht von Kindern

**ZEIT:** ca. 10 Minuten

**Was brauchst du?**

■ 1 Vitamin-Brausetablette   ■ 1 gelbes Plastikei aus einem Überraschungs-Ei   ■ etwas Wasser

## Wie wird der Versuch aufgebaut?

Gib die Vitamin-Brausetablette in die eine Hälfte des Plastikeies (1). Stelle dir eine Kanne mit Wasser bereit. Und jetzt muss alles sehr schnell gehen: Fülle die Plastikeihälfte bis zum Rand mit Wasser auf (2), verschließe sie schnell mit der anderen Hälfte und stelle das Ei aufrecht hin (3).

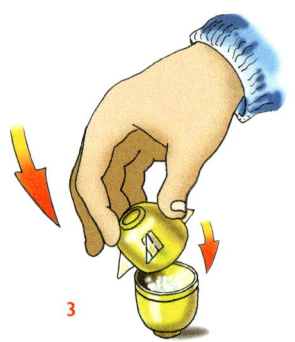

## Was passiert?

Nach wenigen Sekunden gibt es einen Knall und die obere Hälfte des Plastikeies zischt in die Höhe (4). Wenn du fix bist, kannst du die Brausetablette für mehrere Starts verwenden, denn sie sprudelt einige Minuten lang. Mit Backpulver und Wasser funktioniert dieser Versuch übrigens auch. Ein halber Teelöffel pro Start reicht als Raketentreibstoff.

Tipp: Du kannst die obere Hälfte des Plastikeies mit drei kleinen Flügelchen aus Klebefilm – einem sogenannten Leitwerk – versehen, dann fliegt sie höher!

## Warum ist das so?

In Brausepulver und -tabletten, aber auch in Backpulver, sind zwei Chemikalien enthalten, die ziemlich heftig miteinander reagieren: Natron (Natriumhydrogencarbonat, $NaHCO_3$) und Wein- oder Zitronensäure. Beide Stoffe sind in der Tablette zunächst getrennt und kommen erst im Wasser in Kontakt, wo sie miteinander reagieren, was du an den vielen kleinen Gasbläschen sehen kannst. Dabei entsteht Kohlendioxid ($CO_2$). Weil es ein Gas ist, braucht es viel Platz, den es in dem engen Plastikei jedoch nicht hat. Weil ständig neues Gas entsteht, baut sich innen ein großer Druck auf, der das Ei irgendwann auseinanderreißt. Dabei fliegt das Oberteil mit hoher Geschwindigkeit nach oben weg.

### ■ Wenn die Sonne schubst

Neue Antriebe im Weltraum kommen ohne Treibstoff an Bord aus. Die amerikanisch-russische Raumsonde „Cosmos 1" etwa hat ein Sonnensegel an Bord, das mit $600\,m^2$ so groß ist wie 33 Fußballtore. Es ist federleicht, weil es nur aus einer hauchdünnen Folie besteht, die im Weltraum aufgespannt wird. Das Sonnenlicht, das aus vielen winzigen Teilchen, den „Photonen", besteht, soll diese Sonde antreiben. Wie kleine Bällchen prallen die von der Sonne kommenden Photonen auf das Sonnensegel und geben der Sonde jeweils einen kleinen Schubs. Dadurch kommt sie langsam in Fahrt. Zuerst bewegt sich die Sonde nur mit 18 cm in der Stunde, nach 100 Tagen aber bereits mit 16 000 km, nach drei Jahren mit 160 000 km in der Stunde. ■

## Wo kommt das vor?

Die Brausetablette bewirkt eine kontrollierte Explosion. Als „kontrolliert" bezeichnet man sie deshalb, weil klar ist, was dabei passiert. In Raketen wird eine Explosion über lange Zeit kontrolliert aufrechterhalten. Die entstehenden Gase können nur in einer Richtung entweichen: durch die Düsen des Triebwerks. Dabei erreichen sie Geschwindigkeiten von 18 000 km/h. Obwohl die Gase leicht sind, drücken sie durch das Tempo, mit dem sie ausströmen, tonnenschwere Raketen nach oben. Auch bei einer Sprengung explodieren Stoffe kontrolliert. Sprengstoffe wie Dynamit, das der schwedische Chemiker Alfred Nobel (1833–1896) entwickelte, verbrennen beim Zünden so schnell und heftig, dass man von einer Explosion spricht. Dabei entstehen augenblicklich große Mengen Gas. Diese stehen unter gewaltigem Druck und

breiten sich mit Geschwindigkeiten von bis zu 32 000 km/h aus. Erst wenn der Sprengstoff eingeschlossen ist – etwa in einem Knallkörper mit Papier fest umwickelt –, kommt es zu einer Detonation. Dabei können die Gase sogar Gestein auseinanderdrücken, wie bei Sprengungen in Bergwerken oder Steinbrüchen. Auch alte, abbruchreife Bauten werden so zum Einsturz gebracht.

# Geysir aus der Flasche

Geysire sind normalerweise heiß, und es gibt sie nicht in Deutschland. Dein selbst gebauter Geysir ist kalt und kann sogar in einem deutschen Garten vorkommen. Wenn du ihn mit Bonbons fütterst, bedankt er sich mit einer tollen Fontäne.

☐ leicht
☑ mittel
☐ schwer
☐ nur für Erwachsene unter Aufsicht von Kindern

**ZEIT:** ca. 5 Minuten

**Was brauchst du?**

■ 1 Flasche kohlensäurehaltiges Mineralwasser („Sprudelwasser"; am besten eine 1,5-Liter-Flasche) ■ 1 Blatt Papier ■ Klebefilm ■ 1 Rolle Bonbons (am besten der Marke „mentos")

**Wie wird der Versuch aufgebaut?**

Nimm ein Blatt Papier und rolle es so, dass es um die Bonbonrolle herumpasst. Klebe es mit Klebefilm zusammen, damit es sich nicht wieder aufrollt (1). Stelle die Flasche auf den Boden und schraube den Deckel ab. Dann öffne die Bonbonrolle und lass die Bonbons in die Papierröhre fallen, die du unten mit dem Daumen zuhältst, damit die Bonbons nicht gleich durchfallen (2). Halte die Rolle mit den Bonbons über die Flaschenöffnung und nimm den Finger unter der Rolle weg, sodass alle Bonbons auf einmal in die Flasche fallen (3). Gehe schnell ein paar Schritte von der Flasche weg.

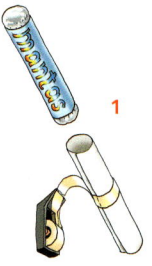

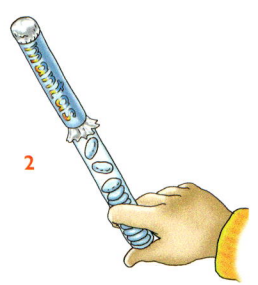

**Was passiert?**

Aus der Flasche kommt sofort eine Riesenfontäne Wasser herausgeschossen (4). Fast der komplette Inhalt der Flasche spritzt heraus, nur ein kleiner Rest bleibt übrig. Die Bonbons liegen auf dem Boden der Flasche.

## Warum ist das so?

In dem Mineralwasser ist Kohlensäure (Kohlendioxid) gelöst, die nach dem Öffnen der Flasche allmählich frei wird. Sie soll beim Trinken ein erfrischendes Gefühl erzeugen. Wirft man nun die Kaubonbons in die Flasche, bilden sich an der rauen Oberfläche der Bonbons bevorzugt Gasbläschen (siehe Experiment S. 112). Hier kann die Kohlensäure in großer Menge aus der Flüssigkeit austreten. Da die Kaubonbons relativ schwer sind (schwerer als die Rosinen auf S. 112), bleiben sie auf dem Boden der Flasche liegen, die Gasbläschen lösen sich von ihnen und steigen auf. Erstaunlich ist, wie schnell das geht – nämlich augenblicklich. Dabei schiebt das frei werdende Kohlendioxid das Wasser nach oben und mit Schwung aus der Flasche heraus.

### ■ Geysire

Sie können bis zu 60 m hohe Wasserfontänen sprühen und sind eine faszinierende Erscheinung: Geysire (vom isländischen „geysa", was „in heftige Bewegung bringen" heißt) sind Touristenattraktionen. Ob der bekannte „Old Faithful" („alter Getreuer") im Yellowstone Nationalpark in den USA oder die vielen

kleineren Geysire auf der Insel Island – ein natürlicher Mechanismus erzeugt die Ausbrüche: In vulkanischen Gebieten, wo das heiße Erdinnere nah an die Erdoberfläche kommt, sammelt sich unterirdisch Wasser. Es wird erhitzt und gerät dadurch unter Druck. Irgendwann kocht es und der Druck ist so groß, dass das Wasser durch Lücken im Gestein nach oben gedrückt wird. Dabei verdampft ein Teil und schiebt Wasser mit nach oben, wo es als Fontäne aus der Erde sprüht. ■

## Wo kommt das vor?

Wer keine Kohlensäure mag, kann mit einem einfachen Trick aus Sprudelwasser „stilles Wasser" machen: Dazu reicht es, einige Körner Salz ins Wasser zu geben. Daraufhin schäumt das Wasser kurz, weil sich an jedem Salzkörnchen Kohlendioxidbläschen bilden und aufsteigen. Danach ist im Wasser deutlich weniger Kohlensäure.

In guten Sektgläsern ist am Boden eine kleine raue Kerbe. Hier löst sich das Kohlendioxid bevorzugt aus dem Sekt und die einzelnen Bläschen schweben wie an einer Perlenschnur zur Oberfläche. Auch Siedesteine (siehe S. 15) bieten Ansatz-

punkte für Dampfblasen, wenn Flüssigkeiten kochen. Dadurch, dass die Blasen nach und nach aufsteigen, kann verhindert werden, dass Flüssigkeiten plötzlich entgasen, also explosionsartig zu kochen beginnen, sobald sie – etwa durch Umrühren – bewegt werden.

# Wasser kalt kochen

Wenn du Wasser kochen willst, erhitzt du es normalerweise.
Das ist die eine Möglichkeit – und sie dauert. Die andere
Möglichkeit, Wasser sofort zum Kochen zu bringen, kostet
dich nur etwas Kraft …

☐ leicht
☑ mittel
☐ schwer
☐ nur für Erwachsene
   unter Aufsicht von
   Kindern

**ZEIT:** ca. 5 Minuten

### Was brauchst du?

■ 1 große Einwegspritze aus Plastik (z. B. 20 ml) aus der Apotheke
■ 1 Glas mit Wasser

### Wie wird der Versuch aufgebaut?

Ziehe die Spritze zu einem Viertel mit Wasser auf (1). Halte
dann die Spritzenöffnung mit einem Finger zu und ziehe den
Kolben kräftig so weit wie möglich heraus (2). Er darf dabei
aber nicht herausrutschen.

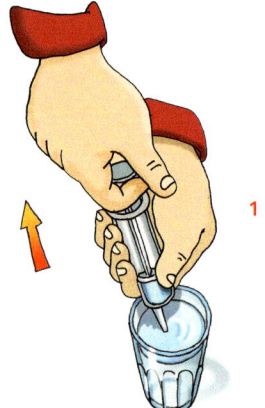

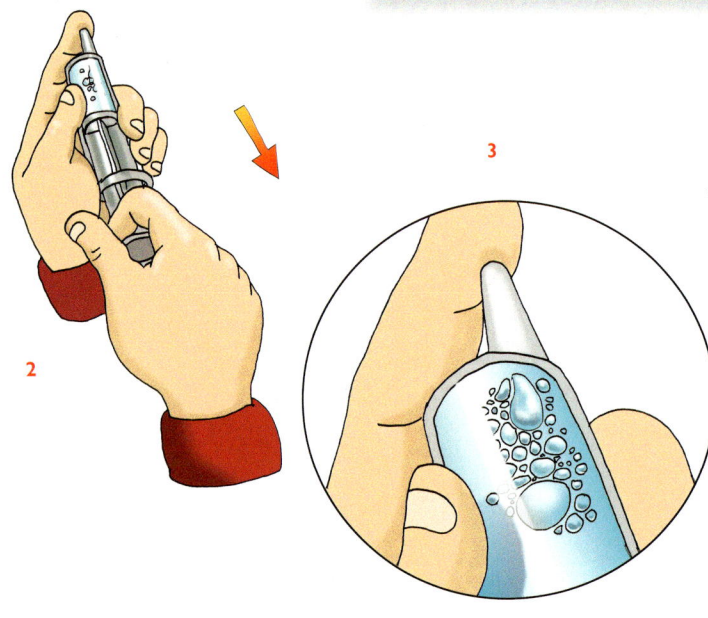

### Was passiert?

Obwohl nur Wasser in der Spritze ist,
bildet sich in ihr plötzlich Luft: Im
Wasser entstehen Luftbläschen, die
immer größer werden, je weiter
du den Kolben herausziehst (3).
Es scheint so, als ob das Wasser in
der Spritze kocht und sich dabei
Dampfbläschen bilden. Wenn du an
der Spritze fühlst, merkst du jedoch,
dass sie nicht wärmer geworden ist.

## Warum ist das so?

Kochen oder Sieden bedeutet laut Lexikon „Erhitzen bis zum Siedepunkt". Am Siedepunkt verdampfen Flüssigkeiten, bei Temperaturen darunter sind sie also flüssig, darüber gasförmig. Der Siedepunkt liegt aber nicht bei einer fixen Temperatur, die immer und überall gleich ist, sondern er hängt vom Druck ab, dem die Flüssigkeit ausgesetzt ist. Das ist normalerweise der uns umgebende Luftdruck, und der lässt Wasser erst bei 100 °C sieden und verdampfen. In der Spritze verringerst du allerdings diesen Druck, indem du den Kolben herausziehst – und damit sinkt die Siedetemperatur. Ziehst du stark genug, sinkt sie bis auf Raumtemperatur, und dann siedet das Wasser beispielsweise schon bei 20 °C. Das siehst du an den Gasbläschen im Wasser. Diesen Vorgang, wenn Wasser aufgrund des Unterdrucks spontan verdampft und die Dampfblasen dann schlagartig wieder zusammenfallen, nennt man „Kavitation".

### ■ Oh Schreck – der Siedeverzug

Der Gefrierpunkt (0 °C) und der Siedepunkt von Wasser bei Normaldruck (100 °C) bilden die zwei Fixpunkte auf unserer Temperaturskala, die auf den schwedischen Astronomen Anders Celsius (1701–1744) zurückgeht. Doch nicht immer kocht Wasser – bildet also Dampfblasen –, wenn es siedet. Reines Wasser wurde schon bei 270 °C beobachtet, ohne dass Dampfblasen aufstiegen, denn Dampfblasen bilden sich immer an Unregelmäßigkeiten im Wasser wie etwa an Staubkörnern. Fehlen diese, kann Wasser heißer als sein Siedepunkt werden – dann ist es im „Siedeverzug", und eine kleine Störung reicht aus, dass sich explosionsartig Dampfblasen bilden. Künstliche Verunreinigungen wie poröse Siedesteine bewirken, dass sich – etwa im Labor – frühzeitig Dampfblasen bilden, wenn eine Flüssigkeit erhitzt wird. Damit verhindert man den gefürchteten Siedeverzug, der bei ätzenden Chemikalien sehr gefährlich ist. ■

## Wo kommt das vor?

Schiffsschrauben oder Turbinenschaufeln drehen sich vor allem an den Außenkanten so schnell, dass dort großer Unterdruck entsteht. Durch Kavitation bilden sich Wasserdampfblasen, die schnell wieder implodieren, also in sich zusammenfallen. Bei diesen Implosionen entsteht großer Druck, der Metallstückchen von Schiffsschraube oder Turbinenschaufel regelrecht wegsprengt und diese so beschädigt. Dieser Effekt kann aber auch nützlich sein: Ultraschallzahnbürsten erzeugen durch Kavitation unzählige Bläschen, die beim Platzen Ablagerungen von den Zähnen wegnehmen. Die nur etwa 5 cm großen Pistolen- oder Knallkrebse können mit einer Schere so schnell schnippen, dass dabei Kavitation entsteht. Wenn die

Dampfblasen in sich zusammenfallen, erzeugen sie eine Schallwelle, mit der die Krebse Würmer und sogar kleine Fische betäuben. Zudem ist das Knallen unter Wasser weithin hörbar – und irritiert sogar die empfindlichen Sonargeräte, die Kriegsschiffe benutzen, um feindliche U-Boote aufzuspüren.

# Trinkhalm, biege dich!

Vom Lügen soll's eine lange Nase geben oder kurze Beine.
Aber von wegen „lügen, dass sich die Balken biegen":
Bei diesem Experiment biegen sich die Trinkhalme. Und
das ganz ehrlich!

☐ leicht
☐ mittel
☐ schwer
☑ nur für Erwachsene unter Aufsicht von Kindern

**ZEIT:** ca. 6 Stunden

### Was brauchst du?

■ 2 Trinkhalme mit Knick   ■ Klebefilm   ■ Bastelkleber
■ siedendes Wasser   ■ einen erwachsenen Helfer

### Wie wird der Versuch aufgebaut?

Lege die beiden Trinkhalme dicht nebeneinander und klebe
sie unter dem Knick und am unteren Ende mit einem Stück-
chen Klebefilm zusammen (1). Ziehe zwischen den beiden
Halmen der Länge nach eine Naht aus Klebstoff und lass sie
trocknen. Das Stück über dem Knick bleibt frei. Ist der Klebstoff getrocknet, entfernst du den Klebefilm und ziehst eine
zweite Klebstoffnaht auf der Rückseite (2). Jetzt sind beide
Trinkhalme fest miteinander verklebt. Wenn der Kleber überall fest ist, knickst du eines der kurzen Enden nach vorne. An
ihm hältst du die beiden Trinkhalme fest, während dein Helfer
in das andere kurze Stück vorsichtig heißes Wasser gießt (3).

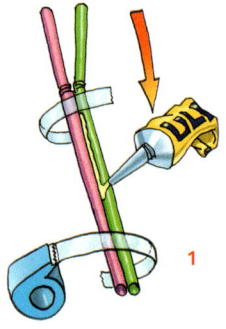

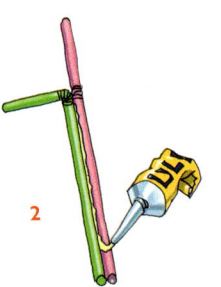

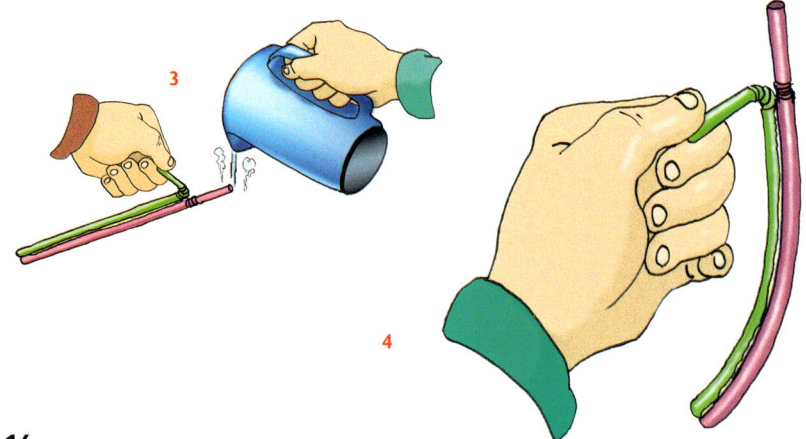

### Was passiert?

Die Trinkhalme biegen sich (4).
Sie wölben sich gemeinsam in
die Richtung, in der der „kalte"
Halm angeklebt ist.

16

## Warum ist das so?

Werden Stoffe wärmer, dehnen sie sich aus (siehe Experiment S. 18). Die Trinkhalmkonstruktion ist allerdings so beschaffen, dass nur der eine Trinkhalm heiß wird, der andere kaum. Der heiße Trinkhalm muss länger werden, doch da er mit dem zweiten Halm fest verbunden ist, ist das nicht so einfach. Um sich dafür Raum zu schaffen, biegt er beide Halme mit Kraft. Würde man diesen Trinkhalm hingegen kühler machen als den anderen, bögen sich beide Trinkhalme in die andere Richtung.

### ■ Immer mit der Ruhe

In Thermostaten, die mit Bimetall oder vollelektronisch arbeiten, ist eine sogenannte „Hysterese" mit eingebaut. Sie sorgt dafür, dass sich das Kühlelement im Kühlschrank bei einer niedrigeren Temperatur ausschaltet, als es sich einschaltet. Das ist wichtig, denn würde es sich bei derselben Temperatur – beispielsweise 8 °C – ein- und ausschalten, würde der Kühlschrank nie zur Ruhe kommen, sondern sich ständig bei 8 °C ein- und ausschalten und schnell kaputtgehen. Auch Dämmerungsschalter für die Hausbeleuchtung würden bei Dämmerung ständig flackern, wenn sie sich dank Hysterese nicht bei weniger Helligkeit ein- und bei mehr Helligkeit ausschalten würden. ■

## Wo kommt das vor?

Durch eine Konstruktion wie mit deinen Trinkhalmen lässt sich Wärme in eine Bewegung verwandeln. Wäre auf einer Seite der Halme ein Schalter, dann könnten die Trinkhalme ihn anschalten, wenn sie sich bei Hitze stark genug biegen. In der Technik benutzt man natürlich keine Trinkhalme, sondern legt zwei (lat. = „bi") unterschiedliche Metalle aufeinander – das nennt man „Bimetall" –, die sich bei Erhitzung unterschiedlich stark ausdehnen und deshalb wie die Halme biegen.

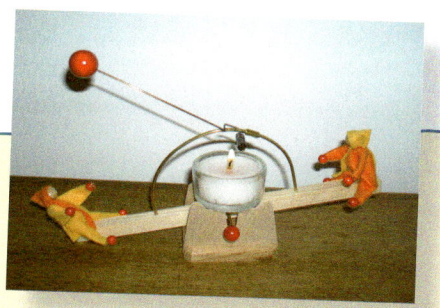

Als Thermostat schalten Bimetalle den Wasserkocher ab, wenn das Wasser brodelt, und passen auf, dass sich die Heizplatte der Kaffeemaschine nicht überhitzt. Meist ist ein typisches Knacken zu hören, wenn das Bimetall einen Kontakt herstellt oder löst.

In manchen Taschenlampen sind Blinklichter eingebaut. Meistens ist in dem Blinkbirnchen ein Bimetall eingebaut: Ist es kalt, schließt es einen Kontakt, und das Birnchen leuchtet. Dabei entsteht Wärme, das Bimetall biegt sich und schaltet das Birnchen aus, um es bald wieder einzuschalten. Dieses Prinzip heißt „Selbstunterbrecher". So funktioniert auch die „Kerzenwippe", bei der ein Bimetall durch ein Teelicht erhitzt wird und ein Gewicht hin- und herschwenkt, das zwei Püppchen wippen lässt.

Stromanschlüsse

Bimetallstreifen

Schaltkontakt

**Bimetall-Schalter**

# Bei Hitze strecken

Wenn man schwitzt, möchte man am liebsten alle viere von sich strecken. Dagegen ziehen wir uns zusammen, wenn wir frieren. Genauso reagieren die Dinge um uns herum auf Hitze und Kälte.

☐ leicht
☐ mittel
☐ schwer
☑ nur für Erwachsene unter Aufsicht von Kindern

**ZEIT:** ca. 30 Minuten

### Was brauchst du?

🟧 1 langes Küchenbesteck aus Metall (z. B. Schöpfkelle) 🟧 3 Teelichter 🟧 1 Schälchen oder kleinen Topf mit ganz ebenem Boden 🟧 1 Sicherheitsnadel 🟧 1 Feuerzeug oder Streichhölzer

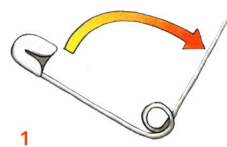

1

### Wie wird der Versuch aufgebaut?

Biege eine Sicherheitsnadel auf (1). Lege das Besteckteil aus Metall auf eine Arbeitsplatte in der Küche. Dabei soll es mit einem Ende die Wand berühren. Bei der Kelle etwa stößt das runde Ende gegen die Wand und der Stiel zeigt davon weg. Den Stiel legst du hoch auf ein umgedrehtes Schälchen, sodass er ziemlich waagerecht liegt. Lege nun unter die Stelle, mit welcher der Stiel das Schälchen berührt, das spitze Ende der aufgebogenen Sicherheitsnadel. Das andere Ende der Sicherheitsnadel soll nach oben zeigen (auf „12 Uhr"). Zünde die Teelichter an und stelle sie unter den Stiel (2).

2

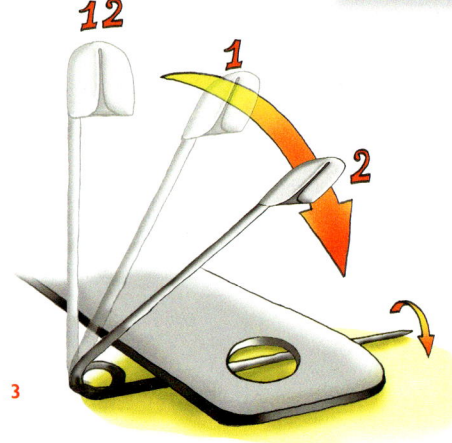

12

1

2

3

### Was passiert?

Nach etwa 5 Minuten hat sich die Sicherheitsnadel gedreht! Sie zeigt nicht mehr auf „12 Uhr", sondern ungefähr auf „14 Uhr" oder sogar auf „15 Uhr" – je nachdem, aus welchem Metall dein Besteck ist und wie heiß es wird (3).

Achtung: Beim Abbauen des Versuchs löschst du erst die Teelichter und wartest dann eine Viertelstunde, bis sich das knallheiße Metall abgekühlt hat!

## Warum ist das so?

Das Besteck wurde durch die Hitze der Flammen erwärmt und hat sich ausgedehnt. Mit bloßem Auge ist das nicht zu erkennen, weil die Ausdehnung nur sehr gering ist, aber die Sicherheitsnadel als Anzeigeinstrument macht die Längenänderung sichtbar. Weil die Nadel sehr dünn ist, also einen kleinen Durchmesser hat, dreht sie sich schon bei kleinen Auslenkungen deutlich sichtbar. Dabei wirkt das freie Ende der Sicherheitsnadel als Zeiger, verwandelt also eine kleine Drehung in einen großen Zeigerausschlag.

Machst du die Kerzen aus, schrumpft das Metall auf seine ursprüngliche Größe zurück. Ausdehnen und Zusammenziehen macht das Besteck übrigens, so oft du willst, ohne zu ermüden oder sich zu verbrauchen.

### ■ Metalle als Strom- und Wärmeleiter: Note „sehr gut"

Alle Stoffe, die gut Wärme leiten, leiten auch gut Strom – und umgekehrt.

Das beste Beispiel sind die Metalle, die Wärme ausgezeichnet leiten. Sie fühlen sich zum Beispiel immer kalt an, wenn du sie anfasst, da sie sofort die Wärme von der Hand ableiten. Ebenso gut leiten sie Strom. Der Grund dafür ist, dass Metalle wie Gold, Silber, Kupfer oder Eisen sehr regelmäßig aufgebaut sind und ihre Ladungsträger – die Elektronen – besonders flink und beweglich sind. ■

## Wo kommt das vor?

Praktisch alle Stoffe dehnen sich bei Wärme aus und ziehen sich bei Kälte zusammen (siehe Experiment S. 16). Das geschieht normalerweise gleichmäßig, nur an zwei Punkten nicht: am Schmelz- und am Siedepunkt, also dann, wenn Stoffe ihren Aggregatzustand ändern, das heißt vom festen in den flüssigen Zustand wechseln oder vom flüssigen in den gasförmigen.

Dass sich Stoffe ausdehnen und zusammenziehen, darf man nicht vergessen. Brücken etwa sind nie direkt an die Straße gebaut, sondern besitzen Dehnungsfugen, also Lücken an beiden Seiten. Sie liegen frei beweglich auf Rollen (Lagern), damit sie sich im Sommer ausdehnen und im Winter zusammenziehen können, ohne dass die Brücke einstürzt. Daher sind die Lücken im Winter größer als im Sommer, was man beim Darüberfahren oft deutlich merkt. Solche Dehnungsfugen werden

auch in den Unterbau von Autobahnen eingebaut, damit sich die Fahrbahndecke bei Temperaturunterschieden verändern kann, ohne dass die Straße gleich beschädigt wird.

Eisenbahnschienen sind im Sommer länger als im Winter. Früher ließ man Lücken zwischen den einzelnen Schienenstücken, was man beim Fahren als „klack-klack" hörte. So hatten die Schienen Platz zu „arbeiten", konnten sich also ausdehnen. Sonst wären die Schienen krumm geworden und Züge entgleist. Heute werden Schienen ohne Lücken aneinandergeschweißt und so fest verlegt, dass sie sich beim Ausdehnen gar nicht verbiegen können.

# Ist Plastik doof?

Der Joghurtbecher ist schnell ausgelöffelt und weggeworfen.
Aber eigentlich wird es ausgerechnet dann erst richtig span-
nend. Joghurtbecher haben nämlich ein prima Gedächtnis.
Also, ausspülen und erinnern lassen!

☐ leicht
☐ mittel
☐ schwer
☑ nur für Erwachsene unter Aufsicht von Kindern

**ZEIT:** ca. 30 Minuten

### Was brauchst du?

◼ Backofen  ◼ Permanentmarker  ◼ 1 leeren, sauberen Joghurt-,
Quark- oder Puddingbecher aus Plastik – aus „Polystyrol" (er muss
eines dieser Zeichen auf dem Boden haben: [PS] oder [06] )

### Wie wird der Versuch aufgebaut?

Bemale den Joghurtbecher mit einem Motiv deiner Wahl (1).
Lege ein Backblech mit Backpapier oder Aluminiumfolie aus
und stelle den Plastikbecher mit der Öffnung nach unten darauf. Schiebe das Backblech mit dem Becher auf der untersten
Schiene in den Backofen (2), und schließe die Klappe. Wähle
als Temperatur 110–120 °C und stelle den Herd an. Wenn
du einen Umluftherd hast, stellst du auf „Umluft", sonst auf
„Oberhitze".

### Was passiert?

Der Plastikbecher beginnt zu
schmelzen. Zuerst dellt sich der
Boden ein, dann schrumpfen die
Seiten, bis der Becher eine flache
Scheibe geworden ist (3). Deine
Zeichnung wird dabei völlig
verzerrt! Stelle nun den Ofen
aus, mache ihn auf und lass den
Becher abkühlen, bevor du ihn
anfasst.

## Warum ist das so?

Der Joghurtbecher besteht aus Kunststoff. Und Kunststoffe bestehen aus Polymeren – langen Ketten von Molekülen, kleinen Bausteinen also, die miteinander wie Perlen auf einer Schnur verbunden sind. Beim

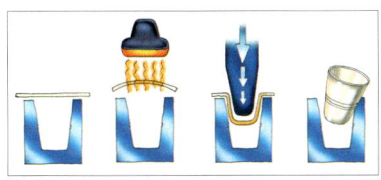

Erwärmen werden diese Polymere beweglich wie Gummibänder. Die Polymerketten des Joghurtbechers ziehen sich zusammen, und der Becher wird ganz flach. Und zwar so flach, wie er schon einmal war – bevor er in der Fabrik zum Becher geformt wurde. Dort wurde er als Scheibe aus einer dicken Plastikfolie ausgestanzt, unter einer Wärmelampe auf 120 °C erhitzt und in eine Form gedrückt, in der er abkühlte und zu seiner Becherform erstarrte. Wird der Becher nun im Backofen erhitzt, „erinnert" er sich an seine alte – platte – Form.

## ■ In Form gegossen

Will man Kunststoff schnell und preiswert in die gewünschte Form bringen, nutzt man statt der Verformungsmethode – Profis nennen das Verfahren „Tiefziehen" – das sogenannte „Spritzgießen". Dafür wird Kunststoffpulver oder -granulat aufgeschmolzen und dann mit hohem Druck in eine Form gespritzt. Derart hergestellte Produkte haben oft irgendwo einen „Nippel". Von hier aus ist das Plastik in die Form geflossen. Oder es ist eine Naht oder ein Grat zu sehen: Hier berührten sich die beiden Hälften der Form. Mit solchen Plastikbechern funktioniert der Versuch übrigens nicht. ■

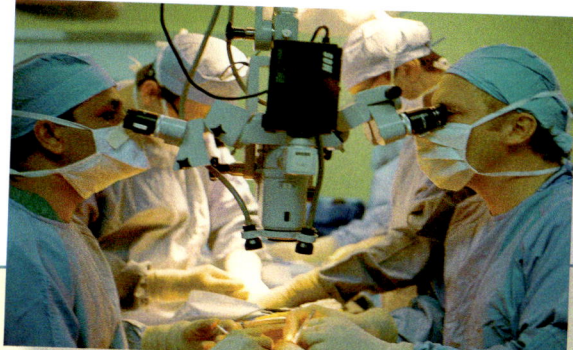

## Wo kommt das vor?

An Formgedächtnis-Polymeren – also an Kunststoffen, die ihre Form bei Wärme oder unter Licht verändern und einen vorher festgelegten Zustand einnehmen – wird mit Hochdruck geforscht. Schließlich könnte man sie vielfältig nutzen. So sind beispielsweise Stoßstangen oder Kotflügel aus Kunststoff denkbar, die ihre Beulen nach einem Unfall durch Erwärmen wieder selbst ausbeulen. In der Medizin versucht man beispielsweise, kleine Filter zu entwickeln, die ein Blutgerinnsel einfangen, bevor es eine wichtige Blutader verstopfen kann. Diese Filter sehen aus wie winzige Regenschirme und werden zusammengeklappt in eine Ader eingebracht. Durch die Körperwärme klappen sie in ihre alte Form auf, an die sie sich jetzt erinnern, und versperren dem Blutgerinnsel den Weg. Daran wird geforscht – wie auch an Fäden, die sich selbst verknoten. Bei einer Operation können dann Chirurgen mithilfe von Mikroskopen durch nur zwei kleine Löcher im Körper operieren, die Schnitte im Körper zunähen und zum Schluss mit einer Minilampe auf die Fadenenden leuchten, die sich daraufhin automatisch verknoten. Würden sich die Fäden dann auch noch mit der Zeit im Körper von selbst auflösen, wäre ein großer Traum vieler Ärzte wahr geworden.

# Nicht von Pappe: Kunststoff

## Kunststoff im Kreislauf

Gebrauchte Kunststoffe können auf drei Arten recycelt werden. Beim Verbrennen gehen die Kunststoffe zwar kaputt, aber es werden auch schädliche Abgase frei. Beim Wiederverwerten müssen die Kunststoffe gereinigt und möglichst nach Sorten getrennt werden. Dann werden sie zerkleinert, geschmolzen und neu geformt. Was dabei herauskommt, hat leider nicht die Qualität von neuem Plastik und taugt nicht für alle Produkte. Am einfachsten ist es, daraus Gartenbänke oder Ähnliches herzustellen. Am besten ist jedoch die Wiederverwendung, die jedoch aufwendig ist, weil dazu Handarbeit nötig ist. So werden beispielsweise die Gehäuse von Einwegkameras geöffnet und mit einem neuen Film versehen. Kreative Köpfe machen sogar Taschen aus Saft- und Milchtüten.

## Plastik im Handumdrehen

Es klingt wie Zukunftsmusik, aber es ist bereits Wirklichkeit: eine Art Aquarium mit flüssigem Kunststoff darin und zwei Laserstrahlen, die von zwei Seiten hineinleuchten. Dort, wo sich die vom Computer gesteuerten Laserstrahlen kreuzen, wird der flüssige Kunststoff fest, er härtet aus. Die Lichtstrahlen fahren Schicht für Schicht durch die Flüssigkeit, und innerhalb von Minuten wächst darin etwa ein Teddybär heran. Der wird herausgeholt, noch bunt bemalt und fertig ist er. Immer mehr Gegenstände werden so per „Rapid Prototyping" im Handumdrehen und ohne Werkzeuge per Laser und Computer hergestellt. Wenn demnächst eine Taste vom Computer, ein Knopf vom Radio oder ein Zahnrad im Computerdrucker kaputtgehen, werden sie einfach schnell neu gemacht. Das könnte sogar zu Hause geschehen.

## Verrottet wie von selbst

Plastik ist preiswert und hält ewig. Doch wenn Plastikmüll nicht verrottet, ist das schlecht für die Umwelt. Biologisch abbaubarer Kunststoff (mit der Abkürzung BAK®) kann genau dies. Er wird durch Bakterien und andere Mikroorganismen im Boden abgebaut.
Kunststoff wird aus Erdöl hergestellt. Erdöl aber wird immer knapper und teurer. Ein neuer Kunststoff ist PHB („Polyhydroxybutyrat"), der umweltfreundlich aus Glukose, also Zucker, hergestellt wird – und zwar von Bakterien. Sie fressen Glukose, werden davon dick und setzen Pölsterchen an – der Grundstoff für das Ökoplastik, aus dem Wegwerfprodukte wie Joghurtbecher gemacht werden können. Auch dieser Kunststoff verrottet.

### Der erste Kunststoff: „Zelluloid"

Die Geschichte des Kunststoffs begann 1868 mit einem Preisausschreiben. 10 000 US-Dollar bot ein Hersteller von Billardkugeln aus Neuengland für ein Material, welches das Elfenbein ersetzen sollte, aus dem damals Billardkugeln gemacht wurden und das knapp und teuer war. Der junge Drucker John Wesley Hyatt (1837–1920) gewann den Wettbewerb mit einem Patent für Zelluloid – dem ersten Kunststoff –, das er von dem britischen Professor Alexander Parkes gekauft hatte. Bis um etwa 1950 herum wurden dann viele Alltagsgegenstände wie Kämme, Brillengestelle, Knöpfe und Puppen aus Zelluloid gefertigt. Richtig populär wurde es durch das Kino – das erste Filmmaterial war daraus. Zelluloid brennt leider leicht. Weil der Kinoprojektor jedoch durch die Lampe sehr heiß wird, fingen immer wieder Filme Feuer, und Kinos brannten ab. Noch heute sind Tischtennisbälle aus Zelluloid, weil sie sehr elastisch sein müssen, damit sie auf der Tischtennisplatte gut springen.

# Rührei kalt „braten"

**Magst du auch keine Spritzen beim Arzt? Alleine der Geruch der Flüssigkeit, mit welcher der Arzt zuvor über die Stelle streicht, an der er gleich – naja ... Nimm diese Flüssigkeit einmal für etwas ganz anderes!**

**ZEIT:** ca. 5 Minuten

### Was brauchst du?

■ 100%igen Isopropylalkohol (heißt auch Isopropanol; im 20-ml-Fläschchen aus der Apotheke) ■ 1 rohes Hühnerei ■ 1 Gabel ■ 1 Trinkglas

### Wie wird der Versuch aufgebaut?

Schlage das Ei auf und gib Eiklar und Eidotter zusammen in das Glas (1). Gieße den Inhalt des 20-ml-Fläschchens Isopropanol hinzu (2) und rühre mit der Gabel um (3).

Achtung: Bei dem Versuch sollte kein Feuer wie eine Kerze oder keine Hitzequelle wie eine heiße Herdplatte in der Nähe sein, denn Isopropylalkohol ist leicht entzündlich. Wichtig ist auch, dass du die Chemikalie in dem gut verschließbaren Apothekenfläschchen aus braunem Glas aufbewahrst.

### Was passiert?

Dort, wo das flüssige Ei mit dem Alkohol in Berührung kommt, gerinnt es, Eiklar und Eidotter werden also fest. Nach 1 Minute kräftigen Rührens sieht das Ei im Glas aus wie Rührei (4) – obwohl es nicht in der Pfanne war und ganz kalt ist. Achtung: Dieses Ei sieht zwar aus wie Rührei, ist aber ungenießbar. Auf keinen Fall essen!

## Warum ist das so?

Alkohol, wie Isopropanol einer ist, macht dasselbe mit dem Ei wie die Hitze beim Braten oder Kochen: Er zerstört die Eiweiße (Proteine). Das ist deutlich daran zu sehen, dass das flüssige Eiklar und der Eidotter fest werden – man sagt, sie gerinnen – und dass das transparente Eiklar weiß wird. Proteine, wie beispielsweise die im Ei, bestehen aus langen, verschlungenen Ketten, die sich beim Erhitzen oder durch Alkohol entfalten und zusammenklumpen. Dadurch wird das Ei fest.

### ■ Trüber Blick

Ähnlich wie Eiklar kann auch die optische Linse trüb werden, die wir in jedem Auge haben, die Augenlinse. Mit ihr stellt das Auge das Bild scharf, indem es die Linse drückt oder zieht, wobei diese dicker oder dünner wird. Wenn sie sich eintrübt, kann man kaum mehr durch sie hindurchsehen. Vor allem ältere Menschen leiden unter dem sogenannten „grauen Star" oder „Katarakt". Dabei kann die Augenlinse weiß werden und die Betroffenen sind fast blind, können allenfalls noch hell und dunkel unterscheiden. Glücklicherweise kann ihnen eine Operation helfen, bei der die trübe Linse durch eine künstliche ersetzt wird. Auch Tiere können den „grauen Star" bekommen. Das ist vor allem für Tiere, die sich beim Jagen auf ihre Augen verlassen müssen – wie etwa Eulen –, sehr schlimm. ■

## Wo kommt das vor?

Alle Lebewesen bestehen zu einem großen Teil aus Proteinen, also aus Eiweißen. So auch schädliche Keime wie Bakterien. Und das wird ihnen zum Verhängnis: Bevor der Arzt etwa eine Spritze gibt, desinfiziert er die Stelle auf der Haut, in die er sticht, mit dem Alkohol „Isopropylalkohol". Der tötet dort alle Bakterien ab, indem er – wie beim Hühnerei – deren Eiweiß zum Gerinnen bringt. Daraufhin funktionieren die Bakterien nicht mehr und sterben sofort ab. Das Erstaunliche ist: Mit Wasser verdünnter Alkohol wirkt besser als reiner Alkohol, denn reiner Alkohol lässt die Hülle der Bakterien so schnell gerinnen, dass sie fest wird und kein Alkohol mehr durchkommt. Auf diese Weise können die Bakterien überleben. Der verdünnte Alkohol hingegen wirkt zwar etwas langsamer, dafür gerinnt aber das gesamte Eiweiß und die Bakterien sterben vollständig ab.

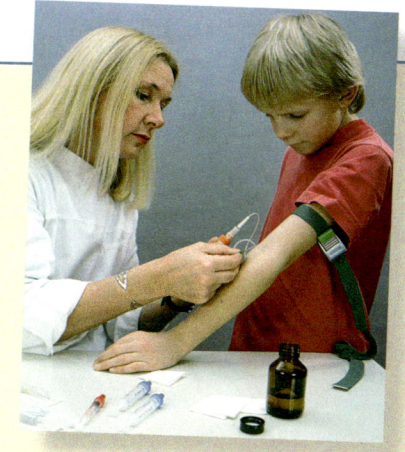

So wie der Alkohol das Eiweiß im Ei verändert, kann er auch Eiweiße im menschlichen Körper verändern, wenn er in größeren Mengen getrunken wird. Besonders schlecht ist das für das Gehirn, weil die Schäden, die Alkohol dort verursacht, bleibend sind. Das kann sich in Störungen beim Sprechen und Bewegen bemerkbar machen.

# Das Auge isst mit

Apfelbrei schmeckt zwar gut, sieht aber nicht sehr appetit-
lich aus: Grau bis braun ist seine Farbe. Auch frisch
geschnittene Apfelstücke werden schnell unansehnlich
braun. Was ist bloß mit den Äpfeln los?

☐ leicht
☐ mittel
☐ schwer
☑ nur für Erwachsene unter Aufsicht von Kindern

**ZEIT:** ca. 30 Minuten

### Was brauchst du?

- 1 Apfel
- 1 Reibe
- 1 Schälchen oder kleinen Teller
- 1 Teelöffel
- Zitronensaft oder Vitamin-C-Pulver (das ist „Ascorbinsäure", gibt's in der Apotheke oder Drogerie)

### Wie wird der Versuch aufgebaut?

Reibe etwas Apfel zu Apfelmus und fülle es in das Schälchen –
schon ein Viertel Apfel reicht (1). Warte 10 Minuten, bis der
Apfelbrei unansehnlich braun geworden ist (2). Gib einige
Spritzer Zitronensaft in das Apfelmus (3) und rühre gut um.
Statt Zitronensaft kannst du auch 1 Löffelspitze Vitamin-C-
Pulver nehmen.

1

*10 Minuten*

2

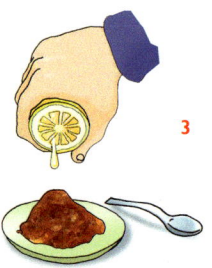

3

4

### Was passiert?

Sobald du Zitronensaft oder
Vitamin-C-Pulver dazu-
gegeben hast, verändert
das Apfelmus seine Farbe
(4). Statt dunkelbraun ist es
wieder gelb, wie am Anfang
kurz nach dem Reiben.

## Warum ist das so?

Ähnlich wie Eisen an der Luft rostet (siehe Experiment S. 40), „rostet" – also „oxidiert" – auch das Fruchtfleisch von Äpfeln an der Luft. Beim Durchschneiden sind die winzigen Zellen des Apfels an der Schnittfläche kaputtgegangen. Dabei kommen Inhaltsstoffe des Apfels miteinander in Berührung, die vorher voneinander getrennt waren. Mithilfe des Sauerstoffs in der Luft bilden sich dabei schwarze Farbstoffe, sogenannte Melanine. Sie färben den Apfel an den Schnittstellen braun. Weil die Oberfläche von Apfelmus viel größer ist als nur eine einzelne Schnittfläche, färbt es sich schneller und stärker braun.

Die Ascorbinsäure im Zitronensaft kann das rückgängig machen, indem sie das Melanin „reduziert". Der Farbstoff verschwindet, und der Apfelbrei wird wieder hell und frisch.

### ■ Neue Äpfel, neue Probleme

Immer öfter verursachen Äpfel Allergien wie roten Ausschlag an den Armen, Jucken im Mund oder Magenschmerzen. Wissenschaftler vermuten, dass das auch an den neuen Apfelsorten liegt. Denn moderne Sorten wie „Golden Delicious" werden von Menschen mit Allergien schlechter vertragen als alte Sorten wie „Sternwirtsapfel" oder „Edler Rosenstreifling". Das könnte zum Beispiel daran liegen, dass den neuen Sorten die Polyphenole weggezüchtet wurden, die den angeschnittenen Apfel braun färben. Nun werden diese Äpfel zwar nicht braun, dafür fällt aber der Schutz vor dem Eiweiß im Apfel weg. Denn die Polyphenole binden die Eiweiße, die dann im Körper nicht so einfach Allergien auslösen können. ■

## Wo kommt das vor?

Sauerstoff ($O_2$) ist das häufigste chemische Element auf der Erde, in den Gesteinen, dem Wasser und in der Luft. Er ist fast überall und sehr aggressiv, verbindet sich also gerne mit allen möglichen anderen Stoffen. Wenn Sauerstoff sich verbindet, heißt das „Oxidation". Damit Lebensmittel möglichst lange halten, schützt man sie vor Sauerstoff und der Oxidation, indem man sie in Konservendosen oder Glaskonserven verpackt. Weil sie trotzdem immer mit Sauerstoff in Berührung kommen, gibt man sogenannte „Antioxidantien" („Gegen-Oxidationsmittel") hinzu. Das sind erlaubte Zusatzstoffe für Lebensmittel, welche die Haltbarkeit etwa von Fetten erhöhen. Öl oder Margarine werden dann nicht so schnell ranzig. Und Aussehen oder Geschmack bleiben – wie beim Apfel – erhalten. Auch Vitamine können den Einfluss des Sauerstoffs unschädlich machen. Die Vitamine „C" und „E"

werden gerne als Antioxidantien verwendet und erhöhen gleichzeitig den Nährwert des Lebensmittels, weil sie – wie alle Vitamine – sehr gesund sind, denn unser Körper braucht sie täglich.

Antioxidantien befinden sich auch in Kraftstoff, Kunststoff, Leder, Cremes und sogar Schmieröl, damit sie länger halten und funktionieren oder einfach nur länger besser aussehen.

# Blitze aus dem Zuckerglas

Ein Funken, ein Mini-Blitz auf Knopfdruck, eine Flamme schießt hoch – elektronische Feuerzeuge sind faszinierend. Doch wie funktionieren sie? Wart's ab und baue dir erst einmal ein Blitzlichtgewitter in der Zuckerdose.

- ☐ leicht
- ☐ mittel
- ☑ schwer
- ☐ nur für Erwachsene unter Aufsicht von Kindern

**ZEIT:** ca. 10 Minuten

### Was brauchst du?

■ 1 Trinkglas  ■ Zucker  ■ 1 dunklen Raum

### Wie wird der Versuch aufgebaut?

Fülle das Trinkglas etwa halb voll mit Zucker **(1)** und gehe in einen dunklen Raum. Warte 5 Minuten, bis sich deine Augen vollständig an die Dunkelheit gewöhnt haben **(2)**. Dann lange mit einem Finger in das Glas und zerdrücke Zuckerkörner an der Glaswand.

5 Minuten

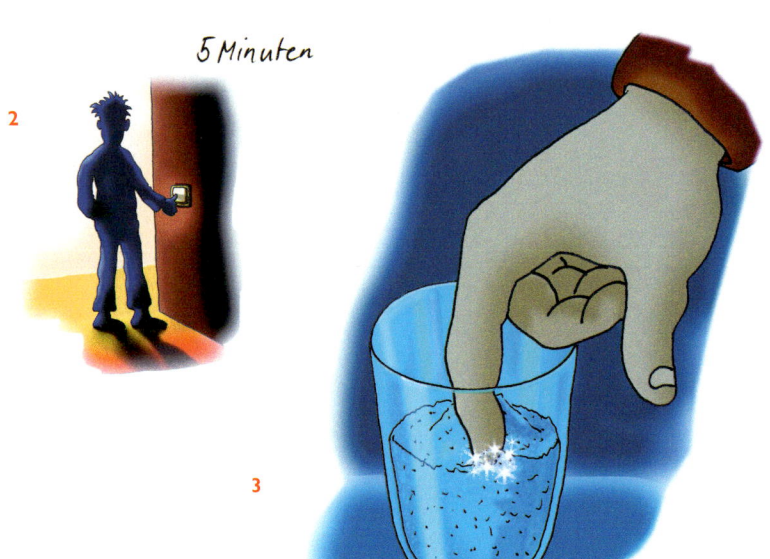

### Was passiert?

Der Zucker leuchtet **(3)**! Das kannst du deutlich sehen, wenn sich deine Augen an die Dunkelheit gewöhnt haben. Wenn du die Zuckerkörnchen zerdrückst, erscheint unter deinem Finger ein leuchtender Punkt, den du von außen durch das Glas sehen kannst.

### Warum ist das so?

Wenn du die Zuckerkörner unter der Lupe anschaust, siehst du, dass sie sehr regelmäßig aussehen und glatte Kanten haben: Es sind Kristalle. Kristalle (vom griechischen „krystallos", was „Eis" oder „Bergkristall" bedeutet) sind äußerst regelmäßig aufgebaut (siehe Experiment S. 30). Wird diese Ordnung aufgebrochen oder durch Druck verändert, wird Energie frei, etwa in Form von kleinen Hochspannungsblitzen und damit auch von Licht. Und genau das tust du: Du zerbrichst oder verformst einige Zuckerkristalle, indem du sie an die Glaswand drückst. Dabei wird elektrische Hochspannung frei, und es entsteht durch Funken „kaltes Licht". Du hast hierbei einen guten Teil deiner Kraft in Licht verwandelt. Der Effekt, dass schon durch Drücken von Kristallen elektrische Energie frei wird, heißt „Piezoeffekt". „Piezo" kommt vom griechischen „piézein" und heißt „drücken".

### ■ Piezoeffekt umgedreht

Genauso, wie an dem Piezokristall elektrische Spannung entsteht, wenn man ihn drückt, verändert er seine Länge, wenn man elektrische Spannung an ihn anlegt – er dehnt sich aus oder zieht sich zusammen. Dabei ist er wieselflink. In Braille-Computertastaturzeilen, mithilfe derer Blinde am Computer schreiben können, indem sie die Tastatur mit den Fingern abtasten, sind viele kleine Piezokristalle untergebracht. Diese drücken je nach Buchstabe die sechs Stifte pro Braille-Zeichen unterschiedlich hoch, wenn Spannung angelegt wird. ■

## Wo kommt das vor?

Der Piezoeffekt wurde 1880 von den französischen Wissenschaftlerbrüdern Jacques (1856–1941) und Pierre Curie (1859–1906) entdeckt. Heute ist er aus unserem Leben nicht mehr wegzudenken. Bei Feuerzeugen erzeugt der Druck auf eingebaute Piezokristalle einen Funken, der das ausströmende Gas anzündet. Auch beim Gasherd zünden Piezokristalle mit einem Funken das Gas an, wenn man sie mit dem Anschaltknopf drückt. Piezokristalle sind sehr vielseitig: Sie verwandeln Kraft in Elektrizität. Bis zu 20 000 Volt kommen so für einen Augenblick zustande – über 80-mal so viel, wie aus der Steckdose! In Waagen messen sie das Gewicht – je mehr der Piezokristall zusammengedrückt wird, desto größer ist die erzeugte Spannung, die dann in Gramm umgerechnet wird.

Und in Kristallmikrofonen wandeln Piezokristalle Schall in elektrische Schwingungen um, die nach Verstärkung etwa über eine Lautsprecheranlage wiedergegeben werden.
In Zukunft arbeiten Piezokristalle vielleicht als kleine Kraftwerke in den Schuhsohlen, wo sie beim Laufen Strom erzeugen, um etwa den MP3-Spieler beim Joggen zu betreiben.

# Kristalle züchten

Smaragd, Amethyst, Rubin – Edelsteine sind wertvoll und faszinieren Menschen von jeher. Auch du kannst einen Kristall züchten, der edel und kostbar ist, denn du hast ihn selbst gemacht.

- [ ] leicht
- [ ] mittel
- [ ] schwer
- [x] nur für Erwachsene unter Aufsicht von Kindern

**ZEIT:** ca. 3 Tage

### Was brauchst du?

- 50 g Alaun (chemischer Name: „Aluminiumsulfat") aus der Apotheke
- 2 Trinkgläser
- 200 ml heißes Wasser
- 1 Teelöffel
- 1 Bleistift
- 1 Faden

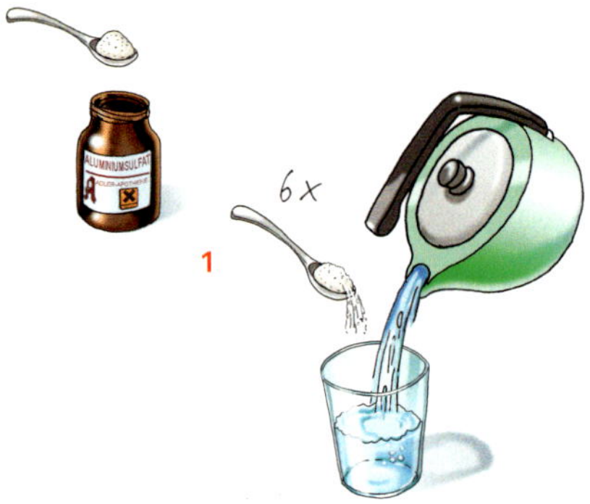

### Wie wird der Versuch aufgebaut?

Fülle das Trinkglas mit 200 ml heißem Wasser und gib 6 gehäufte Teelöffel – das sind etwa 50 g – Alaun hinein (1). Rühre 10 Minuten, bis sich fast alles Alaun im Wasser aufgelöst hat (2). Wenn du merkst, dass sich nichts weiter löst, fülle die Flüssigkeit in das zweite Trinkglas um (3). Gib dabei acht, dass nur Flüssigkeit und kein Bodensatz im zweiten Trinkglas landet. Binde einen Faden um den Bleistift und lege diesen so über das Glas, dass der Faden in der Lösung hängt (4).

### Was passiert?

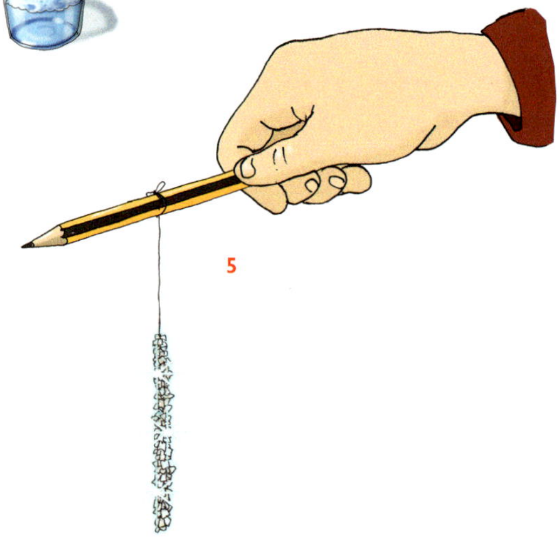

Schon nach 1 Stunde sind kleine Nadeln an dem Faden zu erkennen. Diese werden mehr und größer, es bilden sich richtige Kristalle. Nach etwa 3 Tagen ist das Kristallwachstum beendet, und der Faden ist mit Kristallen überzogen (5).
Tipp: Entfernst du nach kurzer Zeit alle Kristalle bis auf einen, so wächst nur dieser eine weiter und du erhältst einen Riesenkristall von bis zu 1 cm Größe.

## Warum ist das so?

Alaunkristalle brauchen einen sogenannten „Kondensationskeim", das heißt eine unregelmäßige Stelle, an der die Aluminiumsulfat-Moleküle kristallisieren. Solch eine Unregelmäßigkeit ist in deinem Experiment der Faden, denn die Glaswand ist zu glatt. Hängst du später einen einzelnen Kristall in die Lösung – man nennt ihn dann „Impfkristall", weil man die Lösung mit ihm „impft" –, kristallisieren die Alaunmoleküle lieber dort aus, und dieser eine Kristall wächst stetig. Wie schnell, wie weit und wie schön er wächst, hängt davon ab, wie rein die Lösung ist (am allerbesten löst sich Alaun in destilliertem Wasser), wie ruhig sie steht und wie warm sie ist. Wenn Wasser nach und nach verdunstet, steigt die Konzentration der Lösung, und der Druck auf das Alaun, zu kristallisieren, wächst.

## ■ Der Belgische Kristallwachstumswettbewerb

In Belgien gibt es etwas Besonderes, nämlich den jährlichen „Belgischen Kristallwachstumswettbewerb". Ausgerichtet wird er vom Nationalen Komitee für Kristallografie im Auftrag der Königlichen Akademien in der Hauptstadt Brüssel. Rund 100 Schulen nehmen daran teil und wetteifern, wer binnen vier Wochen den größten Kristall züchtet. Wichtig für eine gute Bewertung ist, wie klar der Kristall ist, also wie gerade die Kanten und wie glatt und eben die Flächen sind. Mit diesem Wettbewerb will Belgien mehr Schüler für die Wissenschaft interessieren. Ein weiterer Anreiz ist, dass die Gewinner während einer feierlichen Zeremonie von Kronprinz Philippe, dem ältesten Sohn von König Albert II., ausgezeichnet werden. ■

## Wo kommt das vor?

Kristalle gelten als Symbol höchster Reinheit und Perfektion. Sie sind absolut regelmäßig aufgebaut. Die häufigsten und bekanntesten Kristalle sind die Schneeflocken. Es heißt, dass keine Flocke der anderen gleicht. Sie entstehen in der Luft bei −12 °C bis −17 °C an Kondensationskeimen, etwa winzigen Staubpartikeln (Aerosolen), an denen Wasserdampf direkt zu Eis wird. Die Schneeflocke wächst, weil sich immer mehr Wassermoleküle anlagern, und verzweigt sich dabei. Meist besitzt sie 6 Zacken, an denen 6-zackige Auswüchse sitzen. Die härtesten Kristalle sind Diamanten, die in der Erde unter hohem Druck und großer Hitze aus Kohlenstoff entstehen. Schön geschliffen heißen sie Brillanten. Da sie hohe Temperaturen und Belastungen aushalten, werden sie für technische Zwecke – etwa zum Bohren von Gestein – unter Hochdruckbedingungen auch künstlich hergestellt.

Überhaupt sind Kristalle aus der Technik nicht mehr wegzudenken. Computerchips werden aus superdünnen Siliziumscheiben hergestellt, die aus meterlangen und beindicken grauen und unscheinbar aussehenden Siliziumkristallen wie auf dem Foto geschnitten werden, die vorher ganz langsam (ca. 1 cm/h) aus einer flüssigen Schmelze gezogen werden.

# Farben-Wettklettern

Oft sind Dinge nicht so, wie sie scheinen. Malt etwa ein schwarzer Filzstift wirklich schwarz? Das kannst du testen: Mit einem einfachen Trick kannst du seine Farbe zerlegen und sogar wettklettern lassen.

### Was brauchst du?

- 1 Blatt Zellstoffpapier (Küchenrolle)   ■ 1 Schere   ■ Wasser
- 2 verschiedenfarbige Filzstifte   ■ 1 Eimer   ■ 1 Kochlöffel
- 2 Wäscheklammern

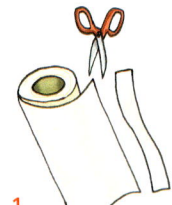

1

### Wie wird der Versuch aufgebaut?

Schneide von dem Blatt Küchenpapier zwei 2 cm breite Streifen ab (1). Male mit den zwei farbigen Filzstiften 2 cm oberhalb der unteren Kante jeweils einen 5 mm dicken Strich quer über die Papierstreifen (2). Fülle Wasser in einen Eimer, lege einen Kochlöffel darüber und befestige die präparierten Papierstreifen so mit den Wäscheklammern daran, dass sie mit dem bemalten Ende ins Wasser hängen (3). Es darf aber nur die untere Kante des Papiers eintauchen. Lass die Streifen 15 Minuten lang so hängen.

2

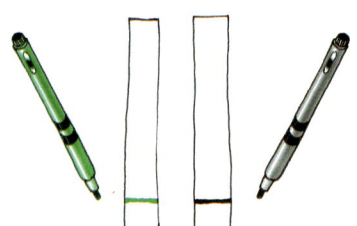

3

4

### Was passiert?

Das Wasser zieht im Küchenpapier nach oben. Dabei löst es Farbe und nimmt sie mit (4). Und dabei ist etwas Erstaunliches zu sehen: Schwarz etwa ist nicht Schwarz, sondern besteht aus mehreren anderen Farben wie Blau, Rot und Orange. Diese Farben klettern nach oben und fächern sich auf: Nicht alle Farben sind gleich „stark", denn manche klettern höher als andere.

## Warum ist das so?

Wasser ist das beste, vielseitigste, häufigste und billigste Lösungsmittel. Außerdem sind die meisten Filzstifte wasserlöslich, damit man sie auch mal aus der Kleidung waschen kann. So löst sich die Farbe im Wasser. Gleichzeitig steigt das Wasser im Zellstoff nach oben und nimmt die Farbe mit. Dabei erkennt man, dass jede Farbe in Wirklichkeit aus mehreren Grundfarben besteht, die etwa zu Schwarz zusammengemischt werden. Weil die Grundfarben auch chemisch verschieden sind, lösen sie sich unterschiedlich gut im Wasser: Die Grundfarbe, die am besten löslich ist, wird vom Wasser am weitesten mit nach oben genommen. So erhältst du hier auch eine Art Farbspektrum (siehe Experiment S. 138), je nachdem, aus wie vielen Grundfarben die Filzstiftfarben bestehen und wie gut sie sich im Wasser lösen.

### ■ Aus vier mach alle

Dieses Buch wurde mit nur drei Farben gedruckt. Auch Farbdrucker für Computer nutzen diese drei Grundfarben: Blau ●, Rot ● und Gelb ●, aus denen sich alle anderen Farben mischen lassen. Auch Schwarz kann man aus diesen drei Farben mischen, was aber viel teure Tinte kostet, weshalb meist eine schwarze Patrone als vierte Farbe dabei ist. Die vier Farben werden entweder in verschiedenen Mengen übereinandergedruckt oder dicht nebeneinander, wie es etwa bei Plakaten oder der Zeitung der Fall ist. Dort besteht das Bild aus winzigen einzelnen Punkten in den vier Grundfarben, die nebeneinandergedruckt werden. Das kannst du aber nur sehen, wenn du die Zeitung oder ein Plakat unter die Lupe nimmst. ■

## Wo kommt das vor?

Die sogenannte „Chromatografie" (von dem griechischen „chroma" für „Farbe" und „graphein" für „schreiben") ist eine der wichtigsten Untersuchungsmöglichkeiten im Labor. Ob die Zusammensetzung unbekannter Stoffe bei der Polizei ermittelt oder der Dopingverdacht gegen Sportler überprüft werden soll, stets ist Chromatografie im Spiel. Die sogenannte „Säulenchromatografie" wurde 1903 von dem russischen Botaniker Michail Semenowitsch Tswett (1872–1919) entwickelt. Er füllte ein stehendes Glasröhrchen mit Kalkpulver und gab oben einen Extrakt aus grünen Blättern hinein. Beim Durchsickern blieben die einzelnen Bestandteile unterschiedlich gut am Kalk haften und trennten sich auf: Es bildeten sich deutlich sichtbare farbige Linien, die von den verschiedenen Farbstoffen im Blatt herrührten. Tswett gab der Methode auch den Namen: Chromatografie.

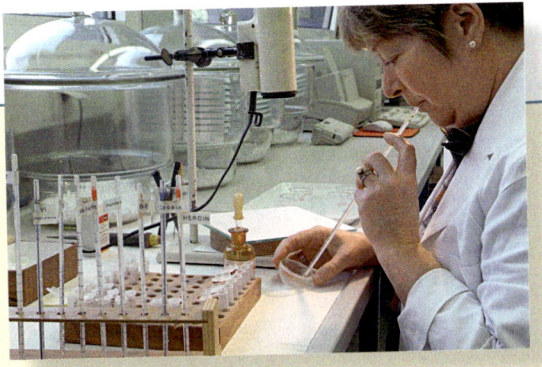

Noch heute funktioniert die „Säulenchromatografie" nach diesem Prinzip. Allerdings geht es dabei weniger um farbige Streifen als vielmehr darum, dass verschiedene Stoffe unterschiedlich schnell durch ein dünnes Röhrchen wandern. So kommen Stoffe, die als Gemisch oben gleichzeitig hineingegeben werden, unten nacheinander an. Da man mittlerweile die Reihenfolge und Geschwindigkeiten verschiedener Substanzen kennt, weiß man, welche Stoffe in einem Gemisch stecken.

# Brennt – brennt nicht

Viele Dinge können brennen, und in der Luft um uns herum ist genügend Sauerstoff dafür vorhanden. Deshalb gibt es immer wieder große Brände. Das muss nicht zwangsläufig sein. Auch du kannst Stoffe unbrennbar machen.

☐ leicht
☐ mittel
☐ schwer
✓ nur für Erwachsene unter Aufsicht von Kindern

**ZEIT:** ca. 1 Tag

### Was brauchst du?

■ 200 ml heißes Wasser und 50 g Alaun aus der Apotheke oder die Alaun-Lösung aus Experiment von S. 30 ■ 1 Feuerzeug ■ 1 Blatt Papier ■ 1 Schere

### Wie wird der Versuch aufgebaut?

Löse 6 Teelöffel Alaun in 200 ml heißem Wasser auf oder benutze die Alaunlösung aus dem Experiment von S. 30 (1). Schneide von dem Blatt Papier einen ungefähr 2 cm breiten Streifen ab (2) und lege ihn in die gesättigte Alaunlösung (3). Nach 3 Stunden nimmst du ihn heraus und stellst ihn zum Trocknen – auf dem langen Rand stehend – auf die Spüle (4). Wenn der Streifen trocken ist – nach etwa einem Tag–, nimmst du ihn an einem Ende und versuchst das andere mit dem Feuerzeug anzuzünden.

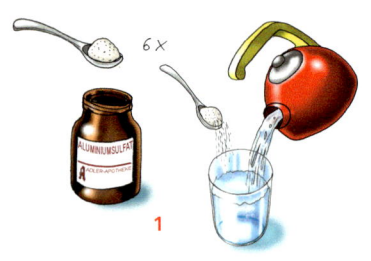

3 Stunden

### Was passiert?

Das Papier wird nur schwarz, aber brennt nicht, es beginnt allerhöchstens, kurz zu glimmen, und verlischt dann von selbst (5). Kurzum: Es verhält sich ganz anders als normales, unbehandeltes Papier, das in Flammen aufgehen würde.

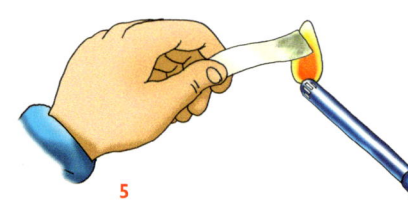

## Warum ist das so?

Damit Dinge brennen, müssen drei Bedingungen erfüllt sein: 1. Sie müssen brennbar sein – das ist bei Papier zweifellos der Fall. 2. Sie müssen heißer als ihre sogenannte Zündtemperatur sein, damit sie brennen. Das schafft die Feuerzeugflamme locker. Und 3. müssen sie mit genügend Sauerstoff aus der Luft in Berührung kommen, den sie beim Verbrennen verbrauchen. Hier hapert es. Denn das Alaun bildet eine dichte Schicht auf dem Papier und schottet es somit von der Luft ab. Das Papier kann zwar verkohlen, dort wo es zu heiß wird, aber es kann nicht alleine weiterbrennen, denn davor schützt es das Alaun, welches das Papier imprägniert, das heißt durchtränkt hat. Alaun selbst ist ein Salz und brennt nicht. Auf andere Stoffe aufgetragen, kann es so eine Schutzschicht bilden und das Material vor Feuer schützen.

### ■ Feuerfest: Asbest

Asbest ist ein Naturprodukt, das in China, Kanada und Russland in Steinbrüchen abgebaut wird. Der Name kommt vom griechischen „ásbestos", was „unauslöschlich" heißt. In der Tat sind die Asbestfasern unverwüstlich, außergewöhnlich feuerhemmend und gut zu verarbeiten. Asbest wurde lange Zeit als Isolierung in Gebäuden und als Bremsbelag etwa in Autobremsen eingebaut. Doch seit 1993 ist Asbest verboten, weil sich herausgestellt hat, dass, wenn die feinen Fasern eingeatmet werden, sie sich in der Lunge festsetzen und dort Krebs auslösen können. Mittlerweile sind viele Gebäude mit viel Geld und großem Aufwand von Asbest befreit worden, damit die Menschen, die dort leben und arbeiten, nicht erkranken. ■

## Wo kommt das vor?

„Schwer entflammbar" steht auf bestimmten Gegenständen. Das heißt nicht, dass sie nicht brennen, aber sie machen es dem Feuer schwer. Sie brennen nicht sofort, und wenn überhaupt, dann nur langsam, sodass die Feuerwehr noch gute Chancen hat, rechtzeitig einzutreffen und das Feuer ohne größeren Schaden zu löschen. Oft werden Stoffe mit „Flammschutzmittel" behandelt, damit sie nur schwer und in bestimmter Art und Weise brennen. Sitze in Auto, Bahn, Flugzeug und Sportstadien sowie Teppiche, Theatervorhänge, Steckdosen und Wohnzimmerschränke enthalten Flammschutzmittel, weil sie sonst leicht Feuer fangen können. Vor allem dort, wo viele Menschen zusammenkommen, wie im Fußballstadion, Kino oder Bus, ist das Vorschrift. Aber auch zu Hause ist es sinnvoll, Material zu verwenden, das schwer entflammbar ist, auch wenn es etwas teurer ist.

Flammschutzmittel wirken, indem sie bei großer Hitze viel Gas freisetzen, das die heißen Brandgase sozusagen verdünnt und so das Feuer schwächt. Sie können außerdem beim Verbrennen eine Art Ascheschaum erzeugen, der den Brandherd abdeckt und das Feuer erstickt. Oder sie zersetzen sich bei großer Hitze in (ungiftige) Substanzen, was dem Feuer viel Energie raubt und es schwächt.

# Sicherheitsnadel im Kupferkleid

„Kleider machen Leute", heißt eine alte Redensart. Das bedeutet, wer sich edle Kleidung überzieht, beeindruckt andere Menschen. Beim „Galvanisieren" ist es ähnlich: Unedle Metalle bekommen eine edles Aussehen.

- ☐ leicht
- ☑ mittel
- ☐ schwer
- ☐ nur für Erwachsene unter Aufsicht von Kindern

**ZEIT:** ca. 1 Tag

### Was brauchst du?

- ▪ 1 Kupfermünze (1-, 2- oder 5-Cent-Stück)
- ▪ 1 Schälchen
- ▪ 1 Sicherheitsnadel
- ▪ Tafelessig

### Wie wird der Versuch aufgebaut?

Lege die Kupfermünze und die Sicherheitsnadel nebeneinander so in das Schälchen, dass sie sich nicht berühren. Nun gib so viel Essig dazu, dass die Münze und die Sicherheitsnadel gut damit bedeckt sind (1). Stelle das Schälchen an einen ruhigen, hellen Ort, wo du es im Laufe des Tages gut beobachten kannst.

1

2

### Was passiert?

Schon nach 1 Stunde siehst du, dass die Sicherheitsnadel nicht mehr ganz so silbern glänzt. Nach und nach bekommt sie einen rötlichen Überzug. Nach 24 Stunden hat sie einen roten Kupferüberzug, der festhaftet und ziemlich kratzfest ist (2). Die Kupfermünze dagegen wird zunächst ganz blank. Im Laufe der Zeit aber wird ihre Oberfläche matt.
Achtung: Schütte den Essig nach Gebrauch weg. In ihm ist Kupfer gelöst, und das gehört nicht in die Nahrung.

## Warum ist das so?

Mit den verschiedenen Metallen hast du ein sogenanntes „galvanisches Element" gebaut, also eine kleine
Batterie: Zwei verschieden edle Metalle (Kupfer ist edler als Eisen) und etwas Säure – der Tafelessig besteht
zu einem geringen Teil (5 %) aus Essigsäure –, mehr
braucht es nicht, um Elektrizität zu erzeugen. Dabei
löst sich etwas positiv geladenes Kupfer (+) von der
Oberfläche deiner Münze und wandert zum Eisen der
Sicherheitsnadel, wo es haften bleibt und sich auf der
Oberfläche anlagert. Im Gegenzug wandern negativ
geladene Elektronen (–) vom Eisen zur Münze. Das
geschieht so lange, bis die Oberfläche des Eisenteils
vollständig mit Kupfer bedeckt ist. Dann haben beide
Gegenstände die gleiche Oberfläche, unterscheiden
sich äußerlich nicht mehr voneinander, und es fließt
kein Strom mehr. Das „Galvanisieren" ist beendet.

### ■ Zuckende Froschschenkel

Im 18. Jahrhundert war es in Adels-
kreisen schick, mit Elektrizität zu spielen. So luden sich beispielsweise die
Hofdamen an den ersten Elektrisier-
maschinen auf, sodass dann beim Berühren anderer
ein Funken übersprang. Auch der italienische Arzt und
Naturforscher Luigi Galvani (1737–1798) spielte mit
Elektrizität. 1786 entdeckte er, dass Froschschenkel
zucken, wenn sie mit verschiedenen Metallen in Kontakt kommen, die leitend miteinander verbunden sind.
Auf diese Weise entdeckte er zufällig das galvanische
Element – die Grundlage der Batterie –, das später
nach ihm benannt wurde. ■

## Wo kommt das vor?

Durch Galvanisieren erhalten Gegenstände eine
dünne, stabile Oberfläche – einen Metallüberzug –,
die sie vor Rost schützt oder schöner aussehen
lässt. In der Industrie wird dieser Vorgang durch
Elektrizität beschleunigt. Dabei fließen hohe
Ströme zwischen zwei Elektroden, die in einer
elektrisch leitenden Lösung hängen. Eine Elektrode
ist der Minuspol, die Kathode, und wird mit dem
Metall überzogen, das vom Pluspol, der Anode,
herüberwandert – ganz wie bei deinem Versuch.
Wasserhähne beispielsweise bestehen aus Messing
und werden verchromt, also mit einer glänzenden
Chromschicht überzogen. Tut man das nicht, laufen
Messinghähne an der Luft schnell schwarz an.
Bei Schiffen müssen der Rumpf und die Schrauben
oder Nieten darin aus dem gleichen Material sein,
sonst bildet sich im Salzwasser ein galvanisches
Element. Wäre der Rumpf aus Stahl und die

Schrauben aus Kupfer, würde der unedlere Stahl
um die Schraube weggefressen, bis die Schraube
herausfällt. Weil sich bei Schiffen trotzdem immer
irgendwo ein galvanisches Element bildet, hat jedes
Schiff eine „Opferelektrode": etwa ein Zinkplätt-
chen, das sich statt des Schiffsrumpfes auflöst, weil
es noch unedler als Eisen bzw. Stahl ist.

# Brennendes Eisen

Kann Eisen brennen? Eigentlich nicht, denn wenn du einen Löffel über eine Kerze hältst, wird er höchstens heiß. Und doch brennt Metall. Schau einmal dabei zu!

**ZEIT:** ca. 10 Minuten

**1**

### Was brauchst du?

■ Stahlwolle aus dem Baumarkt („superfein" oder Stufe „000")
■ 1 feuerfeste Schüssel   ■ 1 hitzefeste Unterlage
■ 1 Streichholz   ■ 1 Zange   ■ 1 Nagel

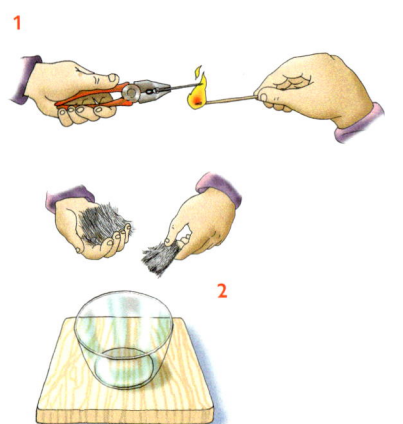

**2**

### Wie wird der Versuch aufgebaut?

Nimm zunächst mit der Zange den Nagel und zünde den Nagel an (1). Brennt er? Zupfe dann etwas Stahlwolle aus der Packung und verteile sie in der Schüssel (2). Zünde die Stahlwolle an einer Stelle an (3).

**3**

### Was passiert?

Der Nagel wird nur heiß, brennt aber nicht. Die Stahlwolle hingegen fängt Feuer. Rund um die Stelle, an der du sie angezündet hast, beginnt sie zu glühen und wird heiß (4). Dabei qualmt sie leicht. Es ist keine Flamme zu sehen, sondern die glühenden Stellen wandern einfach durch die Stahlwolle. Dort, wo die Stahlwolle gebrannt hat, ist sie nicht weg, sondern nach wie vor da, wenn auch etwas dunkler. Einige Stücke fallen auch auf den Boden der Schüssel.

**4**

### Warum ist das so?

Damit Stoffe brennen können, müssen sie generell brennbar sein, heißer sein als ihre Zündtemperatur und zudem mit genügend Sauerstoff in Berührung kommen. Damit Eisen – oder Stahl, ein Eisen-Kohlenstoff-Gemisch – brennen kann, muss es eine sehr große Oberfläche besitzen, um mit viel Luft und somit Sauerstoff in Berührung zu kommen. Und die hat Stahlwolle: Denn die vielen Metallfäden von 200 g Stahlwolle, die so fein wie Watte sein können, haben eine viel größere Oberfläche als 200 g Nägel: Sie ist so groß wie ein Drittel der Öffnung eines Fußballtores!

### ■ Eisen im Blut

Eisen ist ein wichtiger Werkstoff und ein lebenswichtiges Spurenelement für uns Menschen. Das merkst du, wenn du dich einmal verletzt hast und das Blut – etwa an der Hand – schnell ableckst. Dann schmeckt es deutlich nach Eisen.

Eisen ist ein Baustoff für den roten Blutfarbstoff, das „Hämoglobin". Es transportiert den Sauerstoff im Blut, den wir zum Leben brauchen – sonst würden wir trotz Atmen ersticken. Deshalb muss jeder Mensch ungefähr 1 Tausendstel Gramm (1 mg) Eisen pro Tag aufnehmen. Ein 90 Jahre alter Mensch hat demzufolge im Laufe seines Lebens so viel Eisen gegessen, wie vier 1-Euro-Stücke wiegen. ■

## Wo kommt das vor?

So wie Eisen als Stahlwolle plötzlich brennt, weil es eine viel größere Oberfläche hat, verhalten sich auch andere Stoffe anders, wenn sie eine sehr große Oberfläche haben. Das nutzt man seit einigen Jahren in der Nanotechnologie, bei der Teilchen weniger als ein Tausendstel so groß sind, wie ein menschliches Haar dick ist, in Bezug auf ihre „Winzigkeit" aber eine große Oberfläche haben. Nanoteilchen auf Flächen aufgetragen – etwa von CDs, Fenstern oder Waschbecken – können diese kratzfest oder schmutzabweisend machen, weil an den winzigen Teilchen nichts haften kann.

Mit der Spritze injizierte Nanoteilchen könnten Medikamente im Körper über die Blutbahn punktgenau zur Einsatzstelle bringen, wo sie gebraucht werden. Kleinste Eisenteilchen, sogenannte „Ferrofluide", sind flüssig und dabei magnetisch – wie im Bild, auf dem sie an einem Magneten eine

bizarre Traube bilden. Sie können ins Blut gespritzt werden und bleiben dann beispielsweise nur in krankem Krebsgewebe hängen, an dem sie mit ihrer speziellen Oberfläche festhaften. Wird nun außen am Körper ein Magnetfeld erzeugt, das sich ständig dreht, beginnen die winzigen Eisenteilchen zu tanzen. Dabei wird der Tumor erhitzt, sodass er abstirbt.

Aber Nanoteilchen sind auch gefährlich. Derzeit wird erforscht, was sie im Körper anrichten können, wenn sie unkontrolliert etwa über die Lunge und den Blutkreislauf bis ins Gehirn gelangen.

# Rost frisst Luft

**Wenn Eisen rostet, sieht das nicht schön aus und ist obendrein lästig. Trotzdem ist es spannend, Rost zu züchten. Was er braucht, um zu gedeihen, ist rundherum reichlich vorhanden.**

☑ leicht
☐ mittel
☐ schwer
☐ nur für Erwachsene unter Aufsicht von Kindern

**ZEIT:** ca. 1 Tag

### Was brauchst du?

■ Stahlwolle aus dem Baumarkt („superfein" oder Stufe „000")
■ 1 Schere  ■ 1 Trinkglas  ■ 1 Teller  ■ Wasser

### Wie wird der Versuch aufgebaut?

Schneide etwa 5 cm Stahlwolle ab (1) und befeuchte sie unter dem Wasserhahn (2). Drücke das Wasser aus ihr heraus (3) und stopfe sie ganz tief in das Glas (4) – dort soll sie fest sitzen. Drehe das Glas um und stelle es mitten auf den Teller. Die Stahlwolle hängt jetzt oben im Glas. Gieße bis zum Rand Wasser auf den Teller (5) und lass alles einen Tag stehen.

### Was passiert?

Zuerst befindet sich nur Luft im Glas. Aber schon nach drei Stunden steht Wasser darin. Die Stahlwolle hat braune Flecken bekommen, weil sie an einigen Stellen zu rosten beginnt. Nach 1 Tag steht das Wasser im Glas über 1 cm hoch (6).

## Warum ist das so?

Die Stahlwolle rostet, und das ziemlich schnell, da sie eine große Oberfläche hat (siehe Experiment S. 38). Dabei verbindet sich Sauerstoff (O) aus der Luft mit dem Eisen (Fe) der Stahlwolle. Dieser Vorgang heißt „Oxidation". Heraus kommt Eisenoxid ($Fe_2O_3$), das eine braune Farbe hat.

Luft besteht zu einem Fünftel aus Sauerstoff. Der Sauerstoff aus der Luft im Glas bindet sich mit der Zeit fest an das Eisen. Ist der Sauerstoff in dem Luftvorrat des Glases verbraucht, hört die Oxidation – das Rosten – auf. Weil der gasförmige Sauerstoff nun fest an das Eisen gebunden ist, fehlt er in der Luft, die entsprechend weniger Platz braucht. Zwar braucht auch Rost etwas Platz, aber weniger als der verbrauchte Luftsauerstoff. So sinkt der Luftdruck im Glas, und der äußere Luftdruck drückt das Wasser hinein.

### ■ Rost hat ein gutes Gedächtnis

Eisenoxid sitzt nicht nur als Rost auf altem Eisen, sondern auch als Datenspeicher in Festplatten und Tonbändern. Eisenoxid ist billig und lässt sich gut magnetisieren. Das bedeutet, dass sich die einzelnen Partikel schnell nahezu vollständig nach dem Magnetfeld von Ton- oder Tastkopf ausrichten und diese Magnetisierung für lange Zeit beibehalten: Bei alten Tonbändern beginnt eher das Band zu zerbröseln, als dass die Magnetschicht obendrauf ihre Magnetisierung verliert. Magnetisch kann sehr viel an Information auf kleinem Raum gespeichert werden, weil kleinste Bereiche unterschiedlich magnetisiert werden können. Was Preis, Schnelligkeit, Robustheit und Speicherkapazität einer Computer-Festplatte angeht, kann derzeit kein anderes Speichersystem mithalten. ■

## Wo kommt das vor?

Reines Eisen ist selten, meist ist es mit Zusätzen – etwa Kohlenstoff – versehen. Dann heißt es „Stahl". Rostet Stahl, dehnt er sich aus, da Rost bis zu 7-mal mehr Platz braucht als Stahl. Deshalb sitzt Rost so locker und blättert ab, wie man es von alten Autos oder Schiffswracks kennt.

Um Stahl vor Rost zu schützen, gibt es viele Möglichkeiten, aber bei allen kommt eine Schutzschicht auf den Stahl, damit er nicht mit Luftsauerstoff in Berührung kommt. Der einfachste Schutz ist ein einfacher Ölfilm. Deine Fahrradkette beispielsweise läuft gut geölt nicht nur leichter, sie rostet auch nicht. Auch das Überziehen mit Lack hält die Luft ab, allerdings muss die Lackschicht bei Dingen, die im Freien stehen – wie etwa Treppengeländer –, regelmäßig erneuert werden. Oder man verzinkt den Stahl, wie man es bei Müllbehältern macht. Das Zink schützt das Stahlblech vor dem Rosten.

„Nicht rostendem Stahl" oder Edelstahl macht die Berührung mit Sauerstoff nichts aus. Das ist eine Mischung aus den Metallen Eisen, Nickel und Chrom, die an Luft sofort eine feste Oberfläche bildet, die ein Rosten verhindert. Essbesteck ist oft daraus gefertigt, was an Bezeichnungen wie „Edelstahl", „rostfrei" oder dem englischen Ausdruck „Stainless Steel" zu erkennen ist.

# Nichts hält ewig

## Rosten

Beim Rosten oxidiert Eisen, verbindet sich also mit Sauerstoff aus der Luft und verwandelt sich in Eisenoxid (siehe Experimente S. 38 und 40). 0,3 bis 0,8 mm rostet ungeschützter Stahl pro Jahr an der Oberfläche – was der Dicke einer Spielkarte nahekommt. In Deutschland verrosten so jedes Jahr 1 bis 2 Hundertstel der vorhandenen Eisenmenge – trotz Rostschutz wie Lackieren oder Verzinken. Rein theoretisch wäre so innerhalb von 100 Jahren alles Eisen bei uns verrostet.

Aber: Kann man Rosten nicht rückgängig machen? Das geht in der Tat. Sogenannte „Rostumwandler" reduzieren (das ist das Gegenteil von oxidieren) Rost, nehmen ihm also den Sauerstoff wieder weg – das geht ansatzweise sogar mit Cola. Leider wird das Eisen nicht mehr so fest wie vorher: Denn Eisen dehnt sich beim Rosten stark aus. Deshalb ist Rost so porös und blättert leicht ab. Und dieser Effekt ist unumkehrbar.

## Die Zeit vordrehen

Wie lange hält ein Stuhl? Und wie lange eine CD? Forscher lassen Dinge künstlich altern, um vorhersagen zu können, wie lange sie halten. Bei Fahrrädern etwa simulieren Gewichte an Lenker, Pedalen und Rahmen die Belastungen beim späteren langjährigen Gebrauch. CDs etwa werden über Monate in Klimakammern gesteckt, wo sie Hitze, Feuchtigkeit und starkes Licht aushalten müssen. So wird die Zeit gerafft, indem Dinge die Belastungen, die sie im Laufe ihres – mitunter langen – Lebens aushalten müssen, in kurzer Zeit geballt über sich ergehen lassen müssen. Nur so kann man heute schon wissen, dass die Urlaubsbilder, die man auf einer CD-ROM speichert, etwa 20 Jahre halten werden.

## Verschleiß beim Menschen

Ähnlich wie Maschinen geht es auch uns Menschen: Der Körper nutzt sich ab. Arthrose beispielsweise ist ein Verschleiß von Knorpelmasse in Schulter, Ellbogen, Hüfte, Knie und Wirbelsäule, weil die Gelenke sich im Laufe der Jahre abnutzen. Sie lassen sich nicht mehr so gut bewegen und schmerzen. Dass es dort hakt, kann man manchmal sogar hören.

Die Arteriosklerose, die Adernverkalkung, ist ein Verschleiß der Adern. Ähnlich wie Wasser- und Abflussrohre sich mit der Zeit zusetzen, verengen sich auch die Adern in unserem Körper, und immer weniger Blut kann hindurchströmen. Stoffe aus dem Blut, wie etwa Blutfette und Kalk, lagern sich beim Durchströmen an den Wänden der Adern ab.

Bakterien im Zahnbelag, der sich aus Speiseresten an den Zähnen bildet, produzieren Säuren, die den Zahn angreifen und langsam zersetzen, wenn nicht regelmäßig die Zähne geputzt werden und auf diese Weise der Belag immer wieder entfernt wird.

## Wenn die Sonne scheint

Auch Licht kann „korrodieren", also Korrosion erzeugen und Material mürbe machen. Zerstörerisch wirken dabei die kleinen Lichtteilchen, die „Photonen", die wie winzige Pfeile das Material bombardieren. In einem Auto, das viel in der Sonne steht, kannst du das gut beobachten. Das Plastik, etwa vom Armaturenbrett, aber auch die künstlich gefärbten Sitzbezüge verlieren ihre Farbe, sie werden heller. Wenn du allerdings eine Zeitung in die Sonne legst, wird sie gelb, weil die darin enthaltenen Naturfasern altern und eindunkeln. Wenn du vorher beispielsweise ein Pflanzenblatt drauflegst, bleibt sie darunter weiß. Die Umrisse des Blattes haben sich auf die Zeitung übertragen, sie sind „fotokopiert" worden.

K·M 1234

# Sprechen über die „Telefonschnur"

**Auch wenn du zu Hause „schnurlos" telefonierst, hängt dein Telefon – nämlich die Basisstation – an einer Schnur. Was liegt da näher, als gleich über eine Schnur zu telefonieren? Und dieses Telefon kommt ohne Strom aus!**

**ZEIT:** ca. 20 Minuten

### Was brauchst du?

- 2 Einwegtrinkbecher aus Plastik
- 1 Sicherheitsnadel
- 2 Streichhölzer
- mehrere Meter Nähgarn
- 1 Freund oder Freundin

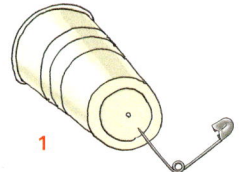

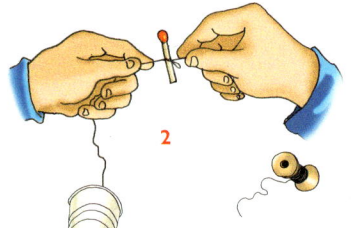

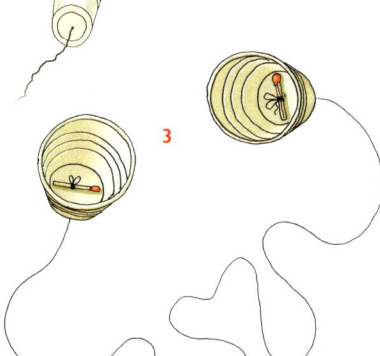

### Wie wird der Versuch aufgebaut?

Bohre mit der Sicherheitsnadel in beide Becherböden ein kleines Loch **(1)**. Pass auf, dass du dich dabei nicht stichst! Fädele eines der Fadenenden von außen durch das Loch in einen der Becher und knote es um die Mitte eines Streichholzes **(2)**. Mache das Gleiche mit dem anderen Fadenende. Nun hängt an beiden Fadenenden jeweils ein Becher **(3)**. Nehmt jeder einen Becher und geht damit ein wenig auseinander. Sprecht abwechselnd leise in die Plastikbecher – einer spricht, während der andere in seinen Becher horcht. Hört ihr etwas? Geht nun so weit auseinander, bis der Faden straff gespannt ist, und sprecht wieder abwechselnd in die Becher.

### Was passiert?

Sobald der Faden straff gespannt ist, könnt ihr euch gegenseitig hören **(4)**! Dazu dürft ihr allerdings nicht gleichzeitig sprechen. Wenn ihr fertig gesprochen habt, sagt ihr am besten „Ende!", damit der andere weiß, dass er jetzt in den Becher sprechen kann.

### Warum ist das so?

Die Plastikbecher wirken wie Mikrofon und Lautsprecher. Spricht man hinein, versetzt der Schall den Becherboden in leichte, nicht zu erkennende Schwingungen. Diese reichen aus, um den Faden – aber erst, wenn er straff gespannt ist – etwas hin und her zu bewegen, sodass er am anderen Ende wiederum den anderen Becherboden in kleine Schwingungen versetzt. Diese lassen die Luft im zweiten Becher schwingen, was deutlich als Schall zu hören ist – als Worte vom anderen Ende der Leitung.

### ■ Mit der Schnur ins Internet

Kann man mit einem Bindfaden im Internet surfen? Es geht tatsächlich! Der Wittener Computerclub weiß, wie. Wie in den Anfängen des Internets werden dabei die Computerdaten akustisch übertragen, also in Töne umgewandelt. Damals klang das wie ganz schnelles Vogelgezwitscher. Und genauso wie Gespräche in deinem Experiment über eine Schnur übertragen werden können, funktioniert das auch mit Computerdaten. Mikrofon und Lautsprecher eines Computers kommen dann in einen Becher, das Mikro und der Lautsprecher des anderen Rechners in einen zweiten Becher. Die beiden Becher werden mit einer Schnur verbunden – und los geht's. Die Datenübertragung geht natürlich nie gleichzeitig, sondern nur abwechselnd nach dem „Pingpongprinzip". So kann man tatsächlich „online" gehen, wenngleich auch nur sehr, sehr langsam. ■

## Wo kommt das vor?

Schall wird direkt übertragen, oft auch, wenn es gar nicht erwünscht ist. In schlecht gebauten Häusern können Geräusche über mehrere Stockwerke weitergeleitet werden. Bei schlecht verlegtem Fußboden etwa ist in der Etage darunter jeder Schritt zu hören, da der Boden wie eine Lautsprechermembran wirkt. Auch die zahlreichen Rohrleitungen im Haus können Geräusche übertragen. Meist ist es dann das Rohr selbst und nicht die Luft oder das Wasser darin, das den Schall leitet. Auch unser Schädel leitet gut Schall. Eine tönende Stimmgabel, die mit dem Griff an deinen Kopf gehalten wird, kannst du aufgrund des „Körperschalls" gut hören. Wird sie an das Handgelenk gehalten, spürst du deutlich die Vibration – es sei denn, die Nervenleitung vom Gelenk zum Gehirn ist gestört. Und genau das testet der Arzt bei älteren oder kranken Menschen.

Aufgrund des Körperschalls hört man auch die eigene Stimme anders als alle anderen. Selbst merkt man das erst, wenn man die eigene Stimme vom Tonband oder auf dem Anrufbeantworter hört. Bei Keksen, Chips und Müsli achten die Hersteller darauf, welche Geräusche sie beim Zerbeißen von sich geben. Gerade hohe Töne breiten sich im Schädel gut aus, erzeugen ein angenehmes Gefühl und machen Lust auf „mehr davon".

# Flüstertüte

Es ist kalt auf der Haut, aber es tut nicht weh, wenn der Arzt dich an Brust und Rücken abhört. Doch was hört er da eigentlich, und was steckt er sich dafür in die Ohren?

☑ leicht
☐ mittel
☐ schwer
☐ nur für Erwachsene unter Aufsicht von Kindern

**ZEIT:** ca. 10 Minuten

## Was brauchst du?

■ 2 Haushaltstrichter   ■ 1 etwa 10 m langen Gartenschlauch
■ 1 Freund oder Freundin

## Wie wird der Versuch aufgebaut?

Der Gartenschlauch muss unbedingt leer sein, deshalb schau, dass auch wirklich kein Wasser mehr drin ist. Stecke in jedes Ende einen Trichter (1). Ziehe mit deinem Partner den Schlauch auseinander. Jeder bekommt nun ein Ende. Jetzt flüstert abwechselnd in euren Trichter, während jeweils der andere am anderen Ende – also ein paar Meter entfernt – aufmerksam horcht.

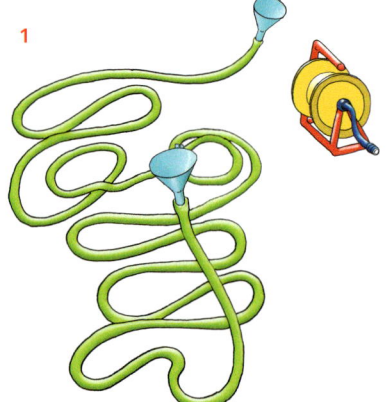

## Was passiert?

Ihr könnt euch gegenseitig gut verständigen (2). Der Gartenschlauch überträgt das, was ihr sprecht, in erstaunlich guter Qualität.
Tipp: Probiert aus, wie empfindlich das Schlauchtelefon ist. Könnt ihr z. B. das Ticken einer Uhr am anderen Ende hören?

## Warum ist das so?

Normalerweise wird Schall schnell schwächer, da er sich in alle Richtungen im Raum verteilt: In der doppelten Entfernung ist Schall 4-mal, in der vierfachen Entfernung sogar 16-mal so schwach wie dort, wo er entsteht. Das liegt daran, dass er sich mit zunehmendem Abstand von seiner Quelle auf eine immer größere Fläche verteilt. Das kannst du dir wie eine Kugel um dich herum vorstellen, deren Oberfläche mit zunehmendem Abstand schnell größer wird. In eurem Schlauch verteilt sich der Schall jedoch nicht, sondern wird gebündelt weitergeleitet. Dadurch wird er kaum schwächer und nur dadurch etwas gedämpft, dass der Schlauch ein wenig mitschwingt und die Luftmoleküle aneinander- und am Schlauch reiben. Zudem bündelt bereits der Trichter die Schallwellen (siehe Experiment S. 56).

### ■ Blutdruckmessen

Der Arzt benutzt das Stethoskop auch zum Blutdruckmessen. Er legt eine Druckluftmanschette um deinen Oberarm und pumpt sie auf, bis sie den Arm so stark zusammendrückt, dass kein Blut mehr durch die Adern strömt. Dann lässt er stetig Luft ab, und der Druck auf deinen Arm sinkt. Bald kann wieder Blut durch die Adern strömen, und der Arzt hört, wie der Pulsschlag beginnt. Er merkt sich die Zahl, die ihm der Druckmesser, das Manometer, anzeigt. Es ist der „systolische" Blutdruckwert. Irgendwann ist die Druckmanschette fast leer und der Pulsschlag ist nicht mehr zu hören, weil die Luft nicht mehr ausreichend in Schwingung versetzt wird. Das Manometer zeigt nun den zweiten, „diastolischen" Wert an. Ideal sind Werte von 120:80 (sprich: „120 zu 80"). ■

## Wo kommt das vor?

Auch der Arzt benutzt eine Art Schlauchtelefon, wenn er dich auf Brust und Rücken abhört. Das Stethoskop – so heißt sein Gerät – ist vorne im Prinzip eine kleine Trommel: Eine Membran, die auf deiner Haut aufliegt, wird durch deine Atem- und Herzgeräusche in Schwingungen versetzt. Dadurch entsteht Schall, der über einen kleinen Metalltrichter gebündelt und in einen Schlauch geleitet wird. Damit der Arzt besser hören kann und die Außengeräusche ihn nicht ablenken, gabelt sich der Schlauch, sodass er mit beiden Ohren hören kann. Die Geräusche kommen erstaunlich laut und damit gut hörbar am Ohr des Arztes an, wie du vielleicht bei deinem nächsten Besuch beim Arzt einmal ausprobieren darfst. Mit einem kurzen Stück Schlauch zwischen den Trichtern könnt ihr euch aber auch selbst ein Stethoskop bauen und eure Herztöne abhören.

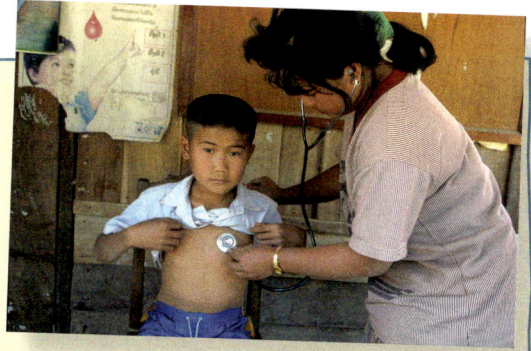

Das Abhören mit dem Stethoskop führte 1819 der französische Arzt René Laënnec (1781–1826) ein. Zunächst verwendeten die Ärzte zum Abhören starre Metallrohre, die wie kleine, lang gezogene Schalltrichter einer Trompete aussahen.
In Spielfilmen ist oft noch zu sehen, wie Dampfschiffkapitäne Kommandos wie „Volle Kraft voraus!" in ein Rohr brüllen, das zum Maschinenraum führt. Dort setzte der Maschinist die Befehle um.

# Die Wasserlampe

Wasser ist zum Trinken da, zum Gießen, Waschen, Putzen, Plantschen und Schwimmen. Aber Wasser zur Beleuchtung? Nichts leichter als das: Bau dir eine fließende Taschenlampe für das Badezimmer!

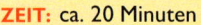

☐ leicht
☐ mittel
☑ schwer
☐ nur für Erwachsene unter Aufsicht von Kindern

**ZEIT:** ca. 20 Minuten

### Was brauchst du?

◼ 1 leeren Saftkarton (innen silbern beschichtet)  ◼ Klebefilm
◼ 1 Sicherheitsnadel  ◼ 1 Schere  ◼ 1 Zahnstocher  ◼ etwas Milch  ◼ Wasser  ◼ dunkle Küche oder Bad  ◼ 1 Taschenlampe

### Wie wird der Versuch aufgebaut?

Schneide den Saftkarton oben so weit auf, dass die Taschenlampe durch die Öffnung passt. Stich auf einer Seite unten ein Loch in den Karton und vergrößere es mit dem Zahnstocher (1). Verschließe das Loch mit Klebefilm (2). Gehe mit Karton und Taschenlampe in Bad oder Küche und fülle den Karton mit Wasser halb voll (3). Lösche das Licht und stecke die eingeschaltete Taschenlampe von oben so in den Karton, dass sie auf das Loch leuchtet. Bedecke dabei die Öffnung mit der Hand, damit kein Licht herauskann, und ziehe den Klebefilm ab (4). Lass das Wasser ins Becken rieseln. Mache den Versuch zweimal: Einmal mit Wasser, einmal gibst du etwas Milch hinzu.

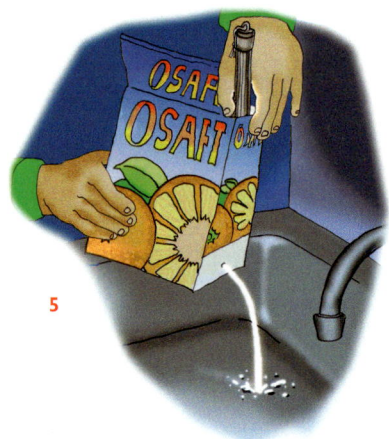

### Was passiert?

Das Wasser, das aus dem Loch des Kartons herausfließt, leuchtet (5)! Mit etwas Geschick zauberst du sogar einen leuchtenden Fleck an die Stelle, wo der Strahl im Waschbecken auftrifft. In 1–2 cm Abstand zum Beckenboden klappt das auf jeden Fall, ansonsten hängt es sehr davon ab, wie „gut" der Wasserstrahl ist: Rund und ohne Unterbrechungen ist am besten.

## Warum ist das so?

Der Wasserstrahl leitet Licht, weil das Licht in ihm „gefangen" ist. Von dem Licht, das die Taschenlampe in den Karton hineinstrahlt, gelangt ein kleiner Teil mit dem Wasser durch das Loch nach außen, wird aber im Wasserstrahl geführt wie in einem Schlauch. Das Licht kann den Wasserstrahl also nicht verlassen, deswegen siehst du dort, wo der Wasserstrahl auftrifft, einen leuchtenden Punkt, denn erst hier werden die Lichtstrahlen so reflektiert, dass du sie sehen kannst. Etwas anders ist es, wenn du einen Schuss Milch in das Wasser gibst. Dann ist das Wasser durch die Milch getrübt. Jetzt wird das Licht an den Schwebeteilchen der Milch im Wasser reflektiert und kann den Wasserstrahl unterwegs verlassen: Der Wasserstrahl leuchtet von innen heraus.

### ■ Sonnenuntergang

Zu einem tollen Sonnenuntergang gehört ein prächtiges Abendrot. Aber wieso leuchtet der Himmel abends manchmal so knallrot? Wenn die Sonne tief steht, muss ihr Licht besonders weit durch die Atmosphäre. Kleine Schwebeteilchen wie Staub und Wasserdampf in der Lufthülle unserer Erde streuen das Licht. Dabei werden die grünen und blauen Anteile im Sonnenlicht (siehe Experiment S. 138) stärker abgelenkt als die gelben und roten. Eine Bauernregel sagt: „Abendrot, gut Wetter Bot'." Abendrot ist ein Zeichen für trockene, klare Luft. Und weil das Wetter bei uns meist aus Westen kommt (dort, wo die Sonne untergeht), zeigt ein roter Abendhimmel an, dass der nächste Tag wolkenarm sein wird. ■

## Wo kommt das vor?

Lichtleiter sind aus unserem Leben nicht mehr wegzudenken. So übertragen beispielsweise „feste Wasserstrahlen" in Form von Glasfaserkabeln Telefongespräche per Licht.
In der Medizin sind sogenannte „minimalinvasive" OPs – Operationen mit kleinstmöglichem Eingriff – nur möglich, weil Licht mit einem dünnen Glasfaserbündel etwa in den Bauch geleitet werden kann. Über ein zweites Glasfaserbündel kann der Chirurg in den beleuchteten Bauch schauen und über weitere kleine Löcher Instrumente einführen, um zu operieren. So sind keine großen Schnitte mehr nötig, und statt langer Narben sind später nur ein paar kleine Punkte am Bauch zu sehen. Wenn der Zahnarzt eine Kunststoffzahnfüllung aushärtet, also fest macht, geschieht das mit ultraviolettem (UV-) Licht, das er mithilfe eines Lichtleiters genau auf die Füllung lenkt.

Dass Wasser gut Licht leitet, wird bei der Beleuchtung von Springbrunnen genutzt, was bei hohen Fontänen besonders eindrucksvoll ist. Ein Scheinwerfer leuchtet von unten in den aufsteigenden Wasserstrahl. Weil sich durch Wirbel sehr viele Luftbläschen bilden, wird das Licht auf dem Weg nach oben immer wieder gestreut, und die Fontäne scheint von innen heraus zu leuchten.

# Druck fernsteuern

Dass sich Kraft durch Seile, Stangen und Zahnräder übertragen lässt, erscheint uns logisch. Aber geht es auch mithilfe weicher, biegsamer Schläuche? Das wäre ganz schön praktisch – probier es einmal selbst aus …

☐ leicht
☐ mittel
☑ schwer
☐ nur für Erwachsene unter Aufsicht von Kindern

**ZEIT:** ca. 1 Stunde

### Was brauchst du?

■ 1 Trinkhalm mit Knick   ■ Kraftkleber   ■ 1 Glas Wasser
■ 2 Plastikspritzen (10 oder 20 ml, aus der Apotheke; ohne Nadeln)

### Wie wird der Versuch aufgebaut?

Ziehe aus einer der Spritzen den Kolben heraus. Tupfe nun Klebstoff seitlich auf beide Kanülen – die Spitzen – und stecke sie von beiden Seiten in den Trinkhalm. Ziehe um die Enden der Trinkhalme noch eine kleine Klebstoffnaht (1) und warte, bis der Klebstoff getrocknet und fest ist. Halte deine Konstruktion so, dass die offene Spritze oben ist. Befülle diese mit Wasser. Ziehe nun den Kolben der unteren Spritze fast ganz heraus und schiebe ihn vorsichtig wieder ganz nach oben. Jetzt ist Wasser in beiden Spritzen und im Trinkhalm, und das System ist luftleer. Fülle die obere Spritze bis zum Rand mit Wasser auf, setze den zweiten Kolben ein und drücke ihn hinein (2).
Tipp: Leere beide Spritzen und mache das Experiment nur mit Luft in den Spritzen.

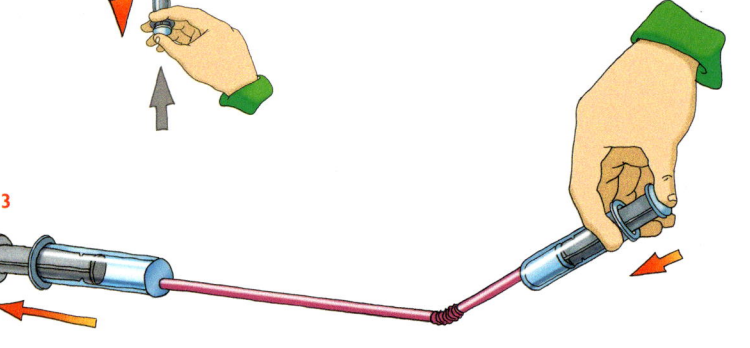

### Was passiert?

Drückst du die eine Spritze hinein, kommt bei der anderen der Kolben heraus – und umgekehrt (3). Genauso ist es, wenn du die Spritzen leerst und den Versuch nur mit Luft – statt mit Wasser – machst. Nur reagieren die Spritzen jetzt viel „weicher".

## Warum ist das so?

Dein Experiment zeigt deutlich, wie Kraft übertragen werden kann: Drückst du den Kolben der einen Spritze rein, drückst du gleichzeitig den Kolben der anderen Spritze heraus. Denn beide Spritzen sind miteinander verbunden und somit voneinander abhängig. Interessant ist, dass Wasser den Druck viel besser weiterleitet als Luft. Das liegt daran, dass Luft sich stark zusammendrücken lässt – „kompressibel" ist, wie es heißt. Wasser hingegen ist, wie auch alle anderen Flüssigkeiten, so gut wie „inkompressibel", es lässt sich also kaum zusammendrücken.

### ■ Wasser macht haltbar

Mit Wasserdruck lassen sich sogar Lebensmittel wie Marmelade, Fleisch oder Fruchtsaft haltbar machen, also konservieren. Bei der sogenannten Hochdruckkonservierung werden Lebensmittel in einer Art Stahltresor einem Druck von bis zu 18 000 Bar ausgesetzt. Solch ein Druck würde in 180 km Wassertiefe herrschen (wenn es so tiefe Ozeane gäbe – der tiefste Meeresgraben, der Marianengraben im westlichen Pazifik, ist „nur" etwa 11 km tief). Bei diesem Druck denaturieren Eiweiße (siehe Experiment S. 24). Weil alle Lebewesen aus Eiweißen bestehen, werden auch Bakterien durch den Druck abgetötet. ■

## Wo kommt das vor?

Werden Flüssigkeiten wie Wasser oder Öl unter Druck gesetzt und wird dadurch Kraft übertragen, spricht man von „Hydraulik". Ein einfaches Beispiel dafür ist der hydraulische Wagenheber, aber auch Bagger nutzen das, um ihren Arm mit der Schaufel daran zu bewegen. Ähnlich wie im Versuch drückt ein Kolben Flüssigkeit in Leitungen, die an anderen Stellen einen Kolben herausdrücken. So sind komplizierte Bewegungen mit beachtlicher Kraft möglich, wie etwa bei den riesigen hydraulischen Scheren, die sogar Stahlbeton abkneifen können. Gesteuert wird dies durch Ventile, die Öl in bestimmte Leitungen strömen lassen und so gezielte Bewegungen ermöglichen. Dabei wird die Kraft verstärkt, indem das Öl aus einem langen schmalen Kolben in einen kurzen breiten gedrückt wird. Dass Luft sich stark zusammendrücken lässt, wird in der Technik bei der „Pneumatik" genutzt. Kompressoren komprimieren, verdichten also

Luft. Diese lässt sich etwa in einem Druckbehälter speichern, der ein Rohrleitungssystem mit Pressluft versorgt, an das ähnlich wie bei Steckdosen Geräte über Druckschläuche angeschlossen werden. Sprühpistolen in der Lackiererei verwenden Druckluft, aber auch Werkzeuge wie Bohrmaschine oder Säge lassen sich mit Druckluft betreiben, die die Maschinen mithilfe einer Miniturbine (siehe Seite 93) in Bewegung setzt. Die Geräte sind dann kleiner und billiger, weil sie keinen Motor brauchen.

# Einer ist stärker als zwei

Normalerweise kannst du gegen zwei nichts ausrichten. Aber mit Köpfchen hast du eine Chance: Wenn du es richtig anstellst, bist du sogar deutlich stärker als zwei.

☐ leicht
☑ mittel
☐ schwer
☐ nur für Erwachsene unter Aufsicht von Kindern

**ZEIT:** ca. 10 Minuten

**Was brauchst du?**

■ 2 Besen oder Schrubber mit langen Stielen  ■ 1 kräftige, glatte Schnur (mindestens 5 m lang)  ■ 2 Freunde oder Freundinnen

**Wie wird der Versuch aufgebaut?**

Gib deinen beiden Mitspielern je einen Besen und bitte sie, sich einander gegenüber aufzustellen. Sie greifen mit beiden Händen an ihren Besenstiel und halten diesen am ausgestreckten Arm vor sich. Die Besen sollten so weit auseinander sein, dass du noch dazwischen durchgehen kannst. Knote nun ein Ende des Seils an einem Besenstiel in der Nähe des Besenkopfs fest. Wickle das Seil danach um den zweiten Besen, wieder um den ersten, noch einmal um den zweiten und zum ersten zurück (1). Nimm jetzt das freie Ende der Schnur und ziehe sie straff. Bitte nun deine Mitspieler, die Besen voneinander wegzuziehen, und ziehe ebenfalls kräftig an der Schnur (2).

**Was passiert?**

Deinen Mitspielern gelingt es nicht, die Besen voneinander wegzuziehen, solange du an der Schnur ziehst. Wenn du kräftig ziehst, kannst du sie stattdessen vielleicht sogar aufeinander zubewegen (3). Übrigens: Je häufiger du die Schnur um die beiden Besen geschlungen hast, desto besser klappt es!

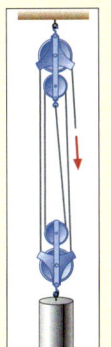

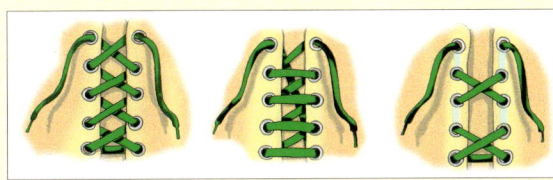

## Warum ist das so?

Mit den Besenstielen und dem Seil hast du einen waschechten Flaschenzug gebaut. Es ist mit einer Bergwanderung zu vergleichen: Gehst du auf dem kurzen, direkten Weg bergauf, brauchst du wenig Schritte, aber viel Kraft. Ein Wanderweg mit vielen Serpentinen ist hingegen zwar deutlich länger, erfordert mehr Schritte, aber weniger Kraft. Doch wie du dich auch entscheidest, die Arbeit, die du dabei verrichtest, ist stets die gleiche, nämlich Kraft mal Weg: Wird eines von beiden größer, verringert sich in gleichem Maße das andere. In deinem Versuch ist es genauso: Würdest du dich zwischen die Besen stellen und sie mit den bloßen Händen festhalten, hättest du wohl kaum eine Chance gegen deine ziehenden Mitspieler. Bei deinem Flaschenzug hingegen verlängert das Seil den Weg, in diesem Fall quasi deine Arme, sodass du weniger Kraft brauchst und den Wettbewerb gewinnst.

## Wo kommt das vor?

Professionelle Flaschenzüge bestehen aus Rollen, die mit einem Seil verbunden sind. Eine oder mehrere Rollen hängen an der Decke eines Raums oder an Holzbalken, wie man sie heute noch unter den Dächern alter Häuser hervorragen sieht. Unten sind Rollen, an denen die Last hängt. Das Seil läuft mehrmals hoch und runter um alle Rollen. Je mehr Rollen der Flaschenzug hat, desto länger ist das Seil und umso weniger stark muss man ziehen, um die Last zu heben. Seinen Namen hat der „Flaschenzug" von den Kloben oder Flaschen, wie man die Holzrollen früher nannte. Der Flaschenzug ist eine der ältesten Methoden, um Kraft zu sparen. Mit ihm wurde schon 280 v. Chr. das Brennholz für den Leuchtturm von Pharos vor der ägyptischen Stadt Alexandria hochgezogen – eines der sieben Weltwunder der Antike.

Auf Segelschiffen und -booten werden die Segel mithilfe von Flaschenzügen gespannt. Früher verwendete man hierfür hölzerne Rollen, heute sind sie überwiegend aus Metall.

Auch Schnürsenkel und Ösen bei Schuhen wirken wie Flaschenzüge: Ein Zug an den Enden schnürt den Schuh zu. Dabei kommt es darauf an, wie die Schuhe geschnürt sind. Am meisten Kraft überträgt die sogenannte „Kreuzschnürung", bei welcher der Schnürsenkel im Zickzack gefädelt ist. Das hat der deutsche Mathematiker Burkhard Polster errechnet. Sind die Ösen in den Schuhen weiter auseinander, ist die „gerade Schnürung" besser. Dabei laufen die Schnürsenkel oben gerade wie die Sprossen einer Leiter. Die kürzesten Schnürsenkel braucht die so genannte „Bowtie-Schnürung", bei der nur jedes zweite Mal über Kreuz gefädelt wird. Die Frage lautet also: entweder wenig Kraft oder Schnürsenkel sparen!

**Kreuzschnürung**   **gerade Schnürung**   **Bowtie-Schnürung**

# Doppeltes Pendel

„Es hängt an der Wand und macht ticktack ..." – alte
Uhren haben Pendel, die sehr regelmäßig hin- und her-
schwingen. Damit messen sie präzise die Zeit. Kombinierst
du zwei Pendel, stößt du auf erstaunliche Effekte.

☐ leicht
☑ mittel
☐ schwer
☐ nur für Erwachsene
unter Aufsicht von
Kindern

**ZEIT:** ca. 30 Minuten

### Was brauchst du?

■ Schnur (z. B. Paketkordel)  ■ 2 0,3-l- oder 0,5-l-Getränke-
flaschen aus Plastik  ■ ein paar schwere Bücher oder Ähnliches
■ 2 Stühle mit Lehnen, an denen man oben was festknoten kann
■ Wasser

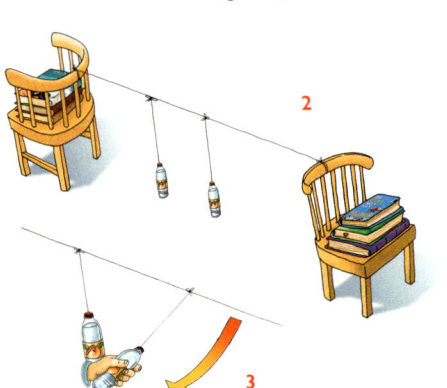

### Wie wird der Versuch aufgebaut?

Befülle die beiden Flaschen mit Wasser und schraube sie
fest zu (1). Stelle die zwei Stühle etwa 1,5 m auseinander
auf, beschwere die Sitzflächen mit ein paar dicken Büchern
und spanne zwischen den Sitzlehnen eine Schnur. An diese
Schnur knotest du zwei weitere Schnüre, sodass sie etwa
0,5 m Abstand zueinander haben. Nun befestigst du an den
Schnüren die beiden vollen Plastikflaschen (2). Die Schnüre
sollten gleich lang und die Flaschen gleich schwer sein. Hebe
eine Flasche an und lass sie zum Pendeln los (3).

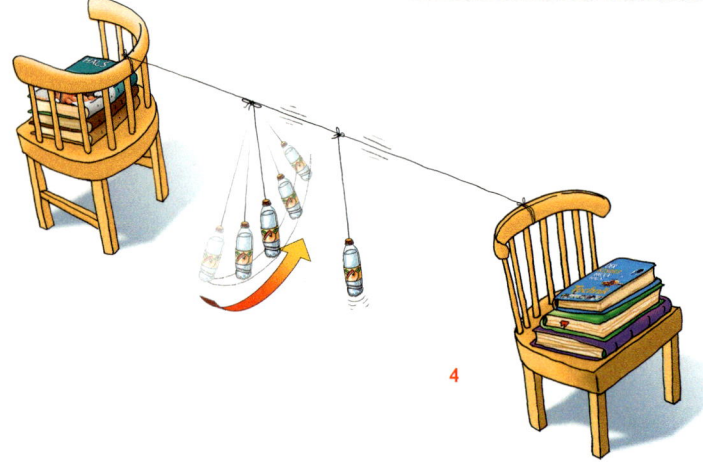

### Was passiert?

Während die eine Flasche pendelt, setzt
sich die andere auch in Bewegung. Nach
einiger Zeit kommt die erste Flasche zur
Ruhe und nur die zweite pendelt (4),
kurz darauf kehrt es sich wieder um, und
es pendelt nur die erste wie zu Beginn.
Die Flaschenpendel wechseln sich so
lange ab, bis sich beide ausgeschwungen
haben.

## Warum ist das so?

Du hast ein klassisches „Doppelpendel": Es ist nicht nur ein „Doppel"-Pendel, weil es aus zwei Pendeln besteht, sondern auch, weil es „doppelt" pendelt. Zum einen schwingen die beiden Pendel, aber zum anderen schwingt gleichzeitig auch die Energie, welche die beiden Pendel antreibt, zwischen beiden langsam hin und her. Das merkst du daran, dass sie abwechselnd anfangen und aufhören zu pendeln. Durch die gemeinsame Schnur, an der sie hängen, wird die Bewegungsenergie der Pendel hin- und herübertragen.

Dabei ist auch das Phänomen der „Schwebung" zu beobachten: In bestimmten Zeitabständen schwingen beide Pendel im Gleichtakt. Danach verschieben sich ihre Schwingungen wieder gegeneinander. Je ähnlicher die Fadenlängen der beiden Pendel sind, desto länger brauchen sie, bis sie wieder im Gleichtakt sind, und desto langsamer wechseln sie sich mit dem Pendeln ab.

### ■ Gitarre stimmen

Bei der Gitarre wird nur eine der sechs Saiten, die A-Saite, mithilfe von außen – etwa einer Stimmgabel – gestimmt.

Dazu wird die Saite mit einer Schraube oben am Wirbel stärker oder weniger stark gespannt. Danach können alle anderen Saiten von ihrem Ton aus durchgestimmt werden. Dazu wird zuerst die A-Saite durch den Druck eines Fingers auf einen bestimmten Punkt auf dem Griffbrett so verkürzt, dass sie so hoch wie die dünnere D-Saite rechts daneben schwingt. Nun kann diese auch über die Schrauben gestimmt werden. Dabei entsteht eine Schwebung zwischen der A- und der D-Saite: Der gemeinsame Ton „eiert" etwas, weil er leicht an- und abschwillt. Je besser die D-Saite gestimmt ist, desto langsamer wird die Schwebung. Ähnlich wird mit der D- die G-Saite gestimmt und so weiter. ■

## Wo kommt das vor?

Wenn ihr zu zweit auf dem Spielplatz schaukelt, werdet ihr merken, dass ihr für kurze Zeit mal gleichzeitig nach vorne und hinten schaukelt, dann wieder genau entgegengesetzt – der eine nach vorne, der andere nach hinten. Jeder von euch hat seinen eigenen Rhythmus und schaukelt etwas schneller oder langsamer als der andere, sodass sich eure Schaukelbewegungen ständig gegeneinander verschieben. Auch das ist eine Schwebung. Die Zeit für das Hin und Her hängt von der Länge der Schaukelschnüre ab – und davon, wie groß ihr seid. Bei großen Menschen liegt der Schwerpunkt (siehe Experiment S. 74) höher als bei kleinen, was zu einer schnelleren Schwingung führt.

In der Musik sind Schwebungen ein beliebter Effekt. In Kirchenorgeln können zwei Pfeifenreihen absichtlich leicht gegeneinander verstimmt sein,

sodass sie gemeinsam eine Schwebung erzeugen, wenn sich ihre Schwingungen überlagern – ein beeindruckender an- und abschwellender Klang. Wenn du auf die Blinklichter von zwei Autos an einer Ampel schaust, erkennst du ebenfalls Schwebungen: Mal blinken die Lichter im Gleichtakt, kurz darauf wieder scheinbar wild durcheinander.

# Tanzende Kerzenflamme

Eine schöne Melodie, ein packender Rhythmus – Musik bringt Menschen zum Tanzen. Dass auch Kerzenflammen gerne tanzen, ist neu. Wie man sie dazu bringt, ist ganz einfach: mit einem guten Rhythmus.

☐ leicht
☐ mittel
☐ schwer
☑ nur für Erwachsene unter Aufsicht von Kindern

**ZEIT:** ca. 5 Minuten

**Was brauchst du?**

■ 1 Kerze   ■ 1 Haushaltstrichter   ■ 1 Lautsprecher   ■ Musik

### Wie wird der Versuch aufgebaut?

Suche dir die Lautsprecher einer Musikanlage – ideal ist der große Basslautsprecher, auch „Subwoofer" genannt (was so viel wie „Tieftöner" heißt). Schalte nun Musik ein, stelle sie recht laut und halte oder stelle die Kerze so vor den Lautsprecher, dass sich die Flamme auf der Höhe des Tieftöners befindet (1) – eventuell mithilfe eines Buches. Nun halte den Trichter mit der großen Öffnung so vor den Tieftöner, dass das Trichterende auf die Kerzenflamme zeigt.

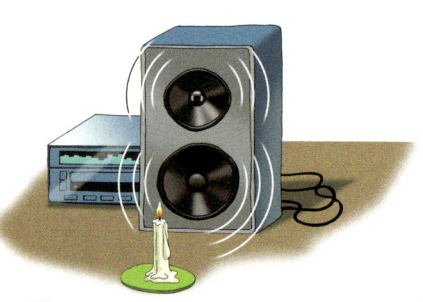

1

2

### Was passiert?

Die Kerzenflamme zuckt im Rhythmus der Musik (2). Hat die Musik viele und starke tiefe Töne, etwa durch Bassgitarre und Schlagzeug, kann die Kerze sogar ausgehen. Nimm deshalb am besten Rockmusik, da hier viele starke Bässe zum Einsatz kommen. Mit dem Höhen- und Tiefenregler kannst du die Bässe stärker machen.

### Warum ist das so?

Schallwellen sind Druckwellen in der Luft. Wenn der Lautsprecher Schall erzeugt, bewegt sich seine Membran vor und zurück und versetzt die Luft in Schwingungen, die sich ausbreiten, also vom Lautsprecher weg bewegen. Je höher die Töne sind, desto schneller bewegt sich der Lautsprecher – bis zu 22 000-mal in der Sekunde! Je lauter, aber auch je tiefer die Töne sind, desto stärker bewegt er sich vor und zurück.

Im Experiment gelangen die Schallwellen in den Trichter und werden dort, weil der Trichter spitz zuläuft, auf die Trichterröhre gebündelt. Dadurch wird der Schall verstärkt. Eine kleine Bewegung an der Trichteröffnung ist eine große Bewegung im Trichterrohr, weil dieselbe Menge Luft durch eine kleine Röhre muss. Diese Bewegungen kannst du nicht nur hören, sondern mit der Kerze auch sichtbar machen.

## Wo kommt das vor?

Schallwellen können wir auch fühlen. Vor allem tiefe Basstöne regen unseren Körper dazu an, mitzuschwingen. Deshalb können auch Gehörlose tanzen, indem sie den Rhythmus der Musik spüren. Von starken Bässen etwa auf Rockkonzerten kann einem sogar schlecht werden, wenn man zu nahe an den Boxen steht, weil der Schall vor allem die locker aufgehängten Eingeweide im Bauch bewegt. Schall kann aber auch taub machen. Wer längere Zeit Lärm ausgesetzt ist, büßt einen Teil seines Hörvermögens ein. Ob dein Gehör gut ist, zeigt der Flüstertest: Was in 4 m Entfernung geflüstert wird, solltest du gerade noch verstehen können. Wer mit einem Presslufthammer oder auf einem Flugfeld arbeitet, wo all die großen Flugzeuge star-

| Lärmquelle | Lärmpegel | Gehörbeeinträchtigung |
| --- | --- | --- |
| | 180 db | tödlich |
| | 150 db | Schmerzgrenze |
| Düsenflugzeug-Start (100 m entfernt) | 130 db | Gehörschädigung auch bei kurzzeitigem Lärm |
| Popkonzert (10 m entfernt) | 110 db | Gehörschädigung auch bei länger andauernder Lärmeinwirkung |
| Presslufthammer (7 m entfernt) | 100 db | |
| mittlerer Straßenverkehr (7 m entfernt) | 85 db | starke Belästigung und teils erhebliche Beeinträchtigung der Leistungsfähigkeit |
| Büro | 65 db | |
| Wohnraum | 45 db | keine Störungen |
| Wald | 10 db | |

ten und landen, muss schon lange einen kopfhörerähnlichen Gehörschutz („Mickymäuser") tragen. Lärm ist sogar dort ein Problem, wo man es gar nicht vermutet, weil sehr schöne Geräusche erzeugt werden: im Orchester. Die Blechbläser wie Trompete, Posaune oder Tuba können die Lautstärke eines Presslufthammers erreichen, das Schlagzeug wie etwa eine Pauke oder Trommel sogar die eines startenden Düsenflugzeuges. Deshalb haben viele Orchestermusiker mit fortschreitendem Alter Probleme: Sie hören nicht mehr alle Töne gleich gut. Deshalb soll für Musiker ein Lärmschutz eingeführt werden – unauffällige Stöpsel für die Ohren oder durchsichtige Schallschutzwände zwischen den Musikern.

# Dein Körper als Kraftwerk

Fühlst du dich stark? Könntest du Bäume ausreißen? Egal, du bist auf jeden Fall ein echtes Kraftwerk. Und eine Leuchte dazu. Bei diesem Experiment wird dir ein Licht aufgehen!

☐ leicht
☑ mittel
☐ schwer
☐ nur für Erwachsene unter Aufsicht von Kindern

**ZEIT:** ca. 10 Minuten

**Was brauchst du?**

■ 1 Energiesparlampe (es kann auch eine defekte sein)
■ 1 Plastikkamm

**1**

**Wie wird der Versuch aufgebaut?**

Gehe in einen dunklen Raum und warte etwa 5 Minuten, bis sich deine Augen an die Dunkelheit gewöhnt haben. Halte dann die Energiesparlampe in der einen Hand und kämme dir mit der anderen ein- bis zweimal durch die Haare (1). Bringe den Kamm ganz nah an die Leuchtstoffröhren der Energiesparlampe.

**2**

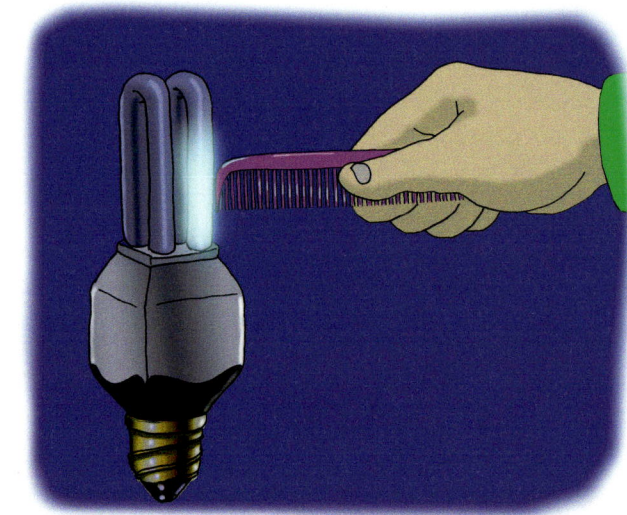

**Was passiert?**

Die Energiesparlampe flackert. Es ist deutlich zu sehen, wie sie an bestimmten Stellen oder sogar komplett von innen heraus leuchtet (2). Gratuliere, du bist ein echtes Kraftwerk! Achtung: Die Energiesparlampe bzw. die Leuchtstoffröhre ist aus dünnem Glas. Pass bitte gerade im Dunkeln auf, dass du nirgendwo anstößt und die Lampe heil bleibt. Sonst könntest du dich an Glassplittern verletzen.

## Warum ist das so?

Eine Leuchtstofflampe besteht aus einem Glasrohr mit einem Gas darin – giftigem Quecksilberdampf. Schaltest du die Leuchtstofflampe ein, fließt ein Strom durch die Röhre, der das Gas darin zum Leuchten bringt. Leider leuchtet Quecksilber im für uns unsichtbaren ultravioletten Bereich (UV-Licht). Es muss für unsere Augen „übersetzt" werden. Das macht eine fluoreszierende Schicht an der Innenseite der Röhre. Die Leuchtstoffe dort werden vom UV-Licht zum Leuchten angeregt und scheinen im für uns sichtbaren Bereich. Erst dadurch wird es hell für unsere Augen. Beim Kämmen lädt sich der Kamm elektrisch auf und erreicht dabei Spannungen, welche das Quecksilber in der Röhre zum Leuchten bringen. Dies geht nur, weil das elektrische Feld durch das Glas hindurch in

die Röhre dringen kann. Im Gegensatz zur Glühlampe, bei der ein Glühfaden mit Strom erhitzt wird, bis er leuchtet, produziert die Leuchtstofflampe „kaltes Licht", das nicht durch Hitze entsteht. Weil sie keine unnötige Wärme produzieren, sind Leuchtstofflampen viel wirtschaftlicher: Mit weniger Strom erzeugen sie mehr Licht.

Jeder Blitz funktioniert im Prinzip wie eine Leuchtstofflampe: Durch die hohe Spannung von einigen 100 Millionen Volt zwischen Wolken und Erde bahnt er sich einen Weg durch die Luft und bringt die Luftmoleküle zum Leuchten. Auch bei herkömmlichen langen Leuchtstoffröhren sind

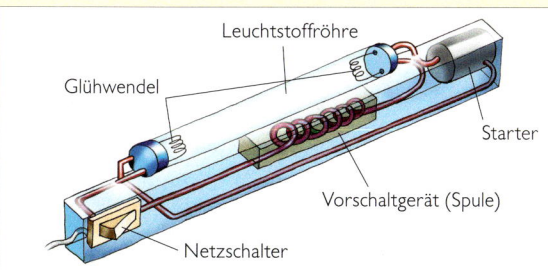

Leuchtstoffröhre
Glühwendel
Starter
Vorschaltgerät (Spule)
Netzschalter

**Nach dem Einschalten der Röhre ist der Stromkreis geschlossen. Der Starter unterbricht diesen, woraufhin im Vorschaltgerät Hochspannung entsteht, welche die Leuchtstoffröhre „zündet". Dabei entstehen geladene Teilchen, durch die auch zwischen den Glühwendeln Strom fließen kann.**

hohe Spannungen nötig, damit sie „starten". Beim Flackern, das durch den sogenannten Starter ausgelöst wird, entsteht im Vorschaltgerät Hochspannung, welche die Leuchtstoffröhre zündet. Einmal gezündet, reicht die normale Netzspannung von 230 Volt aus, um die Lampe weiterhin leuchten zu lassen. Der Starter ist jetzt abgeschaltet. Elektrisch geladene Teilchen, wie sie in der Leuchtröhre künstlich erzeugt werden, entstehen in der Natur nicht nur bei Blitzen, sondern bewirken auch das gespenstische Polarlicht. Hier dringen die geladenen Teilchen des Sonnenwindes in den Polargegenden in die Erdatmosphäre ein und bringen die Luftmoleküle durch Stöße zum Leuchten.

# Das Handy im Käfig

**Wer hat sein Handy nicht ausgestellt? Oft klingelt das Ding dann, wenn es am allerwenigsten passt: im Kino, beim Mittagessen oder beim Arzt. Schalte es aus, obwohl du es anlässt!**

- ☑ leicht
- ☐ mittel
- ☐ schwer
- ☐ nur für Erwachsene unter Aufsicht von Kindern

**ZEIT:** ca. 10 Minuten

## Was brauchst du?

- 1 Mobiltelefon (Handy)
- 1 zweites Telefon
- etwas Alufolie (genug, um das Handy ganz darin einzuwickeln)

## Wie wird der Versuch aufgebaut?

Wähle von einem anderen Telefonapparat die Nummer des Handys und überzeuge dich davon, dass es klingelt (1). Lege wieder auf und schlage das Handy wie ein Pausenbrot in die Alufolie ein (2). Rufe noch einmal das Handy an.

1

2

Hallo.
Hier ist die
Mailbox von...

3

## Was passiert?

Sobald das Handy in der Alufolie steckt, klingelt es nicht mehr, wenn du anrufst, und es geht stattdessen die Mailbox ran, sofern sie eingeschaltet ist (3). Und dies, obwohl du dich gerade davon überzeugt hast, dass es empfangsbereit ist.
Tipp: Rufe das Handy an und warte, bis es klingelt. Wickle es dann – noch während es klingelt – rasch in Alufolie ein. Was bemerkst du?

### Warum ist das so?

In der Alufolie sitzt das Handy wie im Käfig, es kann nicht mehr senden, und weil es sich nicht mehr bei der Sendestation – einem Mobilfunkmast in deiner Nähe – meldet, was es normalerweise ständig macht, ist es auch nicht mehr erreichbar. Es ist „abgeschirmt", sagen die Fachleute dazu, denn Aluminiumfolie lässt keine elektromagnetischen Wellen nach außen. Wenn du das Handy allerdings erst während des Anrufs in Alufolie einpackst, gelangen elektromagnetische Wellen schwach hinein und das Handy klingelt weiter. Denn die Sendestation registriert die Störung und erhöht daraufhin ihre Sendeleistung etwas und kann die Alufolie durchdringen. Das Handy könnte jedoch nicht antworten, da es zwar sehr empfindlich empfängt, aber nur relativ schwach sendet.

### ■ „Jamming" und „Würger"

Auch mit Störwellensendern lässt sich der Handyempfang unterbrechen. Findige Firmen versorgen damit etwa Opernhäuser, Theater oder Gefängnisse. Beim sogenannten „Jamming" unterbrechen Störsender die Verbindung zwischen Handy und Funkmast komplett. In schwedischen Gefängnissen macht man so heimliche Telefongespräche der Gefangenen unmöglich. Etwas intelligenter ist der „Handy-Würger", der noch bestimmte Rufnummern wie Notrufe durchlässt. Um Attentaten zu entgehen, soll zum Beispiel der pakistanische Präsident Musharraf Störsender in seiner Staatskarosse eingebaut haben, die Funksignale für ferngezündete Bomben unterbrechen. ■

## Wo kommt das vor?

Eine gute Abschirmung gegen elektromagnetische Wellen ist wichtig. So ist das Mikrowellengerät mit Blech abgeschirmt, damit nur die Speise innen drin erhitzt wird und nicht du, wenn du davorstehst. Die gelöcherte Metallscheibe im Türfenster reicht aus, um die Mikrowellen drinnenzuhalten. So kannst du zwar hineinsehen, aber die Mikrowellen können nicht hinaus.

Für elektromagnetische Wellen im Bereich des Röntgenlichts reichen weder Lochscheibe noch Alufolie. Beim Röntgen – etwa eines Knochenbruchs oder der Zähne – schirmen schwere Bleimatten deine empfindlichen Geschlechtsteile ab. Der Trick mit der Alufolie wird beispielsweise für Konzertsäle genutzt. Dort wird an den Wänden unter der Tapete ein feines Metallgeflecht aufgeklebt, sodass die Handys abgeschirmt sind. Auf diese Weise können noch eingeschaltete Handys

nicht mehr nach draußen senden und sind deshalb auch nicht erreichbar. In Betonbauten ist man oft unfreiwillig abgeschirmt, da im Beton die „Armierung" steckt: Stahlmatten, die für Stabilität sorgen. In einem „Faraday-Käfig" – benannt nach dem britischen Physiker und Chemiker Michael Faraday (1791–1867) – sind wir bei Gewitter vor Blitzen geschützt. Das kann ein Drahtkäfig wie bei dem Versuchsaufbau im Bild sein oder auch ein Auto. Du darfst nur nicht an das leitende Metall fassen.

# Selbst gebautes Elektroskop

Ein Griff an die Türklinke – zack, du bekommst eine gewischt.
Ein Streicheln der Katze – zack, ein Funken fliegt von deiner
Hand zum Katzenohr. Diese Elektrizität kannst du mit dem
„Elektroskop" messen.

- ☐ leicht
- ☐ mittel
- ☐ schwer
- ☑ nur für Erwachsene unter Aufsicht von Kindern

**ZEIT:** ca. 30 Minuten

### Was brauchst du?

- 🟧 1 leeres Marmeladen- oder Gurkenglas mit Metalldeckel
- 🟧 1 Büroklammer  🟧 1 Schere  🟧 Aluminiumfolie  🟧 1 Kamm

### Wie wird der Versuch aufgebaut?

Stich mit der Schere in die Mitte des Deckels ein Loch. Schneide zwei etwa 5 x 1 cm große Streifen aus Aluminiumfolie zurecht und biege sie an ihrem schmalen Ende „V"-förmig jeweils 2 mm um **(1)**. Biege die Büroklammer wie in der Zeichnung zu einer Art großem „G" auf und hänge die beiden Alustreifen so in die zwei Sprossen der Büroklammer ein, dass sie dicht nebeneinander herunterhängen **(2)**. Stecke das obere Ende der Büroklammer durch den Deckel **(3)**. Es bleibt auf dem Deckel liegen und die Alustreifen hängen frei herunter **(4)**. Diese dürfen den Boden nicht berühren. Kämme mit einem Kamm durch dein Haar **(5)**. Berühre nun mit dem Kamm das Ende der Büroklammer, das oben aus dem Deckel herausragt.

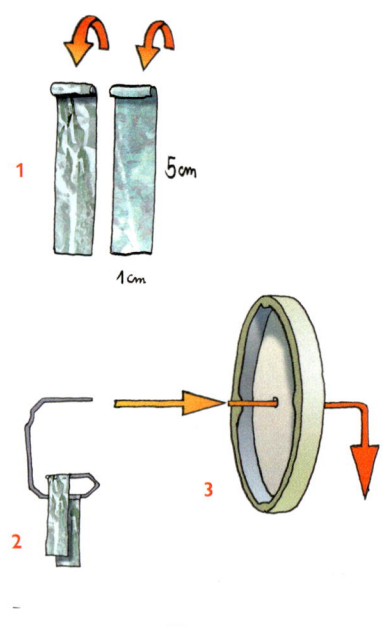

### Was passiert?

Die beiden Aluminiumstreifen spreizen sich und bilden ein auf dem Kopf stehendes „V" **(6)**. Du hast dir ein sogenanntes Elektroskop gebaut!
Übrigens: Wenn du die Büroklammer oben gegen einen Wasserhahn hältst, klappen die Aluminiumstreifen wieder zusammen.

## Warum ist das so?

Wenn du dich kämmst, reibt der Kamm am Haar. Beim Reiben tauschen Haare und Kamm elektrische Ladung aus: Der Kamm bekommt welche und lädt sich elektrostatisch negativ (−) auf, das Haar gibt sie ab und lädt sich dadurch positiv (+) auf. Hörst du mit dem Kämmen auf und nimmst den Kamm weg, nimmst du die elektrische Ladung darauf mit. Hältst du den Kamm jetzt an dein Elektroskop, gibt er einen Teil seiner Ladung ab. Das Elektroskop ist jetzt ebenfalls geladen. Wie sich beim Magnetismus gleichnamige Pole, also N und N oder S und S, abstoßen, so stoßen sich auch in der Elektrizität gleichnamige Ladungen ab (+ und + bzw. − und −). Weil die beiden Aluminiumstreifen nun gleich geladen sind, stoßen sie sich ab. Und da sie sich leicht drehen können, bewegen sie sich voneinander weg – je mehr sie geladen sind, desto stärker schlagen deine Alustreifen-Zeiger aus.

### ■ Benjamin Franklin und der Blitzableiter

Im Jahr 1752 erfand der US-amerikanische Staatsmann, Naturwissenschaftler und Schriftsteller Benjamin Franklin (1706–1790) den Blitzableiter. Dabei ging er so leichtsinnig wie todesmutig vor: Während eines Gewitters ließ er einen Drachen steigen und bemerkte Funken, die von der Drachenschnur in den Boden schlugen. Damit war bewiesen, dass Blitze elektrische Erscheinungen sind und nicht durch Dünste aus der Erde zustande kommen, die sich am Himmel verdichten – wie die Menschen bis dahin glaubten.
Dass du das auf keinen Fall nachmachen darfst, ist wohl selbstverständlich! ■

## Wo kommt das vor?

Elektrostatische Aufladungen kommen überall dort vor, wo Stoffe miteinander in Berührung kommen. Wenn du eine Katze streichelst, kannst du dich elektrostatisch aufladen. Beim Streichen übers Fell knistert es, und kommst du mit der Hand in die Nähe etwa der Katzenohren, kann es einen Überschlag geben: Ein Knacks, und ein Funke springt von deiner Hand zum Katzenohr, und zwar zur Spitze. Ihr habt euch entladen und beim nächsten Streicheln beginnt das Spiel von Neuem. Es klappt jedoch nicht immer, sondern vor allem, wenn die Luftfeuchtigkeit gering ist, also wenn es trocken ist. Der Blitzableiter funktioniert ähnlich wie das Katzenohr: Er ragt über das Haus spitz in die Luft, zieht so die Blitze an, damit sie nicht ins Haus einschlagen, und leitet sie in die Erde ab.

Neben Blitzableitern gibt es im Freien auch noch weitere „Katzenohren": An hohen, spitzen Gegenständen wie Kirchturmspitzen, hohen Bäumen, Schiffsmasten und sogar an der Nase von Flugzeugen kann es bei Gewitterlagen zu Entladungen kommen, die im Dunkeln unheimlich leuchten. Diese büschelförmige Entladung, bei der die Luft zum Leuchten angeregt wird (siehe Experiment S. 58), nennt man „Elmsfeuer".

# Wassertropfen beim Tanz

Einen Moment nicht aufgepasst, und schon kocht der Topf über. Doch was ist das? Die Wassertropfen verdampfen nicht einfach, sondern vollführen auf der heißen Herdplatte Tänze.

☐ leicht
☐ mittel
☐ schwer
☑ nur für Erwachsene unter Aufsicht von Kindern

**ZEIT:** ca. 5 Minuten

### Was brauchst du?

◾ 1 leeren Metalltopf (innen ganz blank)  ◾ 1 Trinkhalm
◾ 1 Trinkglas mit Wasser  ◾ 1 Herdplatte

### Wie wird der Versuch aufgebaut?

Stelle den Topf auf eine Herdplatte, schalte auf höchster Stufe ein und warte, bis der Boden des Topfes richtig heiß geworden ist. Stecke nun den Trinkhalm ins Wasser, halte ihn oben mit dem Finger zu und ziehe ihn wieder heraus (1). Jetzt hast du etwas Wasser im Trinkhalm gefangen. Halte den Halm schräg über den Topf, nimm den Finger etwas weg und lass einige Tropfen Wasser in den Topf fallen (2).

Achtung: Mach den Versuch nur wenige Minuten lang, weil sich der Topf sonst durch die Hitze verziehen kann. Stelle die Herdplatte aus, wenn der Topfboden heiß genug ist.

### Was passiert?

Das Wasser platscht in den Topf, aber sofort bilden sich runde Tropfen, die wild auf dem Boden des Topfes hin und her schweben wie Schlittschuhläufer auf der Eisbahn (3). Meistens treffen sich die Wassertropfen nach kurzer Zeit und bilden einen einzigen großen Tropfen, der minutenlang über den Topfboden gleitet.

## Warum ist das so?

Damit der Versuch funktioniert, muss der Boden des Kochtopfs über 100 °C heiß sein. Wasser verdampft bei 100 °C. Trifft es auf eine Oberfläche, die heißer als 100 °C ist, verhält es sich ungewöhnlich: Es berührt die heiße Oberfläche nicht, weil sich unter ihm sofort ein Dampfpolster bildet, auf dem das Wasser schwebt wie auf einem Luftkissen. Obwohl dieser Dampf sehr heiß ist, leitet er – wie alle Gase – die Wärme schlecht. Der Wassertropfen ist also durch den Dampf, auf dem er schwebt, gut isoliert und sorgt

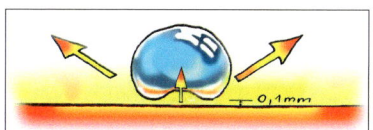

gleichzeitig ständig für Dampfnachschub. Dabei wird nur sehr wenig Wasser verbraucht, denn als Dampf nimmt Wasser bis zu 1700-mal mehr Platz ein als in flüssiger Form. So kann es der Tropfen lange auf seinem Dampfpolster aushalten. Dabei erwärmt er sich mit der Zeit. Wenn er dabei nicht nach und nach verdampft, kann er ab einer gewissen Zeit in einer kleinen Explosion auf einen Schlag verdampfen.

### ■ In flüssiges Metall greifen

Das „Leidenfrost-Phänomen" fasziniert auch den amerikanischen Physikprofessor Jearl Walker. Er taucht seine Finger, die er vorher mit Wasser benetzt hat, sogar in flüssiges, 400 °C heißes Blei! Der Wasserdampffilm, der sich um seine Finger bildet, schützt sie einen Augenblick vor der Hitze – lange genug, um die Finger schnell wieder herauszuziehen. Walker nimmt auch einen Tropfen – 200 °C kalten flüssigen Stickstoff in den Mund. Stickstoff verdampft bei – 195,8 °C, und so ist unsere Körpertemperatur von 37 °C für flüssigen Stickstoff wie eine heiße Herdplatte für Wasser. Aber bitte nicht nachmachen! ■

## Wo kommt das vor?

Der deutsche Mediziner Johann Gottlob Leidenfrost (1715–1794) entdeckte das nach ihm benannte „Leidenfrost-Phänomen" 1756, als der Wassertropfen in einem Löffel, den er über einer Kerzenflamme erhitzte, nicht sofort verdampfte. Wie Wasserdampf isolieren alle Gase gut gegen Kälte und Hitze. Wollpullover halten beispielsweise in ihren dicken Fäden viel Luft fest, die auf diese Weise ein gutes Wärmepolster bildet. Genauso hält das Fell von Tieren schön warm, und Vögel plustern sich bei Kälte auf, damit zwischen ihre Federn ordentlich viel Luft passt. Styropor® ist so leicht, weil es hauptsächlich aus Luft besteht, die es in kleinen Kammern einschließt. Daher werden Häuser zur Isolierung gegen Hitze und Kälte oft mit Styroporplatten verkleidet.

Sogar Schnee isoliert gut. Das nutzen auch die Inuit – oder Eskimos, wie wir oft noch sagen –, die sich im Winter auf ihren Streifzügen als Unterschlupf gerne Iglus bauen. Weil eine Schneedecke viel Luft einschließt, isoliert sie prima gegen noch kältere Temperaturen. Das reicht auch vielen Pflanzen zum Überleben.

# Tragende Rollen

Lastwagen, Schubkarre, Kranwagen – mit allem kann man irgendetwas transportieren. Doch wie haben die Menschen früher schwere Dinge bewegt, als es noch keine Räder gab? Etwa die Steine für die Pyramiden?

**ZEIT:** ca. 5 Minuten

### Was brauchst du?

■ mindestens 3 Zahnstocher, Schaschlikspieße oder Mikadostäbe
■ 1 Buch (am besten ein dickes, schweres)

### Wie wird der Versuch aufgebaut?

Lege das Buch auf den Tisch und versuche, es hin- und herzuschieben (1). Lege dann drei Zahnstocher oder Schaschlikspieße nebeneinander auf den Tisch, sodass sich einer vorne, einer hinten und einer in der Mitte befindet, wenn du das Buch darauflegst (2). Schiebe das Buch jetzt noch einmal hin und her.

### Was passiert?

Auf den Zahnstochern, Schaschlikspießen oder Mikadostäben lässt sich das Buch erheblich leichter hin- und herschieben, als wenn es direkt auf dem Tisch liegt. Dabei müssen immer zwei Stäbchen unter dem Buch sein, das dritte legst du – sobald es hinten frei wird – vor das Buch, sodass es draufrollen kann (3). So kannst du auch ein richtig schweres Buch ganz leicht über den Tisch bewegen.

## Warum ist das so?

Du experimentierst hier mit Reibung. Sie hindert Gegenstände daran, aufeinander zu gleiten. Dank Haftreibung liegt das Buch fest auf dem Tisch – sonst würde es vom kleinsten Lufthauch weggepustet. Schiebst du das Buch über den Tisch, überwindest du zuerst die Haftreibung. Sobald das Buch in Bewegung ist, macht dir dann die Gleitreibung Mühe. Sie ist immer kleiner als die Haftreibung und kommt durch winzige Unebenheiten an Tisch und Buch zustande, die sich ineinander verhaken. Auf Rollen schließlich hast du Rollreibung, die wiederum erheblich geringer ist als die Gleitreibung, wie du selbst festgestellt hast. Das ist logisch. Beim Gleiten liegt das Buch mit seiner gesamten Oberfläche auf dem Tisch, beim Rollen gibt es nur noch wenige, kleine Kontaktpunkte, an denen sich etwas verhaken kann – zwischen Tisch und Rollen sowie zwischen Rollen und Buch.

## Wo kommt das vor?

Schon 5000 v. Chr. bauten Menschen in Europa weithin sichtbare „Hünengräber", indem sie tonnenschwere Felsblöcke zusammenstellten. Wie die Menschen damals diese teilweise über 100 t schweren Brocken transportieren konnten, war lange ein Rätsel. Um es zu lösen, gab es im Jahr 2001 in Freren im Emsland ein aufsehenerregendes Experiment. Ein rund 10 t schwerer Findling sollte transportiert werden. Dazu wurde er auf einen Holzschlitten gehoben, den 32 Menschen über Holzrollen zogen, die wiederum auf Schienen aus Baumstämmen rollten. Dadurch war die Reibung so gering wie möglich, und der Findling konnte ziemlich schnell gezogen werden.

Auch in Ägypten bediente man sich dieser Methode, als Pharao Cheops um 2500 v. Chr. die größte Pyramide, die Cheopspyramide, bauen ließ. Dazu mussten 2,5 Millionen Steine von je 2,5 t Gewicht von sehr weit her geholt werden. Auch hier wurden die Steine auf Holzschlitten gepackt, die dann über eine Bahn mit Rundhölzern gezogen wurden. Viel weniger Gewicht, dafür aber sehr viel mehr Einzelstücke, werden heute auf den langen Rollen-

bahnen bewegt, mithilfe derer beispielsweise an Flughäfen das Gepäck transportiert wird.

Auch heute noch werden manchmal die gleichen Methoden wie vor vielen Tausend Jahren angewendet, etwa um große, sperrige und vor allem schwere Lasten wie Schwimmkräne oder -bagger über Land zu transportieren, wenn sie von einer Kiesgrube in einen Nachbarsee wechseln müssen, um dort weiterzuarbeiten. Dazu werden sie von Spezialfirmen auf „Luftrollen" bewegt, das sind aufgepumpte Schläuche aus festem Material, die als Rollen untergelegt werden. Weil sie durch die Luft im Innern etwas nachgeben, können sie sogar kleine Hubbel und Vertiefungen im Boden ausgleichen. So lassen sich 2500 t schwere Geräte bewegen.

# Zum Kugeln

Jeder nutzt sie, kaum einer kennt sie, die „kleinen Kugeln mit der großen Wirkung". Sie sorgen dafür, dass du dich beim Fahrradfahren nicht so abstrampeln musst und ganz leicht lenken kannst.

- ☑ leicht
- ☐ mittel
- ☐ schwer
- ☐ nur für Erwachsene unter Aufsicht von Kindern

**ZEIT:** ca. 5 Minuten

### Was brauchst du?
■ 1 Deckel von einem Marmeladenglas ■ etwa 10 gleich große Murmeln ■ 1 Buch (am besten ein dickes, schweres)

### Wie wird der Versuch aufgebaut?
Lege das Buch auf den Tisch und versuche, es zu drehen (1). Lege dann den Marmeladenglasdeckel mit der Öffnung nach oben auf den Tisch und fülle so viele Murmeln hinein wie möglich. Die Murmeln sollen alle locker nebeneinanderliegen, sich also noch gut bewegen können (2). Lege jetzt das Buch auf die Murmeln im Deckel und versuche noch einmal, es zu drehen.

### Was passiert?
Das Buch lässt sich völlig leicht drehen, wenn es auf dem Murmeldeckel liegt (3) – so leicht, dass du aufpassen musst, dass es durch den Schwung nicht herunterkippt.
Tipp: Du kannst den Murmeldeckel auch umdrehen, sodass der Deckel oben auf den Murmeln liegt. Dann kannst du auch mehrere Murmeldeckel nehmen, um größere Lasten etwa auf dem Boden zu transportieren.

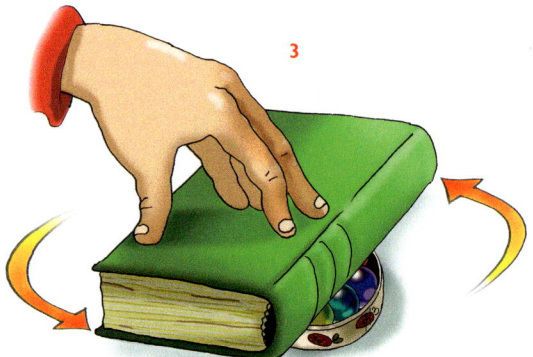

## Warum ist das so?

Mit den Murmeln ist die Rollreibung noch geringer als bei den Walzen von dem Experiment auf S. 66, weil die Fläche, mit denen Buch und Murmeln aufeinanderliegen, noch viel kleiner ist. Und während sich Walzen nur in zwei Richtungen drehen lassen – nämlich vor und zurück –, können sich Murmeln in jede beliebige Richtung drehen und sogar auf der Stelle bleiben, wenn sie sich um ihre eigene Achse drehen. Dabei kann das Buch ganz schön Schwung bekommen, wenn du ihm einen Schubs gibst.

Und weil Kugeln so schnell wegrollen, hält man sie am besten in einem Käfig gefangen, wie du es mit dem Deckel gemacht hast.

### ■ Menschliche „Kugellager"

Im Gegensatz zu vielen anderen menschlichen Erfindungen gibt es in der Natur nichts Entsprechendes zum Kugellager – das heißt nichts, was sich frei dreht. Dadurch, dass alle Körperteile mit Nährstoffen versorgt werden müssen, sind für deren Transport „Leitungen" wie Adern und Nerven notwendig. Sie verhindern aber eine komplette Drehbewegung, weil sie sich dabei verwickeln und abschnüren würden. Allerdings gibt es in unserem Körper etwas, was einem Kugellager sehr nahekommt: Die Kugelgelenke in der Hüfte, vor allem aber in der Schulter machen uns sehr beweglich. Im Gegensatz zu den Scharniergelenken in Ellbogen und Knie können wir Beine oder Arme nicht nur hin und her, sondern in mehrere Richtungen bewegen. ■

## Wo kommt das vor?

Dein „Marmeladenkäfig" ist nichts anderes als ein sogenanntes Kugellager. Kugellager sorgen für Bewegung und verbinden eine Achse fest und doch drehbar zum Beispiel mit dem Gehäuse. Du kannst sie dir vorstellen wie einen „Ring im Ring". Im Innenring steckt die Achse, der Außenring ist im Gehäuse eingelassen, zwischen den beiden Ringen sind viele Kugeln, sodass sich die Ringe gegeneinander drehen können oder einer von beiden stillsteht, während sich der andere in ihm oder um ihn herum dreht. Die Kugeln laufen in Rillen mit, darum heißt es

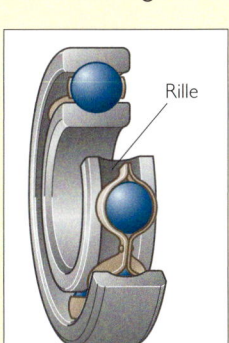

Rille

**Ein Rillenkugellager, wie es im Fahrrad vorkommt. Der „Käfig" um die Kugeln hält diese auf Abstand.**

auch „Rillenkugellager". Ein sogenannter Käfig hält sie untereinander auf Abstand, damit sie sich nicht berühren, aneinanderreiben und sich dadurch nicht zu schnell abnutzen.

In deinem Fahrrad sind ganz viele Kugellager eingebaut, überall dort, wo sich etwas leicht drehen soll: in den Achsen von Vorder- und Hinterrad, im Tretlager, in den Pedalen, an der Lenkerachse. Bei Vorder- und Hinterrad ist die Achse festgeschraubt, und das Rad dreht sich drum herum.

# Bleistift mattgesetzt

Warum schreibt ein Bleistift? Und wie ein Kugelschreiber? Wie kommt die Kreide an die Tafel? Fragen über Fragen und eine Antwort: mithilfe von Reibung.

**ZEIT:** ca. 5 Minuten

### Was brauchst du?

■ 1 Bleistift    ■ 1 Blatt Papier    ■ etwas Spülmittel

### Wie wird der Versuch aufgebaut?

Schreibe oder male mit dem Bleistift irgendetwas auf die eine Hälfte des Papiers (1). Tropfe nun ein wenig Spülmittel auf die andere Blatthälfte und verreibe es etwas mit den Fingern (2). Schreibe oder zeichne dann mit dem Bleistift auf die Stellen, die von Spülmittel bedeckt sind.

### Was passiert?

Auf normalem Papier schreibt der Bleistift ganz normal – das soll er ja auch. Auf Papier mit Spülmittel flutscht er aber drüber und hinterlässt kaum eine Spur (3).

### Warum ist das so?

Die Bleistiftmine besteht aus gepresstem Grafit, einem sehr weichen Mineral. Beim Schreiben reibt es auf dem Papier, weil sich – unter dem Mikroskop betrachtet – Grafitkörnchen im Papier verhaken. Bei diesem Abrieb lösen sich Körnchen von der Mine und bleiben hängen. Je weicher die Mine ist, desto mehr Grafit bleibt auf dem Papier zurück, aber umso schneller muss man den Stift wieder anspitzen. Bleistifte sind entsprechend gekennzeichnet: von „H" für hart über „F" und „HB" für mittelhart bis hin zu „B" für weich. Das Spülmittel wirkt nun wie ein Schmiermittel, daher könntest du für den Versuch auch Öl nehmen. Es vermindert die Reibung zwischen Bleistift und Papier mit der Folge, dass kaum noch Grafit hängen bleibt, weil der Bleistift keinen Abrieb mehr hat.

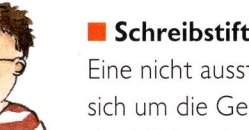

### ■ Schreibstifte im Weltraum

Eine nicht aussterbende Legende rankt sich um die Geschichte vom Wettlauf der USA und der Sowjetunion im Weltraum, nach der die US-Amerikaner Millionen Dollar in die Entwicklung eines Kugelschreibers für ihre Astronauten steckten, der in der Schwerelosigkeit schreibt, während die sowjetischen Kosmonauten einfach Bleistifte verwendeten. Doch diese sind im Weltraum viel zu gefährlich, da der Strom leitende Grafitstaub im Raumschiff umherfliegen und in den elektrischen Geräten Kurzschlüsse auslösen könnte. 1965 entwickelte jedoch ein US-amerikanischer Geschäftsmann den „Fisher Space Pen", der – im Gegensatz zu herkömmlichen Kugelschreibern – nicht darauf angewiesen ist, dass in der Mine Tinte von oben nach unten nachsackt. Denn genau das funktioniert in der Schwerelosigkeit nicht. ■

## Wo kommt das vor?

Reibung macht das Leben schwer und leicht zugleich. Ohne Reibung würde kein Knoten halten, kein Nagel in der Wand, keine Brille auf der Nase. Ohne Reibung gäbe es beim Fahrrad keine Bremsen, könntest du mit deinen Schuhen nur rutschen wie auf Glatteis und keine Konservendose öffnen. Reibung kostet aber auch Kraft beim Fahrradfahren, Skateboardfahren, Möbelrücken. Zudem sorgt Reibung dafür, dass sich Dinge abnutzen, etwa Fahrrad- oder Autoreifen. Bei hohen Geschwindigkeiten wie bei der Formel 1 ist der Abrieb so hoch, dass während eines Rennens mehrmals die Reifen gewechselt werden müssen. Der Abrieb erzeugt auch die dunklen Bremsstreifen, die auf jedem Formel-1-Kurs und vielen Straßen zu sehen sind.

Auch die Kreide auf der Schultafel reibt sich dank Gleitreibung ab. Aus diesem Grund darf die Tafel nicht mit Spülwasser abgewaschen werden. Durch das Spülmittel würde die Reibung so stark reduziert, dass nur noch wenig Kreide hängen bliebe. Freche Schüler machen sich daraus einen Scherz ...

# Ein Ei seilt sich ab

Ihr Leben hängt an einem dünnen Seil. Bergsteiger wissen das und kennen viele Tricks, um sich und ihre Kameraden in der Felswand zu sichern oder sich gefahrlos abzuseilen. Ganz ohne jedes Risiko kannst du das zu Hause üben.

☐ leicht
☐ mittel
☐ schwer
☑ nur für Erwachsene unter Aufsicht von Kindern

**ZEIT:** ca. 20 Minuten

### Was brauchst du?

■ 1 Plastikei (aus „Überraschungs-Ei")   ■ 1 Sicherheitsnadel
■ 1 Weinkorken   ■ 1 Messer   ■ 1 Faden   ■ 1 Zahnstocher

### Wie wird der Versuch aufgebaut?

Stich mit der Sicherheitsnadel jeweils vorne und hinten ein Loch in die Plastikeier. Vergrößere die Löcher mithilfe des Zahnstochers **(1)**. Öffne das Plastikei und fädele den Faden durch das erste Loch in die eine Eihälfte und durch das zweite Loch aus der anderen Hälfte wieder hinaus **(2)**. Der Faden soll locker durch die Löcher gleiten. Lass dir mit dem Messer ein 2 cm langes Stück vom Korken abschneiden **(3)** und setze es quer in eine Eihälfte, sodass der Faden an der Rundung entlangläuft **(4)**. Setze das Ei zusammen und befestige den Faden an einer Türklinke. Lass nun das Ei von oben nach unten den Faden entlang gleiten. Ziehe den Faden dabei immer wieder stramm.

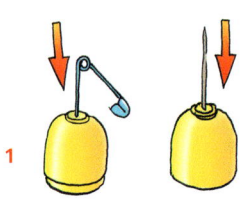

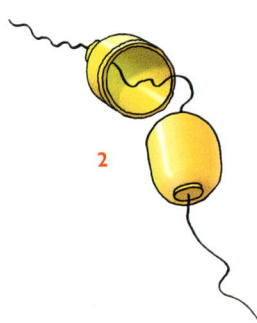

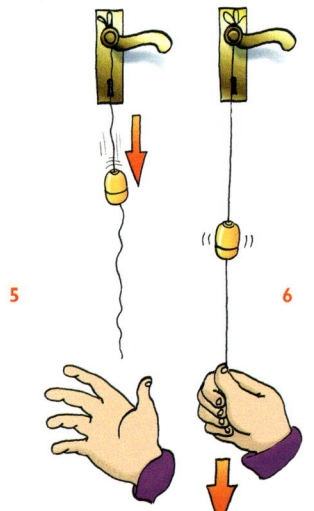

### Was passiert?

Lässt du den Faden locker, gleitet das Ei am Faden hinab **(5)**. Mit einem sanften Ruck am Fadenende kannst du das Ei zum Stillstand bringen, also richtig fernsteuern **(6)**.

## Warum ist das so?

Je nachdem, wie stark du an der Schnur ziehst, wechselst du im Plastikei zwischen Gleitreibung und Haftreibung (siehe Experiment S. 74), ziehst also die darin eingebaute Bremse an oder lässt sie los.

Beim Ziehen wird die Schnur geradegezogen und drückt stärker gegen den Korken. Dadurch ist die (Haft-)Reibung so groß, dass Korken und Schnur aneinanderhaften und sich nicht gegeneinander bewegen können. Lässt du die Schnur locker, wird sie schlaff und kann um den Korken herumgleiten. Durch den schwächeren Druck kommt keine Haftreibung zustande, und es wirkt die Gleitreibung, die wesentlich geringer ist und eine Verschiebung gegeneinander erlaubt.

### ■ Knoten als Schrift

In Peru in Südamerika nutzten die Ureinwohner, das Volk der Inka, Knoten in Schnüren als eine Art Schrift, mit der sie

Botschaften übermitteln konnten – etwa Warenrechnungen oder Militärkommandos. Die sogenannten Quipus (sprich: „Kipus") bestanden aus einer Hauptschnur mit bis zu 100 darangeknüpften farbigen Nebenschnüren und noch mehr Knoten darin. Der dazugehörige Code zum Lesen wurde mündlich weitergegeben – und bisher nicht geknackt. ■

## Wo kommt das vor?

Jalousien kann man per Reibung hochziehen und herunterlassen. Wird senkrecht gezogen, können die Schnüre frei gleiten, hält man die Schnüre jedoch schräg, kommen sie mit einem gezackten Röllchen in Kontakt, das sich verkeilt, gegen die Schnüre drückt und sie festklemmt. Dann bleibt die Jalousie fest auf der eingestellten Höhe. Halterungen für Bilder und Plakate funktionieren ganz ähnlich: Ein Röllchen ist an einer schrägen Lasche befestigt. Schiebt man ein Blatt Papier von unten ein, wird das Röllchen nach oben gehoben. Zieht man am Blatt Papier, drückt das Röllchen dagegen und klemmt das Blatt mittels Reibung fest. Ein Knoten besteht aus einem Band, das sich selbst durch Reibung festhält. Das Tolle an Knoten ist, dass sie sich meist umso stärker zuziehen, je kräftiger an ihnen gezogen wird. Auch Bergsteiger und Höhlenkundler („Speläologen") nutzen Knoten, wenn sie sich aufseilen müssen, also dort aufsteigen wollen, wo kein Weg ist. Ist beispielsweise ein Mit-

glied einer Seilschaft bei einer Gletscherwanderung in eine Gletscherspalte gefallen, können ihn die Seilkameraden oft nicht hochziehen. Dann legt der Abgestürzte einen sogenannten „Prusikknoten" an das Seil und befestigt daran eine Schlaufe. Ist der

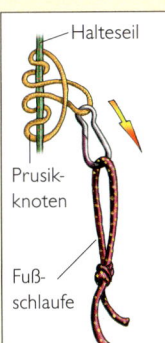

Knoten locker, ist er auf dem Seil beweglich. Steigt der Verunglückte aber mit dem Fuß in die Schlaufe, zieht sich der Knoten fest um das Seil. So hat man eine Art Tritt und kann sich Stück für Stück hocharbeiten.

**So schlingt sich der Prusikknoten um das Seil.**

Haltseil

Prusikknoten

Fußschlaufe

# Ein Besen hält das Gleichgewicht

Im „Zauberlehrling" – einem Gedicht von Johann Wolfgang von Goethe – gerät ein verzauberter Besen außer Kontrolle. Du aber behältst deinen Besen im Griff, denn du bist der Zaubermeister!

☐ leicht
☑ mittel
☐ schwer
☐ nur für Erwachsene unter Aufsicht von Kindern

**ZEIT:** ca. 5 Minuten

**Was brauchst du?**

■ 1 Besen (oder Schrubber) mit langem Stiel

## Wie wird der Versuch aufgebaut?

Lege den Besen auf deine beiden Handkanten und strecke die Arme dann vor dir aus, beide auf gleicher Höhe. Dabei hältst du deine Hände so weit wie möglich auseinander – die Daumen zeigen dabei nach oben **(1)**. Jetzt bewegst du beide Hände langsam aufeinander zu, ohne dich groß um den Besen zu kümmern, der auf deinen Händen liegt **(2)**.

1

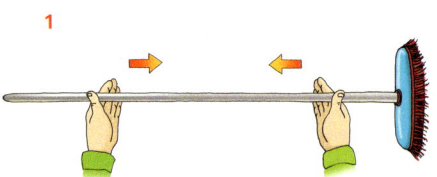

2

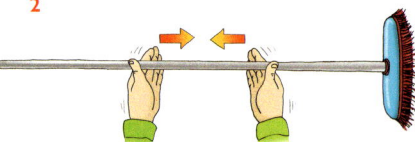

3

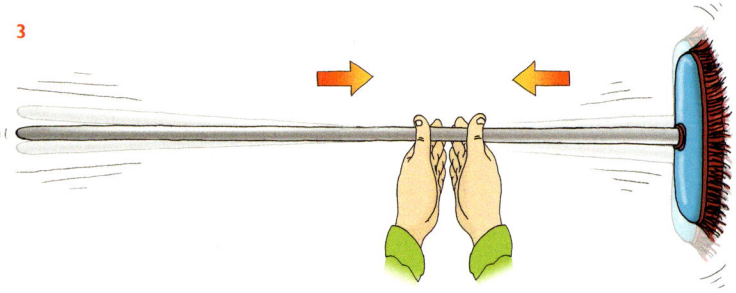

## Was passiert?

Obwohl du deine Hände aufeinander zubewegst – manchmal stoppt eine Hand, ohne dass du etwas dazutust –, fällt der Besen nicht herunter. Er schwankt leicht, aber hält sich von selbst im Gleichgewicht **(3)**. Wenn du zuletzt die Hände direkt nebeneinander hast, liegt der Besen auf den schmalen Handkanten, ohne herunterzukippen – allerdings sind dann die Hände nicht in der Mitte des Besenstiels, sondern näher am Besenkopf.

## Warum ist das so?

Für das Gelingen deines Versuchs sind drei Phänomene verantwortlich: die Haft-, die Gleitreibung und der Schwerpunkt des Besens. Liegt der Besen auf deinen Händen, teilt sich sein Gewicht auf beide Hände auf, aber nie völlig gleichmäßig. Somit trägt eine Hand mehr Gewicht: Hier liegt der Besen stärker auf, und die sogenannte Haftreibung, die überwunden werden muss, um auf der Handkante gleiten zu können, ist größer als bei der anderen Hand, auf welcher der Besen weniger stark aufliegt. Führst du die Hände zusammen, beginnt der Besen somit auf der Hand mit weniger Haftreibung zu rutschen, und aus der Haft- wird Gleitreibung, die immer geringer ist als die Haftreibung. Dabei nimmt die Gewichtskraft auf die gleitende Hand zu, bis sie zu groß wird und das Gleiten unterbrochen wird. Jetzt setzt wieder Haftreibung ein. Da bei gleichem Gewicht die Haftreibung aber größer ist als eben noch die Gleitreibung, liegt der Besen hier jetzt fester auf und gleitet auf der anderen Hand weiter. So pendelt der Rutschpunkt auf deinen Händen hin und her, und der Besen findet automatisch immer sein Gleichgewicht – der Schwerpunkt des Besens liegt dabei immer zwischen deinen beiden Händen.

## Wo kommt das vor?

Nur beim langsamen Laufen hast du auf Glatteis eine Chance, die Bodenhaftung – also die Haftreibung – zu behalten, die dich fest auf dem Eis hält. Sobald du einmal gleitest, also rutschst, bekommst du erst wieder Halt, wenn du ganz langsam wirst und in den Bereich der Haftreibung kommst. Ähnlich ist es beim Schlittschuhlaufen, aber auch beim Möbelrücken: Für den ersten Schritt oder Schub brauchst du viel Kraft, um die Haftreibung zu überwinden. Danach geht alles viel leichter. Auch mit Schmiermitteln wie Öl kann die Reibung vermindert werden. Im Automotor, wo sich die Kolben im Motorzylinder auf und ab bewegen, sorgt ein dünner Ölfilm für die nötige Schmierung. „Reißt" der Ölfilm, kann sich der Kolben im Zylinder festfressen, und der Motor geht kaputt. So, wie der Besen immer sein Gleichgewicht findet, geht es auch bei Waagen um die Balance. Die klassische Balkenwaage etwa besteht aus zwei Waagschalen, die auf genau die gleiche Höhe eingependelt werden müssen. Der zu wiegende Gegenstand wird auf eine Waagschale gelegt, auf die andere

kommen so lange bekannte Ausgleichsgewichte in immer feineren Abstufungen, bis sich die Waagschalen „die Waage halten", also im Gleichgewicht befinden. Dann ist der Gegenstand „aufgewogen". Die Balkenwaage hilft also nur dabei, beide Gewichte genau auszutarieren, und besitzt keine Skala, die das Gewicht anzeigt. Die Summe der Maßgewichte in der einen Waagschale ergibt das Gewicht des Gegenstandes in der anderen. Bei einer Laufgewichtswaage, wie sie etwa in asiatischen Apotheken benutzt wird, ist das anders: Hier wird das zu messende Gewicht an einen Stab gehängt, der eine Skala hat. Dieser wird an einer Schlaufe gehalten und darauf so lange ein Gewicht verschoben, bis der Stab waagerecht in der Luft hängt.

# Wie flink bist du?

Wer eine „lange Leitung" hat, braucht eine „Schrecksekunde", bis „der Groschen fällt". Das heißt, wenn etwas geschieht, brauchst du eine Weile, bis du darauf reagierst. Wie lange? Miss deine Reaktionszeit!

☑ leicht
☐ mittel
☐ schwer
☐ nur für Erwachsene unter Aufsicht von Kindern

**ZEIT:** ca. 5 Minuten

**Was brauchst du?**

■ 1 langes Lineal     ■ 1 Freund oder Freundin

### Wie wird der Versuch aufgebaut?

Halte eine Hand leicht geöffnet vor dich, so als ob du etwas greifen möchtest, das hochkant steht. Dein Mitspieler hält nun das Lineal mit der „0"-Markierung nach unten ganz dicht über deine Hand **(1)** und lässt es irgendwann ohne Vorwarnung zwischen deine Finger fallen. Jetzt greifst du so schnell wie möglich zu.

### Was passiert?

Obwohl das Lineal direkt vor deinen Augen zwischen deinen Fingern hindurchfällt, brauchst du einige Zeit, um zu reagieren, sodass du das Lineal erst dann schnappst, wenn es bereits einige Zentimeter weit gefallen ist **(2)**.

Übrigens: Reagierst du mit beiden Händen gleich schnell? Wie reagierst du tagsüber, wenn du munter bist, und wie abends vor dem Schlafengehen?

## Warum ist das so?

Wie das Wasser im Gartenschlauch Zeit benötigt, um vom Wasserhahn zur Düse zu kommen, dauert es auch etwas, bis das, was du mit den Augen siehst, dein Gehirn erreicht, dort verarbeitet wird und du schließlich reagierst. Allein die Weiterleitung der Informationen vom Auge zum Gehirn („Was sehe ich?") dauert eine Zwanzigstelsekunde. Hinzu kommt die Zeit zum Auswerten dieser Information („Was mache ich?") bis zum Reagieren („Hand, greif zu!"). Diese Reaktionszeit wird auch „Schrecksekunde" genannt, weil man in dieser Zeit tatenlos zusehen muss. Die Reaktionszeit reicht von 0,1 bis 1,7 Sekunden – je nachdem, was du siehst und wie du reagieren musst. Dabei spielt es auch eine Rolle, ob du erwartest, dass etwas passiert – deshalb reagierst du bei diesem Test recht schnell. Wie schnell genau, kannst du an der Tabelle ablesen.

| Marke am Lineal | Reaktionszeit |
|---|---|
| 10 cm | 0,14 s |
| 12 cm | 0,16 s |
| 14 cm | 0,17 s |
| 16 cm | 0,18 s |
| 18 cm | 0,19 s |
| 20 cm | 0,20 s |
| 22 cm | 0,21 s |
| 24 cm | 0,22 s |
| 26 cm | 0,23 s |
| 28 cm | 0,24 s |
| 30 cm | 0,25 s |

## Wo kommt das vor?

Gäbe es keine Reaktionszeit, gäbe es weniger Unfälle. Im Auto reicht oft die Zeit zwischen dem Aufleuchten der Bremslampen beim Vordermann und dem Tritt aufs Bremspedal nicht aus, um rechtzeitig zum Stehen zu kommen. Bei Tempo 150 km/h auf der Autobahn fährt das Auto während einer normalen Reaktionszeit von einer Drittelsekunde fast 14 m weiter! Hinzu kommt der Bremsweg, bis das Auto steht. Deshalb soll man immer genug Abstand zum Vordermann halten. In der Luftfahrt ist die „blinde Strecke" ein Begriff. Es ist die Entfernung, die der Pilot quasi „blind" fliegt, weil er in der Zeit, in der er diese Strecke fliegt, nicht reagieren kann. Dadurch können auch die besten Piloten nicht mehr ausweichen, wenn sie sich zu nahe kommen. Allein in der Zeit von einer Zwanzigstelsekunde, in der das Gesehene das Gehirn erreicht – also nur einem Teil der gesam-

ten Reaktionszeit –, fliegen Düsenjägerpiloten mit Schallgeschwindigkeit 17 m weiter.
Die Reaktionszeit ist von Mensch zu Mensch unterschiedlich und hängt auch von Tagesform und körperlicher Verfassung ab. Ist man nervös und überreizt, kann man überreagieren, was etwa im Sport zu Fehlstarts führen kann. Unter dem Einfluss von Alkohol reagieren Menschen langsamer, was etwa im Straßenverkehr gefährlich ist. Auch deshalb soll niemand nach Alkoholgenuss Auto fahren.

# Die Wissenschaft vom Fußball

## Was macht den Fußball aus?

Der klassische Fußball besteht aus einer Gummiblase und einer Lederhülle, die ihrerseits aus 20 Sechsecken und 12 Fünfecken besteht. Damit hat der Ball 32 Flächen, 90 Kanten und 60 Ecken. Der Fußball der Fußballweltmeisterschaft 2006 in Deutschland hieß „Teamgeist™", war eigens für die WM entwickelt worden und ist grundlegend anders aufgebaut. Er besteht lediglich aus 14 Teilen – sogenannten „Panels" – die zudem nicht miteinander vernäht, sondern verklebt sind. Im Gegensatz zum klassischen Fußball soll der neu entwickelte Ball fast exakt eine Kugel sein, an der sich beim Fliegen weniger Luftwirbel bilden. Somit fliegt er exakter als der alte Ball.

## Faktor Glück

Beim Fußballspiel fallen eher wenig Tore. Während etwa bei Hand- oder Basketball 30 Treffer pro Spiel normal sind, gehen viele Fußballspiele 1:0 aus. Immer wieder gibt es Vorschläge, die Tore größer zu machen, damit der Torwart den Ball nicht mehr so gut fangen kann und mehr Tore fallen. „Dadurch würden die Spiele zwar gerechter, aber wären nicht mehr so spannend", weiß der Dortmunder Physiker Metin Tolan, „denn je mehr Tore fallen, desto häufiger werden sie von der besseren Mannschaft geschossen. Fallen sehr wenig Tore, kann auch ein Außenseiter wie ein Verein aus der Regionalliga einmal einen Glückstreffer gegen eine Bundesliga-Mannschaft landen." Wofür bist du – für Spannung oder für Gerechtigkeit?

## Fliegt der Ball überall gleich?

La Paz ist die höchstgelegene Großstadt der Welt und die größte Stadt Boliviens. Wenn die bolivianische Nationalmannschaft dort auf über 3000 m Höhe spielt, fliegen die Bälle tatsächlich ein paar Meter weiter als beispielsweise in Hamburg. Weil der Luftdruck in dieser Höhe geringer ist, ist auch die Luftdichte dort geringer (die Luft ist „dünner"), und es gibt weniger Luftreibung. Dadurch wird der Ball schwächer abgebremst, bleibt länger in der Luft und kann weiter fliegen. Egal wo und egal ob mit dem Fuß getreten oder per Hand geworfen: am weitesten fliegt ein Ball, wenn er in einem Winkel von 35° wegfliegt!

## Die Angst des Torwarts vorm Elfmeter

Ein Elfmeter ist ein spannender Höhepunkt bei jedem Spiel. Und eine Nervenprobe für den Torwart, denn er muss zur richtigen Seite springen. Wenn er erst abwartet, um zu sehen, wohin der Ball fliegt, hat er keine Chance. Um dann einen Ball in der Ecke zu fangen, müsste er mit rund 35 km/h losspringen – so schnell wie ein Läufer beim 100-m-Lauf. Springt er mit dem Schuss los, muss er nur 18 km/h schnell sein. Der Torwart muss also schon beim Anlauf des Schützen versuchen zu erkennen, ob der in die linke oder rechte Hälfte des Tores schießen wird. „Die Hüfte des Elfmeterschützen zeigt in die Richtung, in welche er gleich schießen wird", meint Dr. Mark Wiliams von der Universität im englischen Liverpool – nur geht das alles sehr, sehr schnell ...

## Elf Spieler hat die Mannschaft

Wissenschaftlich betrachtet ist 11 die optimale Zahl von Spielern auf dem Platz. Wären es weniger, wären die Wege zu lang, die Spieler müssten zu weit laufen, und es gäbe nur noch lange Pässe, aber keine Zweikämpfe zwischen Spielern mehr. Zu viele Spieler – etwa 15 – pro Mannschaft würden einen flüssigen Ballwechsel unmöglich machen. Die Spieler würden nur noch versuchen, sich den Ball abzujagen, und Schüsse über größere Distanzen wären unmöglich. In beiden Fällen wäre das Spiel langweilig.

# Guten Flug!

Manchmal ist die Schwerkraft schon lästig: Wenn etwas hin-
fällt, geht es meist kaputt. Dabei ist Fallen nicht gleich Fallen.
Probiere einmal verschiedene Arten aus.

☐ leicht
☑ mittel
☐ schwer
☐ nur für Erwachsene
☐ nur für Erwachsene
   unter Aufsicht von
   Kindern

**ZEIT:** ca. 10 Minuten

### Was brauchst du?

■ 2 alte Spielkarten   ■ 2 gleiche Münzen, z. B. 5-Cent-Stücke
■ etwas Klebefilm

### Wie wird der Versuch aufgebaut?

Befestige auf beiden Karten je eine Münze mit etwas Klebefilm. Auf der einen klebst du sie in die Mitte (1), auf der
anderen an den Rand (2). Hebe beide Karten hoch, halte sie
waagerecht (3) und lass sie dann fallen.

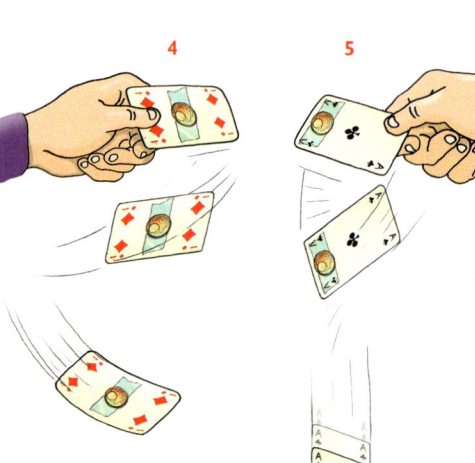

### Was passiert?

Die Karte mit der Münze in der
Mitte segelt langsam hin und her zu
Boden (4). Die Karte mit der Münze am Rand kippt senkrecht und
fällt wie ein Stein zu Boden (5).

## Warum ist das so?

Die beiden Karten haben völlig verschiedene Schwerpunkte (siehe Experiment S. 158). Ihr Schwerpunkt liegt jeweils ziemlich genau dort, wo sich die Münze befindet, da diese viel schwerer ist als die leichte Karte. Der Schwerpunkt der Karte mit der Münze in der Mitte liegt mittig, sodass sich die Karte quasi nicht entscheiden kann, wohin sie kippen soll, und somit ungefähr waagerecht hinuntersegelt. Der Schwerpunkt der anderen Karte liegt am Kartenrand, weshalb sie sofort kippt und im Sturzflug zu Boden fällt.

Die unterschiedlichen Fallgeschwindigkeiten haben beide Karten, weil ihr Luftwiderstand völlig verschieden ist. Die erste Karte hat den größtmöglichen Luftwiderstand, nämlich die ganze Fläche der Spielkarte. Die zweite Karte hat den kleinstmöglichen, nämlich nur die Schmalseite, und der ist etwa 300-mal kleiner.

### ■ Fallen auf dem Mond

Auf dem Mond würde dein Experiment völlig anders verlaufen. Denn das Erstaunliche ist, dass im Prinzip alle Dinge gleich schnell fallen – 1 kg Eisen also genauso schnell wie eine Feder. Allerdings bietet auf der Erde die Luft allen Dingen einen Widerstand und bremst sie beim Fallen stark ab. Auf dem Mond, wo es keine Atmosphäre und somit auch keine Luft gibt, fallen alle Dinge gleich schnell, egal wie schwer sie sind. Dabei können sie sehr schnell werden, weshalb schon winzige Staubteilchen kleine Krater in die Mondoberfläche schlagen. Auf der Erde sorgt der Luftwiderstand dafür, dass jedes Ding eine bestimmte Höchstgeschwindigkeit beim Fallen nicht überschreitet – abhängig von seiner Form. ■

## Wo kommt das vor?

Der Luftwiderstand spielt dort eine Rolle, wo sich etwas schnell durch die Luft bewegt oder wo viel Luft vorbeiströmt. Dabei ist der sogenannte „$c_W$-Wert" eine wichtige Kenngröße: Er ist durch die Form, also die Angriffsfläche eines Objekts, etwa eines Autos, bestimmt. Ein Personenwagen und ein Minivan können zwar den gleichen $c_W$-Wert haben, aber weil der Minivan um ¼ höher ist als der Pkw, ist auch sein Luftwiderstand größer, und zwar um ¼. Außerdem nimmt der Luftwiderstand mit der Geschwindigkeit zu, und das nicht gleichmäßig: Bei doppelter Geschwindigkeit ist er viermal so hoch, also bei 100 km/h viermal so groß wie bei 50 km/h. Deshalb verbrauchen Autos enorm viel mehr Sprit, wenn sie schnell fahren.

Durch Verändern des Luftwiderstands kann man auch lenken. Das machen Fallschirmspringer, wenn sie in Formation fliegen und beispielsweise zu

mehreren einen Kreis bilden wollen. Um zueinanderzugelangen, müssen sie aufeinander zusteuern. Durch Anlegen der Arme und Hochklappen der Unterschenkel fallen sie schneller, durch Ausbreiten und Strecken von Beinen und Armen langsamer, da dann ihre Körperfläche größer wird und sie bremst. Durch genaues Dosieren des Luftwiderstands können sie sich nach rechts und links drehen und schräg nach unten durch die Luft „tauchen".

# Purzelbaum beim Fallen

Einen Moment nicht aufgepasst – und schwups, schon ist es passiert. Das Marmeladenbrot ist vom Tisch gefallen und natürlich auf der Marmeladenseite gelandet. Ist das einfach Pech, oder muss das so sein?

**ZEIT:** ca. 5 Minuten

### Was brauchst du?

- 2 große Münzen (z. B. 50-Cent-Stücke)
- 1 kleine Münze (z. B. 5-Cent-Stück)

### Wie wird der Versuch aufgebaut?

Lege die drei Münzen so aufeinander, dass die kleinere Münze in der Mitte liegt **(1)**. Dein Münzstapel sieht jetzt wie ein Sandwich aus. Fasse nun mit drei Fingern einer Hand den Münzstapel und halte ihn waagerecht in die Höhe **(2)**. Deine andere Hand hältst du zum Auffangen bereit, etwa eine halbe Armlänge darunter. Lass nun die untersten beiden Münzen los, sodass du in der oberen Hand nur noch die oberste, große Münze hast. Fange die beiden unteren Münzen mit der geöffneten Hand auf.

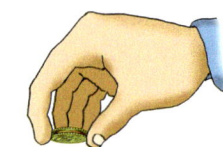

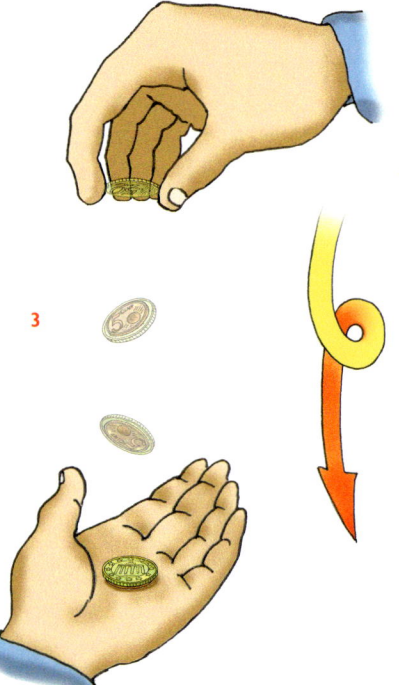

### Was passiert?

Obwohl die kleinere Münze beim Start auf der größeren liegt, kommen sie auf deiner unteren Hand umgekehrt an: Die größere Münze liegt auf der kleineren. Offensichtlich haben sie sich während des Fluges einmal gemeinsam gedreht und so die Plätze getauscht **(3)**.

## Warum ist das so?

Wenn du die untere Münze loslässt, tust du dies nie mit allen Fingern gleichzeitig: An einem Finger bleibt sie immer hängen, kippt daher nach unten und hat damit von Beginn an einen Drall. Während sie fällt, kann sie sich gerade ein halbes Mal um ihre Achse drehen. Dabei nimmt sie die kleinere Münze mit, sodass diese dann unten liegt. Würdest du die Hände weiter auseinanderhalten, könnte sich die Münze ein ganzes Mal drehen und käme unten wieder so an, wie sie oben losgefallen ist. Weil die Münzen beim Fallen aber immer schneller werden, müsstest du die Hände dafür etwa viermal (!) so weit auseinanderhalten.

### ■ Murphys Gesetze

Den Begründer von „Murphys Gesetzen" gab es tatsächlich. Es war der US-amerikanische Ingenieur Edward A. Murphy, der 1949 die körperliche Belastung von Menschen bei hohen Geschwindigkeiten testete. Dazu wurden Testpiloten von Düsenflugzeugen in Spezialanzüge gesteckt, die an Messapparaturen angeschlossen wurden. Die 16 Messfühler in den Anzügen konnte man nur auf zwei Arten anschließen: richtig oder falsch. Nachdem ein Mitarbeiter einmal alle 16 Messfühler falsch angeschlossen hatte, sagte Murphy: „Wenn es zwei oder mehrere Wege gibt, um etwas zu tun, und wenn einer dieser Wege in eine Katastrophe führt, dann wird es immer jemanden geben, der diesen Weg geht." ■

## Wo kommt das vor?

Dass Butterbrote immer mit der belegten Seite auf dem Boden landen, scheint ein Naturgesetz zu sein. Und tatsächlich ist es auch so, wenn man sich den Fall „Butterbrot" genauer anschaut: Wenn ein Butterbrot vom Tisch fällt, wird es meist über die Tischkante geschoben, bis es herunterkippt. Auch von der Hand kippt das Brot meist über Daumen oder Handballen. Damit hat es schon zu Beginn des Falles einen Drall. Tische sind meist etwa 1 m hoch und auch aus der Hand fällt das Butterbrot nicht tiefer als 1,50 m – selbst bei einem Erwachsenen nicht. Diese Höhe reicht jedoch nur für eine halbe Drehung des Butterbrotes aus – es landet zwangsläufig auf der belegten Seite. Es müsste aus weit über 2 m Höhe fallen, damit es sich einmal komplett drehen kann und mit der belegten Seite nach oben aufkommt. Außerdem sind die beiden Seiten nicht gleich beschaffen. Selbst wenn das

Butterbrot mit der Unterseite aufkommen sollte, kann es noch hochspringen und auf der belegten Oberseite landen – umgekehrt geht das nicht, weil die belegte Seite am Boden kleben bleibt.
Daraus hat sich der unter die sogenannten „Murphys Gesetze" fallende Spruch abgeleitet: „Ein Brot fällt immer auf die Butterseite" – was im übertragenen Sinne bedeutet: „Was schiefgehen kann, geht schief."

# Treffende Eindrücke

Der Mond ist von Kratern übersät. Auch auf der Erde gibt es einige Einschlagslöcher von Meteoriten. Sie sind um so tiefer, je stärker der Meteorit aufgeprallt ist. Erzeuge deine eigenen Krater und untersuche sie.

☑ leicht
☐ mittel
☐ schwer
☐ nur für Erwachsene unter Aufsicht von Kindern

**ZEIT:** ca. 10 Minuten

### Was brauchst du?

■ 1 Sandkasten   ■ 1 große, schwere Murmel   ■ 1 Zollstock

### Wie wird der Versuch aufgebaut?

Für diesen Versuch musst du mal wieder an den Sandkasten gehen. Bereite dir dort aus feuchtem Sand eine ebene Fläche, die etwa so groß ist wie zwei aufgeschlagene DIN-A4-Hefte, und klopfe sie gut fest (1). Lass die Murmel aus unterschiedlichen Höhen auf diese Sandfläche fallen (2). Die Fallstellen sollten dabei immer etwas versetzt zueinander sein. Nimm den Zollstock zu Hilfe und versuche es mit den Höhen 0,5 m, 1 m, 1,5 m und – wenn dir jemand hilft – auch mit 2 m.

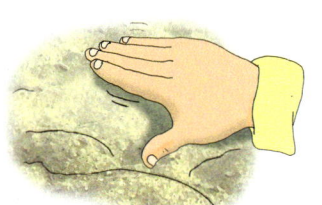

### Was passiert?

Die auftreffende Murmel hinterlässt Abdrücke, kleine Krater im Sand. Je größer die Höhe, aus der sie gefallen ist, desto tiefer ist der Abdruck (3). Von Nahem betrachtet siehst du, dass der Abdruck der Murmel aus 1 m Höhe nicht doppelt so tief ist – sondern weniger – wie der Abdruck der Murmel aus 0,5 m, und das, obwohl die Murmel aus der doppelten Höhe fiel!

## Warum ist das so?

Jedes Mal, wenn du einen Gegenstand hochhebst, steckst du Energie in ihn hinein, so auch in die von dir hochgehobene Murmel. Lässt du nun die Murmel los, wird diese Energie wieder frei, und zwar in Form von Bewegung beim Fallen. Beim Auftreffen auf den Boden wird die Energie an den Sand weitergegeben, der sich dadurch verformt. Du hast also über den kleinen Umweg des Hochhebens der Murmel mit deiner Energie eine Delle in den Sand gemacht. Je höher du die Murmel hebst, desto mehr Energie steckt in ihr, desto tiefer wird der Abdruck. Dabei fällt die Murmel nicht gleich schnell, sondern wird stetig schneller, allerdings nicht gleichmäßig: Bei doppelter Höhe wird sie nicht doppelt so schnell, sondern nur ungefähr um die Hälfte schneller. So trifft sie nach 0,5 m mit 11 km/h auf, nach 1 m mit 16 km/h und nach 2 m mit 23 km/h.

### ■ „Sie war ein großer Mann …

… dessen einziger Fehler es war, eine Frau zu sein", schrieb der französische Philosoph Voltaire (1694–1778) über die französische Mathematikerin, Physikerin und Philosophin Émilie du Châtelet (1706–1749). Weil sie eine Frau war, musste sie sich damals auf eigene Faust mit Wissenschaft beschäftigen, da Frauen damals nicht studieren durften. Sie baute sich auf ihrem Schloss ein eigenes Labor auf und stand mit vielen Größen ihrer Zeit in Kontakt, über Voltaire sogar mit dem Preußenkönig Friedrich dem Großen. Sie erfand auch dieses Experiment. ■

## Wo kommt das vor?

Wenn du im Schwimmbad vom 3-m-Brett springst, spürst du am eigenen Leib, dass du mit viel höherer Geschwindigkeit ins Wasser eintauchst als beim Sprung vom 1-m-Brett, nämlich mit 28 km/h statt mit 16 km/h. Kommst du falsch auf, etwa mit einem Bauchplatscher, kannst du dir sehr weh tun. Denn dann bietest du dem Wasser eine größere Körperfläche, der das Wasser einen größeren Widerstand entgegensetzt. Und das schmerzt. Kunstspringer, die etwa vom 10-m-Turm springen und mit 50 km/h unten ankommen, machen niemals eine „Arschbombe", sondern bieten dem Wasser so wenig Körperfläche wie möglich: Sie tauchen mit gestrecktem Körper ein – entweder mit den Fuß- oder den Fingerspitzen zuerst – und bremsen sich erst im Wasser ab. Alles andere wäre lebensgefährlich, da das Wasser bei hohen Eintauchgeschwindigkeiten immer „härter" wird.

Auch Raumsonden mit Robotern, die etwa auf dem Mars landen, prallen mit enormen Geschwindigkeiten auf, da die dort sehr dünne Atmosphäre sie beim Fallen kaum abbremst (siehe Experiment S. 80). Um den Aufprall zu dämpfen, benutzen sie eine Art Airbag (siehe Experiment S. 98): Sie entfalten kurz vor dem Aufprall um sich herum Luftkissen, die ihren Sturz abfangen und anschließend in sich zusammenfallen. So geschehen bei den Marsrobotern „Spirit" und „Opportunity", als sie 2004 auf dem „Roten Planeten" landeten.

# Flummi, dreh dich!

Ein „Perpetuum mobile" ist der Traum aller Erfinder: eine
Maschine, die – einmal in Gang gesetzt – ewig weiterläuft,
ohne dabei Energie zu verbrauchen. Versuch es einmal mit
einem normalen Flummi ...

☑ leicht
☐ mittel
☐ schwer
☐ nur für Erwachsene
unter Aufsicht von
Kindern

**ZEIT:** ca. 10 Minuten

### Was brauchst du?

🟧 Sprudelwasser (Wasser mit möglichst viel Kohlensäure)
🟧 1 Flummi 🟧 1 Trinkglas

### Wie wird der Versuch aufgebaut?

Schenke das Trinkglas voll Sprudelwasser (1) und lege den
Flummi auf die Wasseroberfläche (2). Was geschieht? Gib nun
dem Flummi mit dem Finger einen ganz kleinen Stups (3).

### Was passiert?

An der Unterseite des Flummis
bilden sich zunächst viele kleine
Gasbläschen. Außerdem dreht
sich der Flummi nach dem
kleinen Stups – manchmal geht
es sogar ohne Stups! – um seine
waagerechte Achse und will gar
nicht mehr aufhören (4).

## Warum ist das so?

Wenn der Flummi im Sprudelwasser schwimmt, bilden sich an ihm aufgrund vieler kleiner Oberflächenunebenheiten Gasblasen (siehe Experiment S. 112). Sobald du ihn anstupst, setzt du einen Prozess in Gang: Auf einer Seite dreht sich der Flummi in das Wasser hinein, auf der anderen wieder heraus. An den Stellen, die ins Wasser eintauchen, bilden sich kleine Gasbläschen. Diese wachsen und sind dort am größten, wo sich der Flummi wieder aus dem Wasser herausdreht. An dem Flummi sitzen also auf der einen Seite kleinere und auf der anderen größere Gasbläs-

chen. Die größeren Bläschen haben mehr Auftrieb und ziehen ihn stärker nach oben, deshalb dreht sich der Flummi in diese Richtung. Wichtig ist dabei auch, dass die Reibung zwischen dem Flummi und dem Wasser durch die Gasbläschen vermindert wird – und er sich deshalb dreht und dreht. Ein „Perpetuum mobile" ist es leider nicht: Sobald kein Gas mehr in dem Wasser ist, hört der Ball auf, sich zu drehen.

## Wo kommt das vor?

Das Prinzip der „Luftblasenschmierung" wird in der Schifffahrt genutzt: Bei der neuen Binnenschiffgeneration „Futura Carrier" sprudeln Düsen am Bug Luft ins Wasser, sodass das Schiff auf einem Teppich aus Luftbläschen schwimmt, der die Reibung des Schiffs im Wasser drastisch vermindert. Aber auch schon ohne diesen Blasenteppich ist die Reibung (siehe Experimente S. 66 und 70) im Wasser außerordentlich gering. Deshalb ist das Schiff das effektivste Transportmittel, vor Lkw, Bahn und Flugzeug: Es verbraucht weniger Treibstoff, stößt somit auch weniger Abgase aus und kann zudem viel transportieren. Um das Gewicht von 1 t 100 km weit zu transportieren, braucht ein normales Schiff 1,3 l Dieselkraftstoff, ein Lkw 4,1 l. In den Fußgängerzonen vieler Städte stehen eindrucksvolle tonnenschwere Steinkugeln, die sich mit einem kleinen Schubs bewegen lassen – wie bei deinem Flummi. Allerdings ist es hier kein Bläschenteppich, der die Reibung herabsetzt, sondern ein

anderer Trick: Die Kugel liegt in einer passgenauen Schale, aus der Wasser herausquillt. Das Wasser hebt die Kugel leicht an und bildet zwischen Kugel und Schale einen millimeterdünnen Schmierfilm, auf dem die Kugel so leicht gleitet, dass du sie mit dem Zeigefinger drehen kannst.

# Warum kippt das Rad nicht um?

Fahrradfahren lernen ist nicht leicht, und Stützräder gehören dazu. Stürze leider auch. Aber irgendwann klappt's, und immer wieder fragst du dich: Warum kippe ich eigentlich nicht um?

☐ leicht
☐ mittel
☐ schwer
☑ nur für Erwachsene unter Aufsicht von Kindern

**ZEIT:** ca. 15 Minuten

### Was brauchst du?

■ 1 Vorderrad eines Fahrrads (siehe auch Experiment S. 90)
■ ca. 2 m Paketschnur   ■ 1 Freund oder Freundin

### Wie wird der Versuch aufgebaut?

Binde links und rechts je ein etwa armlanges Stück Kordel mit einem Ende an der Radachse fest (1). Bitte deinen Helfer, das Vorderrad an beiden Schnüren in der Luft zu halten, damit du es auf Touren bringen kannst: Drehe das Vorderrad, so schnell du kannst, allerdings ohne dass es dabei anfängt zu schlingern (2). Dreht es sich, so schnell es geht, bitte deinen Helfer, eine der beiden Schnüre loszulassen.

### Was passiert?

Das Rad kippt nicht um, sondern bleibt senkrecht (3), obwohl es jetzt nur noch an einer Seite festgehalten wird. Mit der Zeit lässt der Schwung aber nach, und das Rad dreht sich langsamer. Dabei beginnt es, sich zu neigen, bis es am Schluss waagerecht am Seil hängt (4).

## Warum ist das so?

Dinge, die sich drehen, liegen umso stabiler im Raum, je schneller sie sich drehen. Das liegt am Drehimpuls, einem Drall, der durch die Rotation des Rades entsteht und mit der Drehgeschwindigkeit zunimmt. Er hält es aufrecht, wenn es sich schnell genug dreht. Wenn es sich langsamer dreht, wird auch der Drehimpuls schwächer, und das Rad kippt langsam in die Waagerechte. Der Drehimpuls hindert das Rad also am Kippen, aber nicht am Fallen: Würdest du die Schnur loslassen, fiele das Rad auf den Boden.

## Wo kommt das vor?

In einem Kreiselkompass („Gyroskop") dreht sich ein kleines Rad, das von einem Elektromotor angetrieben wird, 20 000-mal in der Minute. Dazu wird seine Drehachse zunächst nach Nord- und Südpol – also parallel zur Erdachse – ausgerichtet. Diese Ausrichtung behält es danach bei, weil es „kardanisch" – frei beweglich – aufgehängt ist. Im Gegensatz zu „Gyrostaten" (siehe Experiment S. 90) ist ein Gyroskop viel kleiner, leichter und frei beweglich, denn es ist ein Messinstrument und soll das Fahrzeug, in das es eingebaut ist, nicht beeinflussen. In Flugzeugen ist ein Gyroskop im sogenannten „künstlichen Horizont" (deshalb auch „Kreiselhorizont" genannt) eingebaut. Es ersetzt dem Piloten beim reinen Instrumentenflug, also wenn nicht auf Sicht geflogen wird, den natürlichen Horizont, die Grenzlinie zwischen Himmel und Erde. Der Pilot sieht allerdings keinen Kreisel, sondern eine gezeichnete Horizontlinie, die nur beim Geradeausflug mittig ist, sich bei Kurven, Sink- oder Steigflug aber verschiebt.

Kreisel sind beliebte Spielzeuge. Als Brummkreisel, die man durch ein kräftiges Drücken auf die Achse in Schwung bringt, drehen sie sich summend auf der Stelle und kippen erst, wenn sie zu langsam werden. Und als sogenannter „Powerball", der äußerlich zunächst einem Tennisball in einem Plastikgehäuse ähnelt, lassen sich Kreisel sogar spüren. In dieser modernen Form des Kreisels befindet sich eine 200 g schwere Rolle aus Metall, die durch geschicktes „Rühren" mit der Hand bis auf 16 000 Umdrehungen in der Minute beschleunigt werden kann. Dabei entstehen Kräfte, die dem 80-fachen Gewicht der Rolle entsprechen: 16 kg!

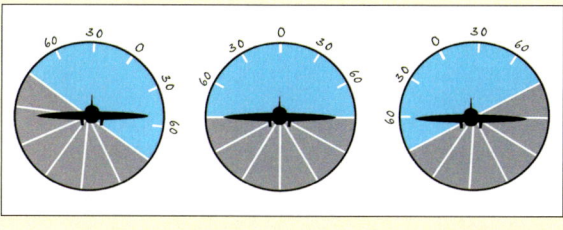

| Linkskurve | Geradeausflug | Rechtskurve |

**So sehen die Piloten den Horizont bei verschiedenen Flugbewegungen. Der künstliche Horizont simuliert diese Sicht.**

# Der Dreh mit dem Dreh

Beim Fahrradfahren genießen wir das Balancieren auf zwei Rädern. Aber welche Kräfte drehende Räder haben, merken wir erst, wenn wir sie in die Hand nehmen. Leihe dir dazu das Vorderrad von deinem Fahrrad aus.

☐ leicht
☐ mittel
☐ schwer
☑ nur für Erwachsene unter Aufsicht von Kindern

**ZEIT:** ca. 15 Minuten

### Was brauchst du?

■ 1 Fahrrad-Vorderrad (siehe auch Experiment S. 88)
■ 1 Drehstuhl   ■ 1 Freund oder Freundin

### Wie wird der Versuch aufgebaut?

Setze dich auf den Drehstuhl und stütze dich dabei nicht mit den Füßen ab. Halte das Rad aufrecht vor dich hin. Packe es dazu fest mit den Händen links und rechts an der Achse (1). Bitte deinen Helfer, das Rad vorsichtig in Schwung zu versetzen, indem er oder sie das Rad an der Lauffläche kräftig nach unten stößt. Dann dreht sich das Rad oben von dir weg und unten auf dich zu. Wenn sich das Rad einigermaßen schnell dreht, kippe es nach rechts und links.

### Was passiert?

Sobald du das Rad verkippst, drehst du dich auf dem Drehstuhl (2). Kippst du es nach rechts, drehst du dich – bei der oben angegebenen Drehrichtung des Rades – nach rechts, kippst du es nach links, drehst du dich nach links. Zudem merkst du, dass sich das Rad nicht so einfach kippen lässt, es setzt dir ziemlichen Widerstand entgegen und scheint irgendwie seitlich ausweichen zu wollen.
Achtung: Das drehende Rad hat große Kraft. Gib acht, dass es dir nicht aus der Hand fällt und du nicht die Finger in die Speichen bekommst.

## Warum ist das so?

Drehende Räder wollen ihre Drehrichtung im Raum unbedingt beibehalten (siehe Experiment S. 88). Jeder Änderung ihrer Lage setzen sie Widerstand entgegen, ein sogenanntes Drehmoment. Das kostet Kraft. Und Kraft bewirkt Gegenkraft. „Actio gleich Reactio", also „Kraft gleich Gegenkraft", hat schon der berühmte englische Mathematiker, Physiker und Astronom Isaac Newton (1643–1727) festgestellt. Auf dem Drehstuhl kannst du das spüren, weil das Kippen des Rades ein Drehen des Sitzes zur Folge hat. Dass der Sitz sich dreht, ist sozusagen der „Preis" dafür, dass du das Rad aus seiner Lage kippen kannst.

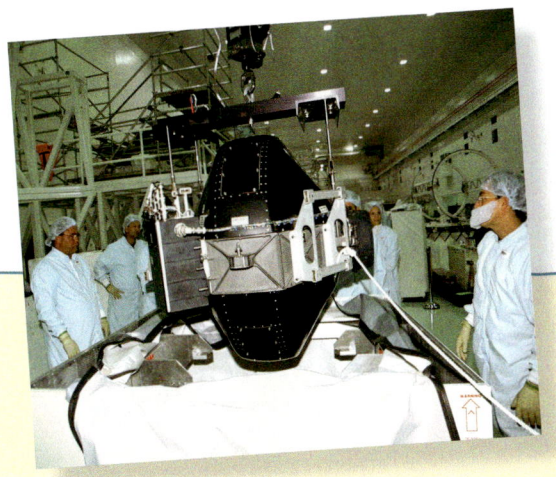

## Wo kommt das vor?

Früher wurden Schiffskreisel verwendet, um Schiffe bei stürmischer See ruhig zu halten. Das waren bis zu 200 t schwere und 4 m große Schwungscheiben, die das Schiff durch ihre schnelle Drehung am Schlingern hinderten. Weil sie sehr schwer sind und somit auch Treibstoff verbrauchen, fährt man heute zur Stabilisation eine Art Flügel aus, ähnlich jenem eines Flugzeugs.

Satelliten, die um die Erde kreisen, müssen sich genau ausrichten, um zu bestimmten Punkten auf der Erde zu funken. Weil jedes Drehen immer auch Treibstoff kostet, verwendet man ein „Gyrostat", mit dem die Position außerdem viel genauer eingestellt werden kann als mit Steuerdüsen. Es besteht aus drei Schwungrädern, für jede der drei Richtungen (Dimensionen) eines: Zwei stehen aufrecht, aber verdreht – im rechten Winkel – zueinander, ein drittes liegt. Alle drei drehen sich ständig. Die mehrere Kilogramm schweren Schwungräder werden mit Elektromotoren angetrieben, denn Strom gibt es dank Solarzellen im Weltall genügend. Wird eine Schwungscheibe – per Fernsteuerung von der Erde aus – schneller gedreht oder gebremst, dreht sich der Satellit als Ausgleich. Wird das Tempo aller drei Schwungräder verändert, kann der Satellit sehr präzise ausgerichtet werden.

Weil sie ständig laufen, gehen Gyrostate häufig als Erstes kaputt und begrenzen die Lebensdauer der Satelliten. In der Internationalen Raumstation ISS sind deshalb 4 Stück eingebaut, die alle von außen wie riesige schwarze Metalleier aussehen.

Die 1989 gestartete Raumsonde „Galileo", die den Planeten Jupiter erforschte, hatte als Datenspeicher noch ein Magnetbandgerät an Bord, quasi wie eine große Kassette eines Kassettenrekorders. Allein durch die Drehung der Bandspulen drehte sich die Sonde ständig in eine bestimmte Richtung.

# Ein Karussell für die Mikrowelle

Die meiste Zeit hat das Mikrowellengerät in der Küche
nichts zu tun. Schade drum! Nutze die Zeit und bringe
die Mikrowellen richtig auf Touren. Sie liefern dir die Energie
für ein Mikrowellen-Karussell.

☐ leicht
☐ mittel
☐ schwer
☑ nur für Erwachsene
   unter Aufsicht von
   Kindern

**ZEIT:** ca. 2 Stunden

### Was brauchst du?

- 1 alten Teller
- 1 Weinkorken
- Klebefilm
- Klebstoff
- 2 Zahnstocher
- Wasser
- 1 Spritze (aus Apotheke)
- 1 dicken Trinkhalm
- 2 Plastikeier (aus „Überraschungs-Ei")
- 1 Sicherheitsnadel
- 2 Gummis
- 1 Mikrowellengerät

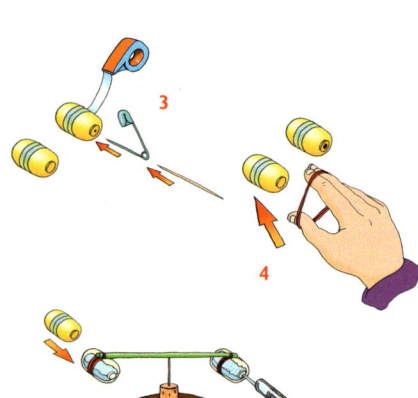

### Wie wird der Versuch aufgebaut?

Klebe den Korken aufrecht in die Tellermitte, warte, bis er
gut angetrocknet ist, und stecke einen Zahnstocher etwa
2 cm tief hinein **(1)**. Markiere die Mitte des Trinkhalms und
stich dort mit der Sicherheitsnadel hinein – stich aber den
Halm auf keinen Fall ganz durch **(2)**! Nun kannst du den Halm
auf den Zahnstocherständer hängen. Bohre mit der Sicherheitsnadel in jeweils ein Ende der beiden Plastikeier ein Loch,
vergrößere diese mithilfe des zweiten Zahnstochers und
klebe die Nahtstelle der beiden Eier rundum mit Klebefilm zu
**(3)**. Schlinge je ein Gummi um jedes Ei **(4)** und hänge sie an einer Gummischlaufe an beiden Enden des Trinkhalms auf. Die
Löcher in den Plastikeiern müssen dabei in entgegengesetzte
Richtungen zeigen. Fülle nun die Eier mithilfe der Spritze mit
Wasser etwa halb voll **(5)**. Stelle das Ganze in das Mikrowellengerät und schalte auf höchster Stufe ein **(6)**.

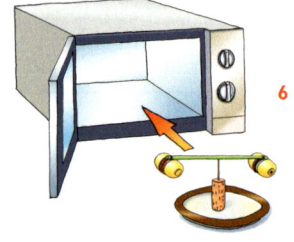

### Was passiert?

Nach kurzer Zeit hörst du es in der
Mikrowelle zischen, und das „Eierkarus-
sell" dreht sich mit „Volldampf" **(7)**!
Gratuliere, du hast den kniffligsten Versuch in diesem Buch geschafft!

## Warum ist das so?

Die Mikrowellen erhitzen nur Wasser – meist das in Speisen. Diesmal wird das Wasser in deinen Plastikeiern heiß, und zwar so sehr, dass es siedet und verdampft. Als Dampf braucht die gleiche Menge Wasser jedoch erheblich mehr Platz als im flüssigen Zustand, und so baut sich in den kleinen Plastikeiern Druck auf (siehe Experiment S. 10). Der Druck kann nur durch die kleinen Löcher entweichen. Und weil viel Dampf in kurzer Zeit entweichen will, strömt er sehr schnell aus und erzeugt dabei einen Rückstoß, der die Eier nach vorne drückt: Das Karussell dreht sich, und das so lange, bis das Wasser in den „Tanks" verdampft ist. Dann bildet sich kein neuer Dampf mehr, und der Nachschub für den Antrieb bleibt aus.

Je niedriger du die Schaltstufe der Mikrowelle wählst, desto langsamer dreht sich das Karussell, dafür aber länger, da das Wasser langsamer verdampft.

## Wo kommt das vor?

Die meisten Flugzeuge sind heute Düsenflugzeuge mit sogenannten Strahltriebwerken. Sie können 1000 km in der Stunde zurücklegen. Wenn du von vorne auf ein solches Triebwerk schaust, kannst du das Laufrad sehen, das durch schnelles Drehen Luft ansaugt. Dahinter wird die Luft zusammengedrückt und mit dem Treibstoff Kerosin verbrannt. Dabei erhitzt sich die Luft, dehnt sich stark aus und kann – wie bei deinen Plastikeiern – nur nach hinten durch eine Schubdüse ausströmen, oft mit Überschallgeschwindigkeit. Weil die Abgase sehr heiß sind und in großer Höhe rasch abkühlen, entstehen die typischen Kondensstreifen, wenn der Wasserdampf in den Abgasen zu feinen Tröpfchen kondensiert oder sogar zu Eiskristallen gefriert. Wie so oft ist auch der Düsenantrieb nicht vom Menschen erfunden worden, sondern von Mutter Natur. Der Oktopus, ein Krake mit acht Armen, nutzt ihn im Wasser. Durch Schlitze an seinem Körper lässt er Wasser einströmen, das er zum Atmen, aber auch zur Fortbewegung braucht. Nachdem die Kiemen dem Wasser Sauerstoff entnommen haben, gelangt das Wasser in eine bewegliche Röhre, den Sipho. Mit großer Kraft hineingedrückt, erzeugt er so einen nach hinten gerichteten Wasserstrahl, der ihm einen starken Schub nach vorne gibt.

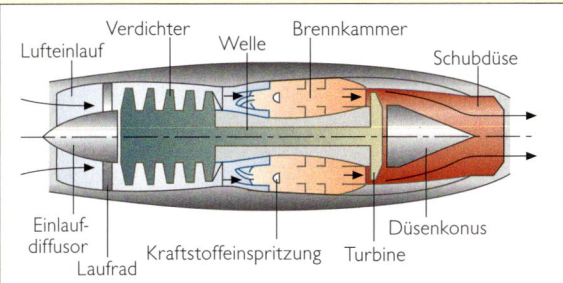

**Die angesaugte Luft kommt in den Verdichter, wird in den Brennkammern mit Kerosin verbrannt und strömt durch eine Turbine, die wiederum das Laufrad und den Verdichter vorne antreibt. Dann wird die Luft durch die Düse ausgestoßen.**

# Kringelpustmaschine

Raucher machen es, Delfine und Vulkane auch: Sie blasen Kringel in die Luft oder ins Wasser. Ein einfacher Apparat erledigt das für dich und produziert Luftkringel in Serie.

☐ leicht
☐ mittel
☐ schwer
☑ nur für Erwachsene unter Aufsicht von Kindern

**ZEIT:** ca. 30 Minuten

### Was brauchst du?

- 1 leeren (Schuh-)Karton
- Klebeband
- 1 dünne Kerze
- 1 Feuerzeug oder Streichhölzer
- 1 Schere
- 1 Stift
- 1 Drehverschluss von Limo- oder Sprudelflasche

### Wie wird der Versuch aufgebaut?

Schneide ein etwa 3 cm großes, kreisrundes Loch in die schmale Seite des Kartons. Am besten zeichnest du das Loch mithilfe eines Flaschenverschlusses vor. Erwachsene können das besonders gut, darum kannst du diese Schnippelarbeit auch bei ihnen in Auftrag geben. Setze den Deckel fest auf den Karton und befestige ihn mit Klebeband (1). Zünde die Kerze an, warte kurz, bis sie richtig brennt, und puste sie wieder aus (2). Stülpe den Karton 15–20 Sekunden über die aufrechte Kerze, denn der Rauch soll sich innen drin sammeln (3). Ziehe die Kerze wieder raus und lege den Karton auf einen Tisch. Tippe vorsichtig mehrfach kurz auf den Deckel.

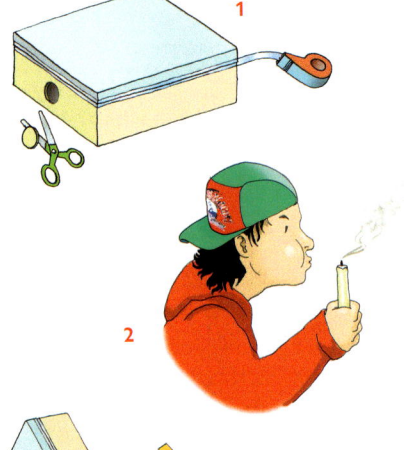

15-20 SEKUNDEN

### Was passiert?

Ein kleiner Rauchkringel kommt aus dem Loch und fliegt durch die Luft, wobei er größer wird (4). Wenn du etwas rumprobierst, findest du rasch heraus, wie stark du drücken musst, um die besten Kringel zu erzeugen. Wenn die Luft ruhig ist, können die Kringel mehrere Meter weit quer durch das Wohnzimmer fliegen!

## Warum ist das so?

Wenn du auf den Karton drückst, wird eine Art Luftball aus der Öffnung herausgestoßen. An den Rändern reibt er sich besonders stark an der ruhigen Luft um ihn herum. Lockerst du den Druck auf den Karton, wird sofort wieder Luft eingesogen. Dabei werden die Ränder des Luftballs „umgekrempelt" und drehen sich wieder in den Ball hinein, da dieser in sich beweglich ist. Auf diese Weise bekommt er ein Loch in der Mitte – übrig bleibt ein Ring, der sich in sich selbst dreht, ähnlich einem Gummiring, den du mit den Fingern zwirbelst. Dieser Luftring, den der Rauch aus dem Karton sichtbar macht, ist erstaunlich stabil. Er kreist einige Sekunden durch die Luft, wird immer langsamer, größer und dicker. Wenn er nicht mehr genug Energie hat, verliert er seine Form und löst sich auf. Solch ein Luftring nennt sich „Wirbelring" oder auf Englisch „vortex ring". Er kann in Gasen und Flüssigkeiten entstehen.

### ■ Flugzeuge sorgen für Wirbel

Wirbel entstehen oft in Luft und Wasser. Weil man sie in den seltensten Fällen sehen kann, können sie sehr gefährlich werden. Flugzeuge etwa produzieren an den Enden ihrer Tragflächen Luftwirbel, die mehrere Kilometer lang sein können und bis zu 15 Minuten in der Luft stehen bleiben, nachdem das Flugzeug fort ist. Besonders

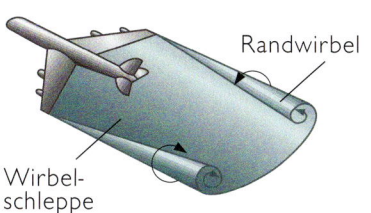

Randwirbel

Wirbelschleppe

gefährlich sind sie auf den Start- und Landebahnen von Flughäfen. Ist ein großes Flugzeug wie ein Jumbo-Jet gestartet oder gelandet, kann ein leichteres Flugzeug abstürzen, wenn es in dessen Wirbelschleppe gerät. Derzeit wird geforscht, wie diese unsichtbaren Wirbel – etwa durch Laser – erkannt werden können. Bis das klappt, müssen Flugzeuge bestimmte Abstände einhalten und dürfen nicht zu dicht hintereinander dieselbe Bahn benutzen. ■

## Wo kommt das vor?

Manche Menschen, die rauchen, können solche Rauchringe mit ihrem Mund erzeugen. Entweder sie stoßen kurz durch die Kehle etwas Luft aus, drücken mit ihrer Zunge etwas Rauch aus dem Mund oder klopfen sich einmal auf die Backe – ganz ähnlich, wie du auf den Karton. Manchmal entstehen auch bei aktiven Vulkanen wie etwa dem Ätna auf der italienischen Insel Sizilien Wirbelringe, wenn eine Gasblase aufsteigt und durch die runde Krateröffnung ausgestoßen wird. Sogar im Herz sollen ähnliche Wirbelringe – hier aus Blut und nicht aus Luft – entstehen, wenn beim Pumpen ein Blutschwall aus der Vene in das Herz gelangt. Von Delfinen ist bekannt, dass sie unter

Wasser mit ihrer Atemöffnung auf dem Kopf Blasenringe aus Luft in Wasser erzeugen können – ob unbeabsichtigt oder zum Spaß, weiß man bei diesen intelligenten Tieren nie so genau.

# Ein Trinkhalm macht Krach

„Musik wird oft nicht schön gefunden, weil sie stets mit Geräusch verbunden", sagte schon Wilhelm Busch. Nun, ob dieses Instrument eher Musik oder ein störendes Geräusch macht, entscheidest du am besten selbst.

- ☐ leicht
- ☑ mittel
- ☐ schwer
- ☐ nur für Erwachsene unter Aufsicht von Kindern

**ZEIT:** ca. 5 Minuten

### Was brauchst du?

■ 1 Trinkhalm    ■ 1 Schere

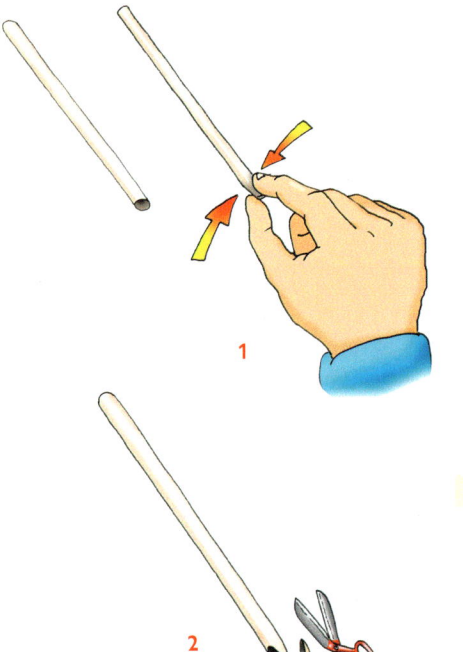

### Wie wird der Versuch aufgebaut?

Drücke den Trinkhalm an einem Ende platt (1) und schneide ihn anschließend spitz zu, sodass er oben und unten jeweils eine spitze Zunge hat (2). Die beiden Zungen sollten etwa 1 mm Abstand voneinander haben. Stecke das spitze Ende so weit in den Mund, dass deine Lippen und deine Zunge die Spitzen nicht berühren. Schließe deinen Mund und puste kräftig durch den Trinkhalm.

### Was passiert?

Der Trinkhalm gibt ein kräftiges „Trööööt!" von sich (3). Klappt es nicht auf Anhieb, ziehe ihn etwas aus dem Mund heraus oder schiebe ihn ein bisschen weiter hinein. Mit etwas Probieren bekommst du schnell die beste Position heraus.

## Warum ist das so?

Der Trinkhalm ist aus dünnem Plastik und biegsam. Die beiden spitzen Trinkhalm-„Zungen" sind ziemlich frei beweglich. Bläst du in den angeschnittenen Trinkhalm, fangen sie an zu flattern, was du spüren kannst, wenn du mit deiner Zunge dagegenkommst. Schuld ist der Luftzug, der die beiden Spitzen abwechselnd nach oben und unten biegt. Der Luftstrom durch den Trinkhalm erzeugt einen Sog, der die beiden Zungen zueinander hinzieht. Berühren sie sich, unterbrechen diese Zungen den Luftstrom und damit den Sog, und die Zungen schwingen voneinander weg. Jetzt setzt der Luftstrom wieder ein. Das alles geschieht sehr schnell und bringt die Luft im Trinkhalm zum Schwingen – ein Ton ist die Folge, der umso lauter wird, je stärker du hineinpustest.

### ■ Wenn Peitschen knallen

Ein anderes ungewöhnlich lautes Geräusch kann durch die plötzliche Bewegung einer Peitsche erzeugt werden. Durch eine geschickte Vorwärtsrückwärts-Bewegung mit dem Peitschengriff wird eine Welle erzeugt, die zum Ende der Schnur rast. Dort öffnet sie sich mit doppelter Schallgeschwindigkeit (2400 km/h) und erzeugt dabei einen lauten Überschallknall – ganz ähnlich wie ein Düsenjäger, der die Schallmauer durchbricht. ■

## Wo kommt das vor?

Das sogenannte „Doppelrohrblatt" ist das Herzstück vieler Holzblasinstrumente wie etwa Oboe, Fagott oder Krummhorn. Dabei erzeugen zwei dünne Blättchen aus Schilf- oder Zuckerrohr, die an einem Ende mit einem Faden zusammengewickelt sind, den Ton. Sie sitzen sich im Mundstück gegenüber und sind nur durch einen kleinen Spalt getrennt, durch den die Luft des Musikers strömt. In schnellem Wechsel verschließen sie aufgrund des Sogs der Luft den Weg und machen ihn danach wieder frei. Dadurch wird die Luft im Instrument in Schwingungen versetzt, was für uns als Ton zu hören ist. Nicht die Blättchen, sondern die Länge der schwingenden

**Doppelrohrblatt**

Luftsäule im Instrument bestimmt die Tonhöhe. Sie kann verändert werden, indem die Luft durch das Öffnen oder Schließen von Löchern – etwa mithilfe von Klappen wie bei der Oboe – schon oben oder erst weiter unten aus dem Instrument strömt. Bei der Mundharmonika sowie im Akkordeon schwingen kleine Zungen aus Metall, die unterschiedlich lang sind. An ihnen streicht die Luft vorbei und bringt sie durch den Luftsog zum Schwingen. Je länger die Zungen sind, desto tiefer ist der Ton, den sie erzeugen. In Kindermundharmonikas sind die Zungen oft auch aus Plastik.

# Kleiner, aber stärker

Wenn du einen großen und einen kleinen Luftballon losfliegen lässt, siehst du, dass der kleine schneller ist. Aber der kleine ist nicht nur schneller, er ist auch stärker.

**ZEIT:** ca. 20 Minuten

### Was brauchst du?

- 2 Luftballons
- 1 Blatt Papier
- 1 Bleistift
- etwas Klebefilm
- 2 Wäscheklammern

### Wie wird der Versuch aufgebaut?

Wickle das Papier von der schmalen Seite aus locker um den Bleistift, sodass du ein stabiles Papierröhrchen erhältst, das etwa so dick ist wie dein Daumen. Klebe es außen längs mit einem Klebestreifen zu, damit sich das Papier nicht wieder entrollt (1). Puste einen Luftballon mit etwa zwei kräftigen Pustern halb auf, verdrehe seine Tülle und klemme sie mit einer Wäscheklammer zu, damit die Luft drinbleibt. Den anderen Luftballon pustest du größer als den ersten auf und klemmst auch ihn mit einer Wäscheklammer zu (2). Jetzt ziehst du die lose hängenden Tüllen der beiden Luftballons auf die beiden Enden des Papierröhrchens auf (3). Nun löse beide Wäscheklammern – möglichst gleichzeitig –, sodass die Ballons Luft austauschen können.

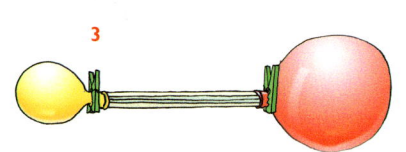

### Was passiert?

Der kleinere Luftballon pustet den größeren weiter auf (4) – gerade umgekehrt, als man es erwartet hätte.

## Warum ist das so?

Die Haut des kleinen Luftballons ist stärker gespannt als die des großen. Oder anders betrachtet: Die ersten Puster, mit denen du einen Luftballon aufpustest, sind schwerer als alle weiteren. Das kannst du sogar sehen: Bei den ersten Pustern scheint der Luftballon fast zu explodieren, so schnell wächst er, während später kaum noch zu sehen ist, dass er größer wird. Denn die Luftballonhaut muss sich bei jedem weiteren Puster etwas weniger dehnen als beim Puster vorher, weil der Innenraum (Volumen), also der Inhalt des Luftballons, schneller wächst als seine Oberfläche. So hat ein Ballon mit 1000-mal mehr Luft darin nur eine 100-mal größere Oberfläche. Daher steht der kleine Luftballon unter größerer Spannung als der große und drückt die Luft stärker heraus.

### ■ Taucherkrankheit

Beim Öffnen einer Sprudelflasche löst sich sofort Kohlensäure aus dem Wasser und steigt in Bläschen auf. Ähnlich wie Kohlensäure im Sprudelwasser unter Druck gelöst ist, löst sich bei Menschen Stickstoff aus der Atemluft im Blut, wenn sie tief tauchen und der Wasserdruck entsprechend zunimmt. Beim Auftauchen löst sich der Stickstoff wieder aus dem Blut. Bei schnellem Auftauchen bilden sich – wie beim Öffnen einer Sprudelflasche – Gasbläschen, welche die gefährliche, mitunter tödliche „Taucherkrankheit" verursachen. Nur durch langsames Auftauchen – etwa 13 Minuten nach einer halben Stunde Aufenthalt in 30 m Tiefe – kann der Stickstoff langsam vom Blut in die Lunge gebracht und ausgeatmet werden. Das nennt man „Dekompression" (Druckentlastung). ■

## Wo kommt das vor?

Beim Tritt auf den Gummibalg einer Luftmatratzenpumpe wird (Luft-)Druck erzeugt, und Luft strömt in die Luftmatratze, wo der Luftdruck geringer ist – und bläst sie so auf. Genauso ist es bei einer Fahrradpumpe. Ähnlich wie bei einer Spritze (siehe Experiment S. 50) wird in der Luftpumpe Luft zusammengedrückt und strömt über das Ventil in den Reifen. Dabei kann auf kleinem Raum, dem Rohr der Luftpumpe, ein größerer Luftdruck erzeugt werden als im Reifen herrscht.
Beim „Airbag" („Luftsack") im Auto wird bei einem Unfall mithilfe einer kleinen Sprengkapsel ein Ballon aus Stoff aufgepustet – und zwar mit 150 l Luft innerhalb einer zwanzigstel Sekunde –, um Kopf und Oberkörper der Insassen bei einem Aufprall weich aufzufangen.
Wie im Luftballon steht auch in Gasflaschen die Luft unter größerem Druck als außerhalb. So

lässt sich etwa mit einer vergleichsweise kleinen Pressluftflasche eine große Rettungsinsel für Schiffbrüchige aufpusten.
Taucher können sich unter Wasser aus Pressluftflaschen über Stunden mit Luft zum Atmen versorgen. Da die Pressluft aus der Flasche unter hohem Druck steht, wird der Luftdruck zunächst in einem „Lungenautomaten" vor dem Mund des Tauchers so weit herabgesetzt, dass die Luft überhaupt eingeatmet werden kann.

# Im Trichter gefangen

Manche Dinge im Leben sind widersprüchlich. Wenn du am meisten Hausaufgaben aufhast, hast du am wenigsten Lust. Und was normalerweise schwimmt, taucht plötzlich unter. Du musst nur auf den Trichter kommen, weshalb ...

☐ leicht
☑ mittel
☐ schwer
☐ nur für Erwachsene unter Aufsicht von Kindern

**ZEIT:** ca. 5 Minuten

### Was brauchst du?

■ 1 Haushaltstrichter    ■ 1 Tischtennisball    ■ 1 Wasserhahn

### Wie wird der Versuch aufgebaut?

Gehe an ein Waschbecken, drehe den Wasserhahn weit auf und halte den Trichter darunter. Warte, bis er vollgelaufen ist (1). Drehe den Wasserhahn etwas zu, damit das Wasser nicht überläuft. Lege nun den Tischtennisball auf das Wasser – er schwimmt (2). Drücke ihn dann im Wasser nach unten in die Spitze des Trichters (3).

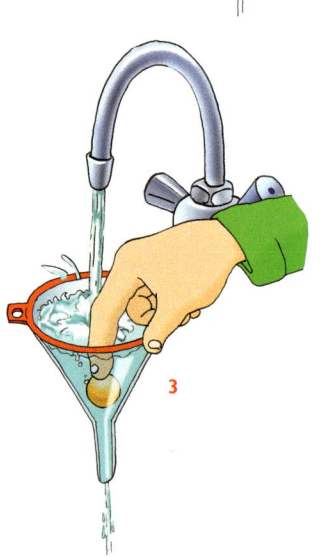

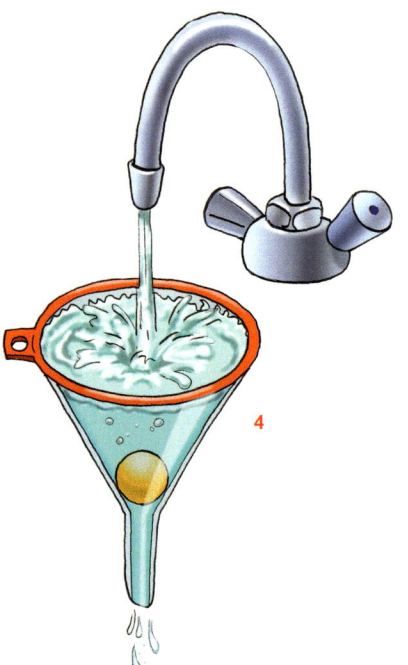

### Was passiert?

Obwohl der Tischtennisball so leicht ist, dass er auf Wasser schwimmt, bleibt er unter Wasser im Trichter liegen, wenn du ihn einmal heruntergedrückt hast (4). Dort blockiert er den Abfluss, aber nicht ganz, denn etwas Wasser tröpfelt nach wie vor aus dem Trichter.

Tipp: Halte den Trichter unten zu. Was passiert?

## Warum ist das so?

Normalerweise schwimmt ein Tischtennisball auf dem Wasser, weil seine Dichte geringer ist als die des Wassers. Er hat einen Auftrieb, weil das dichtere Wasser ihn an seiner Unterseite nach oben drückt. Im Trichter ist aber unter ihm kein Wasserdruck mehr, weil das Wasser abfließt – der Ball bleibt unten. Zudem verursacht das strömende Wasser einen Sog. Erst wenn du den Trichter unten zuhältst, wird dieser Sog unterbrochen, und der Ball wird durch das sich unter ihm stauende Wasser nach oben gedrückt.

### ■ „Schlauer" Schnorchel

Um beim Schwimmen den Kopf unter Wasser halten und trotzdem atmen zu können, verwenden wir Schnorchel. Meist sind sie oben offen, doch ausge-klügelte Schnorchel für Anfänger sind am oberen Ende wieder nach unten gebogen und haben eine Art Käfig am Ende, in dem ein kleiner Tischtennisball ist. Ragt das Schnorchelende aus dem Wasser, liegt der Ball unten im Käfig, das Schnorchelrohr ist also offen, und man kann atmen. Beim kompletten Untertauchen – etwa um sich einen Seeigel näher anzusehen – wird der Ball durch den Auftrieb nach oben an das Schnorchelrohr gedrückt und verschließt es wasserdicht. Ohne den Ball käme ein Schwall Wasser in den Mund des Tauchers, den dieser beim Auftauchen erst mit einem kräftigen Stoß rauspusten muss, bevor er wieder einatmen kann. ■

## Wo kommt das vor?

Wenn du in der Badewanne sitzt und den Stöpsel ziehst, kannst du das Experiment nachfühlen. Halte deine Ferse über den Abfluss und lass sie langsam sinken. Plötzlich wird sie in den Abfluss gesogen. Frankreichs Hauptstadt Paris hat eines der ältesten und größten Abwassernetze der Welt. Um all die Kanäle zu säubern, entwickelte der französische Ingenieur Eugène Belgrand (1810–1878) eigens das „bateau-vanne" (sprich: „batoh wann"), das „Ventil-Boot". Es war im Prinzip ein liegender Holzrahmen mit Eisenrädern, die links und rechts auf dem Rand des Kanals liefen. Der Trick war die Kugel, die in den Rahmen eingelassen war und mit der Konstruktion mitrollte. Sie ließ unter sich nur einen Spaltbreit Platz, durch den sich das Wasser mit hoher Geschwindigkeit quetschte. Von dem dabei entstehenden Sog wurde der Schmutz mitgerissen.

Auch Luftströme können gefährlich sein, etwa bei Zügen. Denn jeder Zug bahnt sich einen Weg durch die Luft. Die Zugspitze verdrängt die Luft, die dann seitlich am Zug vorbeiströmt. Diese Strömung kann Menschen, die zu nah an der Bahnsteigkante stehen, zum Zug hinziehen. Diese Gefahr wurde einmal – zur Warnung – mit einem Puppenwagen verdeutlicht. Ähnliches kannst du auf der Autobahn beobachten: Fährt ein großer Lkw mit hohem Tempo an einem Pkw vorbei, kann man oft sehen, wie sich der Pkw leicht zum Lkw neigt. Auch hier übt der Luftstrom des Lkw einen Sog aus.

# Wasser läuft aus

Wir haben uns daran gewöhnt: Wasserhahn aufdrehen, und schon kommt Wasser raus, und zwar im Erdgeschoss wie im 10. Stockwerk eines Hochhauses. Doch wie ging das früher? Und wie heute?

- ☐ leicht
- ☐ mittel
- ☑ schwer
- ☐ nur für Erwachsene unter Aufsicht von Kindern

**ZEIT:** ca. 30 Minuten

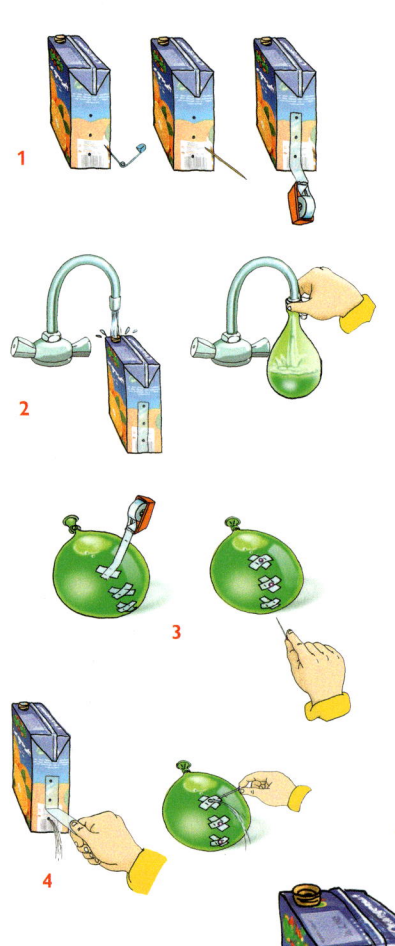

### Was brauchst du?

- 1 leeren Getränkekarton (von Milch oder Saft)
- 1 Luftballon
- 1 Sicherheitsnadel
- 1 Zahnstocher
- 3 Pinnwandnadeln
- Klebefilm
- 1 Wasserhahn

### Wie wird der Versuch aufgebaut?

Stich mit der Sicherheitsnadel drei Löcher in den Getränkekarton: eines ganz unten, eines auf halber Höhe und eines dazwischen. Vergrößere die Löcher, indem du den Zahnstocher halb hineinstichst, und decke dann die Löcher mit Klebefilm ab (1). Fülle Karton und Ballon mit Wasser. Dazu ziehst du die Ballontülle über den Wasserhahn und befüllst ihn, bis er so groß ist wie eine Pampelmuse (2). Knote den Luftballon zu und trockne ihn ab. Klebe nun dreimal kreuzweise Klebefilm auf den Ballon – unten, in die Mitte und weiter oben – und stich dann vorsichtig die Pinnwandnadeln in die Kreuzungspunkte des Klebefilms (3). Halte nun Karton und Ballon über das Spülbecken und ziehe den Klebefilm von den Löchern bzw. die Pinnwandnadeln aus dem Ballon (4).

### Was passiert?

Beim Getränkekarton fließt Wasser durch die Löcher aus, doch unterschiedlich viel: Unten läuft am meisten Wasser heraus, denn der Strahl reicht am weitesten, in der Mitte ist es etwas weniger und oben am wenigsten (5). Beim Luftballon hingegen fließt durch alle Löcher gleich viel Wasser heraus, denn die Strahlen sind gleich kräftig (6).

## Warum ist das so?

Beim Getränkekarton wirkt die Schwerkraft der Erde auf das Wasser. Das Wasser im untersten Loch wird am stärksten gedrückt, weil die Wassersäule darüber am höchsten ist. Deshalb strömt das Wasser aus diesem Loch am schnellsten aus dem Karton heraus. In der Mitte ist die Wassersäule über der Öffnung kürzer und der Druck niedriger, und im obersten Loch ist der Druck noch geringer.

Beim wassergefüllten Luftballon ist es völlig anders. Er wird zusätzlich von der Gummihaut gedrückt, hier wirkt das sogenannte „Pascal'sche Gesetz", das der französische Mathematiker, Physiker und Theologe Blaise Pascal (1623–1662) erkannt hat: Im Inneren einer gepressten Flüssigkeit ist der Druck an jeder Stelle gleich groß! Deshalb wird das Wasser aus jedem Loch mit der gleichen Kraft herausgedrückt.

### ■ Kreislauf unter Druck

Das Herz eines Erwachsenen schlägt am Tag rund 100 000-mal und befördert dabei mehr als 7000 l Blut durch den Körper – das sind 35 Badewannen voll! So zuverlässig und leistungsfähig ist keine künstliche Pumpe. Mit jedem Schlag setzt das Herz den Blutkreislauf unter Druck, damit sich das Blut fein im Körper verteilt und bis in die Fingerspitzen gelangt. Die Arterien, in die das Herz das Blut drückt, müssen enorme Drücke aushalten und sind sehr stabil gebaut. Die Venen, in denen das Blut zum Herz zurückfließt, müssen keinem so hohen Druck standhalten und sind nicht ganz so fest. Deshalb sticht der Arzt zum Blutabnehmen immer in eine Vene: Sie ist dünnwandiger und steht nicht so unter Druck, sodass die Einstichstelle weniger nachblutet. ■

## Wo kommt das vor?

Dass der Wasserdruck zunimmt, je mehr Wasser darüber ist, kannst du beim Tauchen spüren. Je tiefer du tauchst, desto stärker wird der Druck auf deinen Ohren. In 10 m Tiefe ist er schon doppelt so groß wie an der Wasseroberfläche.

Auch Wasserleitungen stehen unter Druck. Im Wasserwerk wird das Wasser mit Pumpen hineingepresst, damit es überall gleich stark aus dem Hahn fließt. Früher, als der Druck mit Wassertürmen erzeugt wurde, also durch die Lagerung des Wassers in großer Höhe, war der Wasserdruck im Ober- und Erdgeschoss sehr unterschiedlich. Wasserkraftwerke nutzen den Wasserdruck zur Stromerzeugung. So wird das Wasser bei Talsperren ganz unten an der Staumauer in die Turbinen geleitet, weil hier der Druck am größten ist. Dass der Druck in gepressten Flüssigkeiten überall gleich groß ist, macht man sich in der Hydrau-

lik zunutze (siehe Experiment S. 50), etwa bei Autobremsen. Beim Tritt aufs Bremspedal wird die Bremsflüssigkeit gedrückt. Sie leitet den Druck auf die Bremsen an den vier Rädern weiter, und das absolut gleich. Mit Seilzügen wie bei der Felgenbremse am Fahrrad wäre die Bremskraft gar nicht gleich zu verteilen. Die Räder würden unterschiedlich stark gebremst. Dadurch würde das Auto seitlich ausscheren und von der Fahrbahn abkommen.

# Aus 3 mach 1

Um einen Zopf zu flechten, teilt man die Haare in drei
Strähnen und schlingt sie dann kunstvoll umeinander. Um aus
drei Wasserstrahlen einen zu machen, reicht eine winzige
Handbewegung.

leicht
☑ mittel
schwer
nur für Erwachsene
unter Aufsicht von
Kindern

**ZEIT:** ca. 15 Minuten

### Was brauchst du?

■ 1 leeren Getränkekarton (Milch- oder Saftkarton)
■ 1 Sicherheitsnadel   ■ 1 Zahnstocher   ■ 1 Wasserhahn

### Wie wird der Versuch aufgebaut?

Stich an der Seite des Kartons, knapp über dem Boden, mit
der Sicherheitsnadel drei Löcher nebeneinander in den
Getränkekarton, die etwa einen halben Zentimeter Abstand
voneinander haben, und vergrößere die Löcher, indem du
den Zahnstocher halb hineinstichst (1). Fülle den Karton mit
Wasser (2) und stelle ihn auf den Rand der Spüle, sodass die
Wasserstrahlen in das Spülbecken rieseln. „Zwicke" die drei
Wasserstrahlen mit Daumen und Zeigefinger nahe am Karton
zusammen oder fahre mit dem Finger über die Löcher (3).

### Was passiert?

Plötzlich hast du nicht mehr drei
einzelne kleine Wasserstrahlen,
sondern einen einzigen großen,
der aus den drei Löchern im
Karton gespeist wird (4).

## Warum ist das so?

Wasser zieht sich selber wie magisch an. Das liegt an den kleinen Teilchen, aus denen es besteht, den Wassermolekülen. Sie bestehen aus Sauerstoff (O) und Wasserstoff (H). Dass sich die einzelnen Wassermoleküle ($H_2O$) gegenseitig so stark anziehen, bewirkt die sogenannte Oberflächenspannung des Wassers, die etwa dafür verantwortlich ist, dass Wasser runde Tropfen bildet – am Fenster, auf der Haut, im Waschbecken. Sie sorgt dafür, dass Wasser immer eine Oberfläche bildet, die so klein wie möglich ist. Und genau das passiert in deinem Experiment: Die Oberfläche des gemeinsamen Strahls ist deutlich kleiner als die der drei einzelnen Strahlen zusammen. Da der Abstand der Wasserstrahlen in deinem Versuch jedoch zunächst zu groß ist, musst du sie mithilfe deines Fingers erst davon „überzeugen" zusammenzugehen.

### ■ Fette Augen

Jede Suppe mit Fettaugen ist ein leckeres und spannendes Labor, um dem Rätsel „Oberflächenspannung" auf die Spur zu kommen. Auch bei fleißigstem Umrühren bilden sich immer wieder kreisrunde Fettaugen, die sich rasch zu größeren Fettaugen zusammenschließen. Dafür gibt es zwei Ursachen: Zum einen ist die Reibung der Fettaugen auf der Suppe (Wasser) sehr gering (ähnlich wie in Experiment S. 64), sodass sie sich gut auf der Suppe gleitend hin und her bewegen können. Zum anderen sind sie bemüht, stets die kleinstmögliche Oberfläche anzunehmen. Das ist immer die Kreisform. Das heißt, mehrere kleine Fettaugen, die sich zu einem großen zusammenschließen, haben dann zusammen eine geringere Oberfläche als die einzelnen Augen zusammengenommen. ■

## Wo kommt das vor?

Bei Regen kannst du am Fenster gut sehen, dass sich die herabrinnenden Wassertropfen gerne miteinander vereinen. Werden sie jedoch zu groß, reißen sie wieder auseinander. Auch im Experiment auf S. 64 tun sich die Wassertropfen gerne zu einem einzigen zusammen.
Beim Brausenkopf der Dusche müssen die Löcher, aus denen das Wasser kommt, einen bestimmten Mindestabstand haben, damit die Strahlen auch getrennt voneinander abstrahlen. Kommt nur wenig Wasser aus der Brause, kannst du sehen, dass das Wasser aus den Löchern gerne am Duschkopf entlangkriecht und dann gemeinsam herunterrinnt. Erst bei einem höheren Wasserdruck werden die Strahlen in einzelne auseinandergerissen.
In der Geschirrspülmaschine sind Wassertropfen unerwünscht, weil sie auf dem Geschirr meist Kalk-

flecken hinterlassen. Deshalb benutzt man Klarspüler: Er setzt die Oberflächenspannung des Wassers herab, und es bildet sich ein dünner Wasserfilm auf dem Geschirr, der schneller und ohne unansehnliche Spuren trocknet.

# Wasser fällt um die Ecke

Hast du magische Hände und magische Haare? Ein paarmal Kämmen genügt, und du kannst die Schwerkraft aufheben. Wasser gehorcht deinem Willen und fließt sogar bergauf.

☐ leicht
☑ mittel
☐ schwer
☐ nur für Erwachsene
☐ unter Aufsicht von Kindern

**ZEIT:** ca. 5 Minuten

## Was brauchst du?

■ 1 Plastikkamm   ■ Wasserhahn   ■ 1 Rolle Klebefilm
■ 1 Tisch

## Wie wird der Versuch aufgebaut?

Rolle ein etwa 10 cm langes Stück Klebefilm ab und klebe es so an die Tischkante, dass es frei nach unten hängt (1). Drehe dann den Wasserhahn so weit auf, dass ein dünner Strahl herausfließt (2). Kämme dir mit dem Kamm einmal durch deine Haare (3) und halte den Kamm sofort dicht neben den Wasserstrahl. Kämme dir wieder durch die Haare und halte den Kamm nun ganz nah an den Klebefilm.

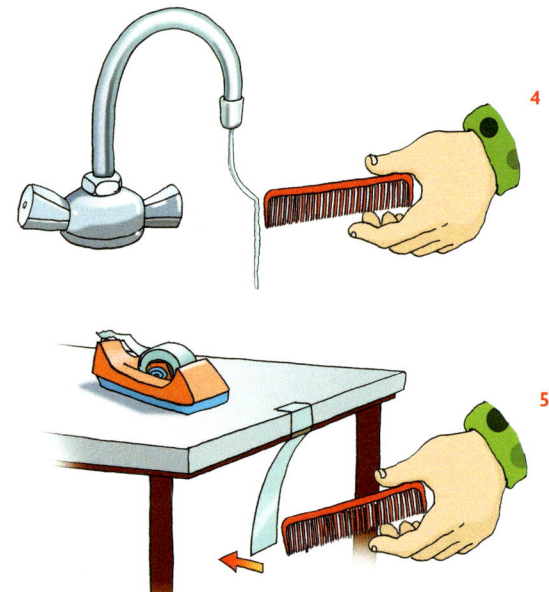

## Was passiert?

Der Wasserstrahl wird vom Kamm angezogen (4). Je dünner der Strahl ist, desto stärker wird er abgelenkt. Mit etwas Geschick kannst du ihn sogar kurze Zeit bergauf laufen lassen! Der Klebefilm reagiert ganz anders: Er wird vom Kamm abgestoßen und weicht ihm aus (5).
Übrigens: Am besten funktioniert der Versuch, wenn das Haar trocken ist, also an Tagen, an denen die Luftfeuchtigkeit niedrig ist.

## Warum ist das so?

Normalerweise purzeln die einzelnen Wasserteilchen, die Wassermoleküle, bunt durcheinander aus dem Wasserhahn. Bringst du jedoch den Kamm, der sich durch das Kämmen elektrisch aufgeladen hat (siehe Experiment S. 62), in die Nähe der Moleküle, kommt Ordnung in den Wasserstrahl. Die einzelnen Wassermoleküle richten sich allesamt mit ihren positiven Enden zum Kamm hin aus und werden dann vom negativ geladenen Kamm angezogen. Wie stark die elektrische Kraft ist, zeigt sich dadurch, dass sie das

Wasser aus der Bahn bringt. Statt normal nach unten zu fallen, lassen sich die Teilchen ablenken und laufen einen Umweg – der Wasserstrahl bekommt einen Knick. Dass der Klebefilm anders reagiert, liegt daran, dass er negativ aufgeladen ist. Dies passiert beim Abrollen des Klebestreifens von der Rolle – ähnlich wie beim Kämmen durchs trockene Haar.

## Wo kommt das vor?

So wie der Wasserstrahl im Experiment werden auch andere Strahlen durch elektrische oder magnetische Felder abgelenkt – etwa in den Bildröhren von älteren Fernsehern, die noch keinen Flachbildschirm haben. Dort ist es ein Strahl aus Elektronen – jener Teilchen, die auch in Stromleitungen fließen und elektrische Energie transportieren –, der von hinten kommend auf die Mattscheibe trifft und diese an bestimmten Stellen zum Leuchten bringt. Abgelenkt wird der Strahl von Magnetfeldern, nach links und rechts, oben und unten, sodass er zeilenweise – ähnlich wie das Auge beim Lesen über das Papier – über den Bildschirm fährt. Das geschieht mit 25 Bildern pro Sekunde so schnell, dass das Fernsehbild für unser Auge ruhig zu stehen scheint (siehe Experiment S. 132).

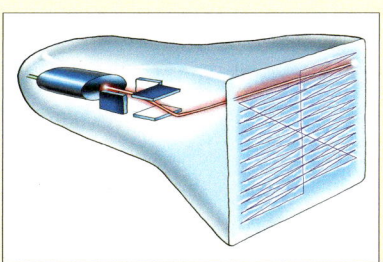

**In einer Bildröhre lenken elektrische oder magnetische Felder einen Strahl aus Elektronen über den Bildschirm.**

Seit etwa 1975 gibt es Flüssigkristallanzeigen („Liquid Crystal Display" oder „LCD"), zuerst in Taschenrechnern. Sie sind sehr flach und brauchen nur wenig Strom. In ihnen sind Flüssigkristalle, die sich bei Anlegen einer Spannung im elektrischen Feld drehen, dadurch einen Hell-Dunkel-Kontrast erzeugen und somit sichtbar werden. Inzwischen lösen Flachbildschirme die großen und schweren Röhrenbildschirme ab – in den großen Verkaufsstellen sieht man mittlerweile nur noch einen neben dem anderen.

Bei Computerdruckern in der Industrie, die große Mengen bedrucken wie etwa Haltbarkeitsdaten auf Lebensmittelverpackungen, wird ein Tintenstrahl durch elektrische Felder auf die zu bedruckende Fläche abgelenkt – nach links, rechts, oben, unten.

# Wasser drücken

Du willst baden. Wird die Badewanne schwerer, wenn du deinen Fuß ins Wasser hängst, um die Temperatur zu prüfen? Und warum fühlst du dich beim Schwimmen so leicht? Fragen wir Herrn Archimedes.

☐ leicht
☑ mittel
☐ schwer
☐ nur für Erwachsene unter Aufsicht von Kindern

**ZEIT:** ca. 10 Minuten

### Was brauchst du?

■ 1 Küchenwaage   ■ 1 Schüssel   ■ 1 Trinkglas   ■ Wasser
■ 1 abwaschbaren Filzschreiber   ■ Papier und Stift

### Wie wird der Versuch aufgebaut?

Stelle die Schüssel auf die Küchenwaage und fülle sie bis etwa zwei Fingerbreit unter den Rand mit Wasser (1). Notiere dir, was die Waage anzeigt. Drücke jetzt das leere Trinkglas in das Wasser in der Schüssel, ohne dass das Glas den Boden berührt, und markiere dir am Glas, wie tief du es eingedrückt hast (2). Notiere dir erneut den Zeigerausschlag der Küchenwaage. Nun fülle das Trinkglas mit Wasser voll (3) und drücke es genauso tief ins Wasser wie eben, also bis zu deiner Marke am Glas. Notiere dir wieder, was die Waage anzeigt.

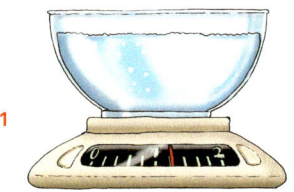

### Was passiert?

Erstaunlicherweise zeigt die Waage mit dem leeren eingedrückten Glas den gleichen Wert an wie mit dem vollen Glas (4) – obwohl das wassergefüllte Trinkglas viel schwerer ist. Aber der Wert ist höher als bei der Schüssel ohne Trinkglas ganz zu Anfang.

## Warum ist das so?

Zum Eintauchen des leeren Trinkglases brauchst du Kraft, denn du musst Wasser verdrängen. Das Wasser muss also ausweichen, und das kann es nur nach oben – deshalb steigt der Wasserspiegel. Das Gewicht der verdrängten Wassermenge kannst du an der Waage ablesen, indem du die Differenz zwischen deinen ersten beiden Messwerten bildest, also den ersten vom zweiten abziehst. Dieses Gewicht ist nur von der Größe und Form des Trinkglases abhängig und davon, wie weit es im Wasser ist – aber nicht von dessen Gewicht (solange du damit nicht den Schüsselboden berührst). Deshalb ist es auch egal, wie schwer das Glas ist und was in ihm ist, und deshalb sind deine

letzten beiden Messwerte auch gleich. Das verdrängte Wasser bewirkt einen sogenannten Auftrieb auf das Trinkglas, also eine Gegenkraft, die das Glas quasi anhebt – und somit spürbar leichter macht.
„Wird ein Körper in eine Flüssigkeit getaucht, so verliert er scheinbar so viel an Gewicht, wie die von ihm verdrängte Flüssigkeitsmenge wiegt", das hat schon der griechische Mechaniker und Mathematiker Archimedes (285–212 v. Chr.) festgestellt.

## Wo kommt das vor?

Beim Abriss des „Palastes der Republik", einst Sitz der Volkskammer der ehemaligen DDR in Berlin, spielt Auftrieb eine große Rolle: Das Bauwerk steht auf einer Betonplatte direkt an dem kleinen Flüsschen Spree und erfährt vom Wasser im Boden einen Auftrieb. Weil die Bodenplatte im Laufe des Abrisses immer weniger zu tragen hat, droht sie, nach oben zu kommen. Dies würde auch den nahen Dom aus dem Gleichgewicht zu bringen. Um das zu verhindern, wird das weggenommene Gewicht ausgeglichen, indem nach und nach 160 000 t Sand in die Kellerräume gespült werden. Der Auftrieb hebt aber auch Schiffe: Als man noch keine Schleusen bauen konnte, um große Höhenunterschiede in Flüssen zu überbrücken, baute man Schiffshebewerke. Am Dortmund-Ems-Kanal bei Waltrop steht das 1899 eröffnete Alte Schiffshebewerk Henrichenburg, das anschaulich zeigt, welche Kräfte der Auftrieb hat. Es kann wie ein Aufzug bis zu 600 t schwere Schiffe 14 m von einem Kanal-

stück zum anderen heben oder herablassen. Dazu schwimmen die Schiffe in eine Art Badewanne, die auf drei großen leeren Eisenfässern, den Pontons, steht, die wiederum in wassergefüllten Löchern im Boden – sogenannten Tauchschächten – schwimmen. Werden diese Schächte mit Wasser vollgepumpt, drückt das Wasser durch seinen Auftrieb die Pontons und damit die Schiffsbadewanne samt Schiff nach oben. Zum Absenken von Schiffen, die den Kanal in der anderen Richtung befahren, wird das Wasser aus den Tauchschächten abgepumpt.

# Warum schwimmt ein Schiff?

Enten tun es, Schiffe tun es und Menschen auch: Schwimmen. Denn im Wasser gilt eine einfache Regel: Was nicht schwimmt, geht unter. Aber dass schwerer Stahl schwimmen kann, ist schon verwunderlich – oder nicht?

☑ leicht
☐ mittel
☐ schwer
☐ nur für Erwachsene unter Aufsicht von Kindern

**ZEIT:** ca. 10 Minuten

### Was brauchst du?

■ 1 Eimer mit Wasser    ■ etwas Knetgummi

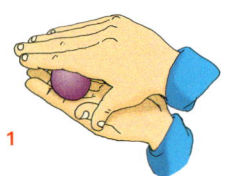

### Wie wird der Versuch aufgebaut?

Für diesen Versuch stellst du den Wassereimer am besten ins Spülbecken oder in die Badewanne. Rolle das Knetgummi zwischen deinen Händen zu einer Kugel (1), halte sie dicht über die Wasseroberfläche und lass sie los (2). Danach nimmst du dasselbe Knetgummi und formst es zu einer Nussschale, also einer Halbschale (3). Halte sie mit der Wölbung nach unten dicht übers Wasser und lass sie los (4).

### Was passiert?

Die Kugel aus Knetgummi geht sofort unter, wenn du sie loslässt, sie sinkt schnurstracks zu Boden (5). Die Halbschale aus derselben Knete jedoch schwimmt auf dem Wasser (6)!

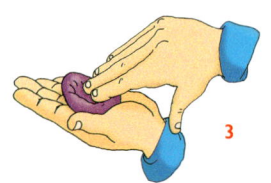

## Warum ist das so?

Ob ein Gegenstand im Wasser schwimmt, hängt von seinem Gewicht ab und von dem Raum, den er umschließt. Um unterzugehen, müsste sein Eigengewicht schwerer sein als die Menge Wasser, die er verdrängt (siehe Experiment S. 108). Schwimmt ein Körper – ist er also leichter als die von ihm verdrängte Wassermenge –, wird er vom Wasser unter ihm nach oben gedrückt. Die Kraft, die den Gegenstand nach oben drückt, heißt „Auftrieb".

Im Fall der Knete ist das Gewicht beide Male gleich, aber die Form des Schwimmkörpers ist verschieden.

Als Kugel ist die Knete sehr kompakt und schwerer als eine gleich große Kugel Wasser. Als Halbschale dagegen ist ihr Raumbedarf größer, denn der Raum, den die Luft in der Halbschale einnimmt, zählt mit. Sie taucht so weit ein, dass das Wasser, das sie dabei verdrängt, genauso viel wiegt wie die Knete und die Luft darin zusammen. Dann ist ein Gleichgewicht erreicht. Jetzt kann die Kneteschale nur noch untergehen, wenn sie vollläuft oder jemand etwas Schweres hineinlegt.

## Wo kommt das vor?

Schiffe werden, je nachdem, wo und wozu sie eingesetzt werden, sehr unterschiedlich gebaut. Ihre Form ist aber immer so, dass sie möglichst viel Wasser verdrängt, da das Schiff dann mehr Zuladung verkraftet, ohne unterzugehen. Binnenschiffe, die auf Seen oder Flüssen fahren, dürfen nur wenig Tiefgang haben, weil die Gewässer meist flach sind. Ihr Rumpf ist deshalb fast kastenförmig: Sie haben einen breiten Bug, senkrechte Seitenwände und einen flachen Kiel. Seeschiffe hingegen, die auf den Weltmeeren unterwegs sind und dort wesentlich mehr Wasser unterm Kiel haben, besitzen einen spitzen Bug, der die zuweilen riesigen Wellen des Ozeans bricht, und schräge Wände, die am Schiffskiel spitz zulaufen. Denn ein tiefer Kiel bringt in stürmischer See größere Stabilität. Eines der größten Hochsee-Passagierschiffe unserer Zeit, die britische „Queen Mary 2", verdrängt rund 76 000 t Wasser. Von den 72 m, die dieses Schiff bis zu den Schornsteinen hoch ist, liegen nur die untersten 10 m im Wasser.

Schlägt ein Schiff allerdings Leck oder dringt durch überschlagende Wellen zu viel Wasser ein, verändert sich seine „Zuladung": Es taucht tiefer ins Wasser ein und kann kentern oder gar ganz untergehen. Moderne Schiffe haben deshalb „Schotten": Der Schiffsrumpf ist in Kammern unterteilt, die durch wasserdichte Wände voneinander getrennt sind. Läuft eine dieser Schotten voll, etwa weil die Schiffswand dort undicht ist, gelangt das Wasser nicht in den Rest des Schiffes und das Schiff kann trotz Leck weiterhin schwimmen.

# Rosinen bitten zum Tanz

Getrocknete Weintrauben kommen in Kuchen vor, in
so manchem Müsli oder in Studentenfutter. In Sprudelwasser
legen Rosinen allerdings ganz erstaunliche Fähigkeiten an
den Tag ...

**ZEIT:** ca. 15 Minuten

### Was brauchst du?

■ 1 Trinkglas   ■ Sprudelwasser   ■ etwa 5 Rosinen

### Wie wird der Versuch aufgebaut?

Fülle das Trinkglas bis knapp unter den Rand mit Sprudelwasser (1). Lass ungefähr 5 Rosinen in das Wasser fallen (2)
und schau, was sie machen.

### Was passiert?

Die Rosinen tanzen – nicht hin und her,
aber rauf und runter (3). Zuerst sinken sie
im Wasser auf den Boden des Glases, dann
bilden sich an ihnen immer mehr und immer
größere Bläschen, bis sie schließlich aufsteigen. An der Oberfläche verlieren die Rosinen
die Bläschen und sinken wieder zu Boden, wo
das Spiel von Neuem beginnt.
Beteiligen sich nicht alle Rosinen an dem
Tanz, so kann das daran liegen, dass sie zu
trocken – und damit zu leicht – sind.

## Warum ist das so?

In Sprudelwasser ist Kohlensäure gelöst. Dazu wird das Gas Kohlendioxid ($CO_2$) in Wasser gepresst, was du zu Hause mit dem Wassersprudler – falls ihr einen habt – selber machen kannst. Sobald die Sprudelflasche geöffnet ist, löst sich das Gas nach und nach wieder aus dem Wasser. Sind Fremdstoffe im Wasser, geht das besonders schnell, weil das Gas nun Angriffspunkte hat, an denen es sich festhalten kann. Deshalb bilden sich an den Rosinen rasch Bläschen. Normalerweise – wenn sie nicht ausgetrocknet sind – sind Rosinen schwerer als Wasser (siehe Experiment S. 110), weil sie eine höhere Dichte haben. Weil sich an ihnen jedoch $CO_2$-Bläschen bilden, werden sie leichter und wie an winzigen Ballons nach oben gezogen. An der Wasseroberfläche platzen die Blasen, und das Gas entweicht in die Luft. Jetzt sind die Rosinen wieder schwerer und sinken erneut nach unten.

### ■ Luftblasen in der Luft

Hebeballons gibt es auch an Land. Jeder Tragluftballon funktioniert nach dem gleichen Prinzip: Warme Luft oder ein Edelgas wie Helium ist leichter als die Umgebungsluft. Deshalb steigt der Luftballon nach oben – quasi als „Luftblase in der Luft". Moderne Zeppeline wie der „Zeppelin NT" sind zigarrenförmige Tragluftballons mit Motorpropellern und können sich aus eigener Kraft in der Luft fortbewegen. Dabei können sie rund 2 t Last transportieren, 2600 m hoch steigen und bis 125 km/h schnell werden. Der so genannte „Cargo-Lifter", ein Zeppelin für Schwertransporte, soll sogar 160 t bewegen können. Weil die Konstruktion aber sehr aufwendig und damit teuer ist, blieb es bisher bei den kühnen Plänen. ■

## Wo kommt das vor?

Ähnlich wie in deinem Experiment benutzt man Luft, um Wracks gesunkener Schiffe oder ins Wasser abgestürzter Flugzeuge zu heben. Dazu werden unter Wasser große Ballons an den Wrackteilen befestigt und aus Pressluftflaschen mit Luft gefüllt. Durch den Auftrieb können diese Hebeballons beachtliche Lasten nach oben ziehen. Ist das Wrack noch stabil genug, kann es auf diese Weise als Ganzes gehoben werden.

Wenn Hydren – das sind kleine Süßwasserhohltiere, ähnlich wie Quallen – Hunger haben, schweben sie vom Untergrund an die Wasseroberfläche, wo sie herumtreiben und ihre Tentakel wie Arme hängen lassen. Forscher vermuten, dass sie sich für diesen Aufstieg selbst mit etwas Luft befüllen, um im Wasser den nötigen Auftrieb zu bekommen.

Der „Rückenschwimmer" hingegen, ein Insekt aus der Familie der Wasserwanzen, nimmt eine Luftblase von der Oberfläche mit unter Wasser. Sie hält ihn auf einer bestimmten Tiefe und versorgt ihn zudem mit Luft. Weil die Blase durch das Atmen kleiner wird, füllt er sie ständig aus einem Speicher im Körper mit Luft auf. So taucht er mehrere Minuten am Stück unter Wasser.

# Flüssig ist nicht gleich flüssig

Jeden Winter das Gleiche: Ist die Autobatterie in Ordnung?
Ist genügend Frostschutzmittel im Kühlwasser? Doch wie
misst der Mechaniker in der Werkstatt das alles? Das
kannst du auch …

☐ leicht
☑ mittel
☐ schwer
☐ nur für Erwachsene
  unter Aufsicht von
  Kindern

**ZEIT:** ca. 1 Stunde

### Was brauchst du?

▪ 1 Plastikei (aus „Überraschungs-Ei") ▪ ca. 5 kleine Murmeln
▪ 1 Trinkhalm ▪ Klebstoff (kein lösungsmittelfreier) ▪ 4 Trinkgläser ▪ Salzwasser ▪ eiskaltes Wasser (mit Eiswürfeln)
▪ Leitungswasser (Raumtemperatur) ▪ heißes Wasser

### Wie wird der Versuch aufgebaut?

Klebe ein Ende des Trinkhalms außen am Kopf der größeren
Hälfte des Plastikeies fest. Dort ist ein Ring, den du mit Klebstoff füllst und dann den Trinkhalm hineinsteckst (1). Wenn
der Klebstoff fest ist, fülle das Ei mit den Murmeln und schließe
die beiden Hälften (2). Halte das Ei am Trinkhalm in die vier
verschiedenen Flüssigkeiten (3), aber halte den Trinkhalm –
sobald das Ei im Wasser ist – nicht fest, sondern umschließe
ihn nur lose mit deinen Fingern, damit er nicht umkippt.

### Was passiert?

Je nach Flüssigkeit sinkt das Ei unterschiedlich tief ein (4). In Eiswasser
sinkt es nicht so tief ein wie in heißem
Wasser und in Salzwasser nicht so tief
wie in Leitungswasser.
Tipp: Markiere die verschiedenen
Tauchtiefen mit farbigen Strichen auf
dem Trinkhalm, damit du sie später
vergleichen kannst.

## Warum ist das so?

Alle die genannten Flüssigkeiten unterscheidet hier eines: ihre Dichte, also die Masse pro Volumen (Raumeinheit). 1 l Salzwasser ist schwerer als 1 l Süßwasser, 1 l Eiswasser ist schwerer als 1 l Heißwasser. Je dichter die Flüssigkeit ist, desto größer ist der Auftrieb und desto stärker wird das Plastikei nach oben gedrückt, weil die von ihm verdrängte Menge an Flüssigkeit schwerer ist als es selbst. Wie tief es eintaucht, ist also ein Maß für die Dichte der Flüssigkeit. Du hast dir tatsächlich einen richtigen Dichtemesser gebaut!

## Wo kommt das vor?

Professionelle Dichtemesser heißen Senkspindel oder „Aräometer". Das sind Glasröhrchen mit Bleikügelchen als Gewicht im untersten Teil und einer Skala im Inneren. Sie sitzen in einer Art Pipette, also in einem Glasröhrchen mit einem Pumpball oben und einer Spitze unten. Will man die Dichte einer Flüssigkeit messen, wird der Ball oben eingedrückt und die Pipette mit eingedrücktem Ball in die Flüssigkeit getaucht. Dann wird der Ball losgelassen, woraufhin Flüssigkeit in die Pipette gesogen wird. Die Messspindel im Röhrchen, die nun in der Flüssigkeit schwimmt, misst daraufhin deren Dichte: Je weniger sie eintaucht, desto höher ist die Dichte. In Molkereien wird mit Aräometern der Wasseranteil der Milch überprüft. So kann man z. B. testen, ob ein Bauer die Milch mit Wasser verdünnt – also „gestreckt" – hat, um mehr zu verdienen. Je tiefer die Messspindel in die Milch eintaucht, desto wässriger ist sie. Aber auch der Fettgehalt und damit die Qualität der Milch lassen sich so ermitteln. Besitzer von Meerwasseraquarien nutzen Aräometer, um den Salzgehalt des Wassers zu messen. Ist er zu gering, „würzen" sie nach, ist er zu hoch, füllen sie mit Wasser auf. Denn die Fische brauchen eine bestimmte Salzkonzentration im Wasser.

Der „Säureheber" für das Auto misst den Säuregehalt der Batterie und damit ihren Zustand. Ein anderes Aräometer misst den Anteil des Frostschutzmittels im Kühlwasser für den Winter. Je tiefer die Messspindel eintaucht, desto höher ist der Säuregehalt oder der Frostschutzmittelanteil. Auch Winzer benutzen Dichtemesser, wenn sie wissen wollen, wie gut ihr nächster Weinjahrgang wird. Je mehr Zucker in den Trauben und damit im Traubensaft, dem Most, ist, desto mehr Alkohol kann sich später bei der Gärung daraus bilden. Gleich nach der Weinlese greifen die Winzer deshalb zur sogenannten Most- oder Öchslewaage. Sie funktioniert mit einem Aräometer und gibt an, um wie viel der Most dichter, also zuckerhaltiger ist als Wasser. Benannt ist die Mostwaage nach ihrem Erfinder, dem schwäbischen Mechaniker Christian Ferdinand Öchsle (1774–1852).

# Wie kommt das Loch in die Hand?

„Ich traue meinen Augen nicht!", sagt jemand bei einer großen Überraschung. In der Tat kannst du nicht alles glauben, was du siehst, wie dir dieses Experiment im Handumdrehen beweisen wird.

- ☐ leicht
- ☑ mittel
- ☐ schwer
- ☐ nur für Erwachsene unter Aufsicht von Kindern

**ZEIT:** ca. 5 Minuten

**Was brauchst du?**

■ 1 Blatt Papier

### Wie wird der Versuch aufgebaut?

Rolle das Blatt Papier zu einer etwa daumendicken Röhre (1). Kneife dein rechtes Auge zu und halte die Papierröhre mit der rechten Hand an dein linkes Auge (2). Kneife nun das linke Auge zu und schaue mit dem rechten. Dann schaue mit beiden Augen zusammen: Blicke dabei auf deine rechte Hand, die das Papierröhrchen an dein linkes Auge hält.

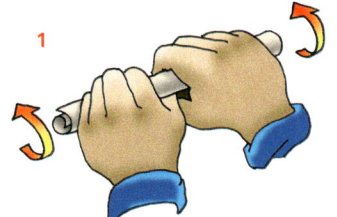

### Was passiert?

Wenn du nur durch das linke Auge schaust, guckst du in die Röhre – das ist klar. Schaust du nur mit dem rechten Auge, siehst du mehr, vor allem aber deine rechte Hand. Wenn du nun durch beide Augen gleichzeitig blickst und dich auf deine rechte Hand konzentrierst, hat sie plötzlich ganz deutlich ein Loch zwischen Daumen und Zeigefinger (3).

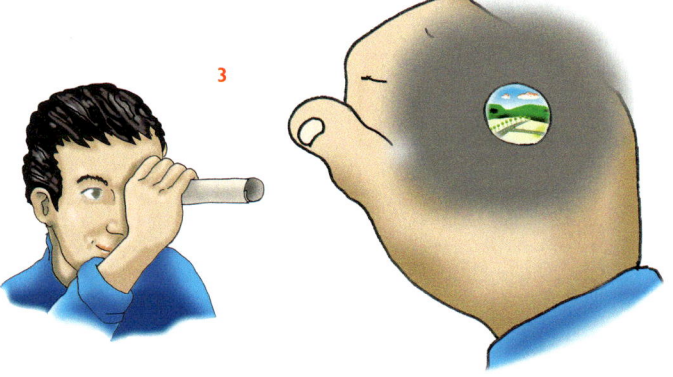

### Warum ist das so?

Weil wir räumlich sehen können (siehe Experiment S. 120), setzt das Gehirn die Bilder beider Augen zu einem einzigen zusammen, das dann dreidimensional, also räumlich, ist. Normalerweise ähneln sich beide Bilder sehr und sind nur leicht versetzt, weil beide Augen gleichzeitig aus verschiedener Perspektive dasselbe sehen. Dieses Experiment verwirrt das Gehirn, weil es zwei völlig verschiedene Bilder zusammensetzen muss. Dies tut es in gewohnter Art und Weise, indem es sie einfach übereinanderlegt. Das Ergebnis ist eine Überlagerung dessen, was die einzelnen Augen sehen: Die Hand, welche die Papierröhre hält, und das, was du durch die Papierröhre siehst.

### ■ Blinder Fleck

Der „blinde Fleck" – die sogenannte Papille – ist dort, wo der Sehnerv und die Blutversorgung an der Netzhaut im Auge angeschlossen sind. An dieser Stelle können wir nichts sehen (so, wie du dort nicht schreiben kannst, wo ein Blatt Papier getackert ist). Dort sind nämlich keine Sehzellen. Das Gehirn überspielt den blinden Fleck, indem es uns dort das zeigt, was drum herum zu sehen ist. Das kannst du dir deutlich machen, wenn du das Buch etwa 10 cm vor deine Augen hältst, das rechte Auge zukneifst, mit dem linken auf das Gesicht unten blickst und dann das Buch langsam von dir wegbewegst. Irgendwann verschwindet der Stern. Du kannst auch das linke Auge zukneifen und auf den Stern blicken. ■

### Wo kommt das vor?

Einfache Sucherkameras haben zwei „Augen": den Sucher, mit dem wir das sehen, was wir fotografieren wollen, und das Objektiv, mit dem das Bild gemacht wird. Beides liegt – wie unsere Augen – etwas auseinander. Das macht sich umso stärker bemerkbar, je näher das Objekt ist, und führt dazu, dass das, was im Sucher zu sehen ist, nicht mit dem übereinstimmt, was die Kamera aufnimmt. Diese Abweichung des Bildausschnittes von Sucherbild und Foto heißt „Parallaxe". Die einzige Möglichkeit, ohne Parallaxe zu fotografieren, bieten Spiegelreflexkameras, wo man mit dem Sucher über Umlenkspiegel durch das Objektiv blicken kann. Beim Auslösen wird der Umlenkspiegel im Objektiv kurz nach oben geklappt, sodass das Licht geradeaus nach hinten auf den Film fällt.
Bei den meisten Digitalkameras ist das einfacher, weil der Fotochip ständig arbeitet und das Bild,

das er aufnimmt, im Display auf der Rückseite der Kamera zu sehen ist.
Eine „Parallaxe" wie beim Fotografieren gibt es auch beim Auge. Beim Ablesen von Zeigerinstrumenten wie Waage oder Thermometer hilft es, ein Auge zuzukneifen, um die Zeigerstellung richtig ablesen zu können. Unerfahrene Schützen an Bogen oder Gewehr kneifen gerne ein Auge zu, um besser über Kimme und Korn zielen zu können.

# Optische Täuschungen

### Treppauf oder treppab?

Kalle und Maja kommen sich auf der Treppe entgegen, laufen aber beide treppauf! Das geht in Wirklichkeit natürlich gar nicht, aber auf der Zeichnung klappt es durch einen Trick: Die langen, schräg verlaufenden Linien, welche die Treppenstufen darstellen, liefern keine Information, in welche Richtung die Treppe aufwärts führt. Erst der gezackte Treppenrand sagt dir, wie du die Treppe zu verstehen hast. Damit nun die „Treppauf-treppab-Täuschung" funktioniert, ist absichtlich ein Fehler eingebaut: Vorne zeigt die gezackte Linie eine nach rechts ansteigende Treppe, hinten eine nach rechts absteigende. So ist die Treppe zweideutig.

### Auf den Blickwinkel kommt es an

Markierungen auf der Straße wie Pfeile oder Zahlen sehen meist merkwürdig gestreckt aus. In der Tat sind sie stark in die Länge gezogen – aber nur, wenn man von oben oder seitlich daraufschaut. Von vorne, aus der Sicht eines Auto- oder Fahrradfahrers betrachtet, sehen die Markierungen – wie etwa ein auf dem Radweg abgebildetes Fahrrad – ganz normal aus. Es sind sogenannte „anamorphe" oder „anamorphotische" (missgestaltete) Bilder, deren Verhältnis von Breite zu Höhe nicht mit der Realität übereinstimmt. Aus einem bestimmten Blickwinkel erscheinen sie aber unverzerrt.

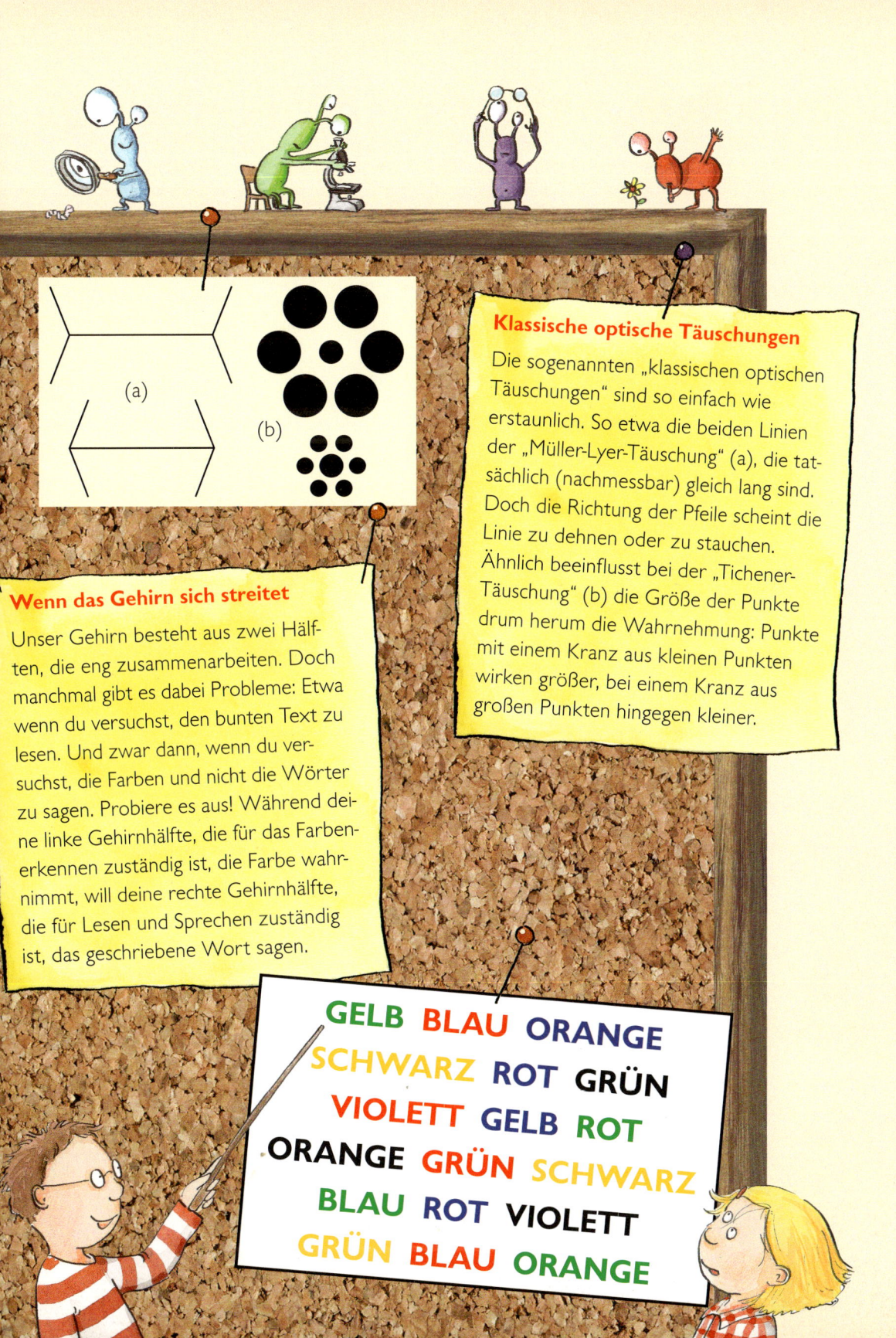

(a)

(b)

## Klassische optische Täuschungen

Die sogenannten „klassischen optischen Täuschungen" sind so einfach wie erstaunlich. So etwa die beiden Linien der „Müller-Lyer-Täuschung" (a), die tatsächlich (nachmessbar) gleich lang sind. Doch die Richtung der Pfeile scheint die Linie zu dehnen oder zu stauchen. Ähnlich beeinflusst bei der „Tichener-Täuschung" (b) die Größe der Punkte drum herum die Wahrnehmung: Punkte mit einem Kranz aus kleinen Punkten wirken größer, bei einem Kranz aus großen Punkten hingegen kleiner.

## Wenn das Gehirn sich streitet

Unser Gehirn besteht aus zwei Hälften, die eng zusammenarbeiten. Doch manchmal gibt es dabei Probleme: Etwa wenn du versuchst, den bunten Text zu lesen. Und zwar dann, wenn du versuchst, die Farben und nicht die Wörter zu sagen. Probiere es aus! Während deine linke Gehirnhälfte, die für das Farbenerkennen zuständig ist, die Farbe wahrnimmt, will deine rechte Gehirnhälfte, die für Lesen und Sprechen zuständig ist, das geschriebene Wort sagen.

GELB BLAU ORANGE
SCHWARZ ROT GRÜN
VIOLETT GELB ROT
ORANGE GRÜN SCHWARZ
BLAU ROT VIOLETT
GRÜN BLAU ORANGE

# Mit einem Auge siehts sich schlecht

Seeräuber sind oft nicht alt geworden. Zwar waren sie geschickt mit dem Schwert, aber manche hauten auch viel daneben und gerieten dadurch oft in Lebensgefahr. Und das meist wegen ihrer Augenklappe ...

☑ leicht
☐ mittel
☐ schwer
☐ nur für Erwachsene unter Aufsicht von Kindern

**ZEIT:** ca. 5 Minuten

**Was brauchst du?**

■ 1 kleine Münze (z. B. ein 1-Cent-Stück)     ■ 1 Becher
■ 1 Freund oder Freundin

**Wie wird der Versuch aufgebaut?**

Setzt euch gegenüber an einen Tisch und stellt den Becher zwischen euch auf, mindestens eine Armlänge von dir entfernt. Lehne dich auch noch etwas im Stuhl zurück. Dein Helfer nimmt jetzt die Münze und hält sie mit den Fingern zwischen dich und den Becher. Halte dir ein Auge zu und sage deinem Assistenten, wie weit er die Münze vor- und zurückbewegen soll, damit sie deiner Meinung nach in den Becher fällt, wenn er sie auf dein Signal hin loslässt (1).

1

2

**Was passiert?**

Wahrscheinlich triffst du den Becher nicht, weil du mit nur einem Auge den Abstand von der Münze zum Becher falsch eingeschätzt hast und deinem Helfer das Zeichen zum Loslassen gegeben hast, als die Münze gar nicht über dem Becher war (2). Übrigens: Probiert das auch mal, indem ihr die Münze nach rechts und links bewegt – natürlich auch mit nur einem Auge. Wie klappt es da?

## Warum ist das so?

Um Entfernungen abschätzen zu können, sind – mindestens – zwei Augen nötig. Jedes Auge schaut zwar auf dasselbe, aber jedes Auge sieht etwas geringfügig anderes, weil beide von verschiedenen Positionen aus blicken. Bei diesem sogenannten „Binokularsehen" vergleicht das Gehirn die beiden Bilder, ermittelt, wie groß der Unterschied zwischen ihnen ist, und bestimmt so, wie weit ein Gegenstand entfernt ist. Je größer der Unterschied, desto näher ist das Objekt. Die Augen eines Menschen sind im Allgemeinen höchstens 65 mm weit auseinander. Dieser kleine Abstand reicht bereits aus, um „stereoskopisch", also räumlich, sehen zu können. Dadurch können wir einschätzen, wie weit ein Gegenstand von uns entfernt ist. Allerdings müssen wir das Einschätzen erst durch viel Erfahrung lernen.

## Wo kommt das vor?

Weil die Kamera nur ein Auge hat, wirken Fotos und Filme oft flach – ihnen fehlt die räumliche Tiefe wie dir bei diesem Versuch. Es gibt viele Möglichkeiten, räumliches, also dreidimensionales („3D") Sehen zu erzeugen. Spezielle Fotoapparate haben zwei Objektive im Augenabstand und machen immer zwei Fotos gleichzeitig. Zum Betrachten dieser Fotos blickt man durch ein „Stereoskop", bei dem man die beiden Bilder mit jeweils einem Auge betrachtet – so wie bei dem Blick durch ein Fernglas. Und wie bei einem Fernglas muss auch ein Stereoskop mittels einer Stellschraube auf den Augenabstand des Betrachters und zudem auf den Abstand der Kameraobjektive eingestellt werden, mit denen die Aufnahmen gemacht wurden. Um Entfernungen im Weltraum zu bestimmen, brauchen Astronomen ebenfalls zwei künstliche Augen, zwei Teleskope, die möglichst weit auseinanderliegen. Für nähere Objekte in unserem Sonnensystem reicht es, wenn sie von zwei Teleskopen an verschiedenen Orten auf der Erde gleichzeitig ins Visier genommen werden. Für weiter entfernt liegende Objekte liegen diese Teleskop-„Augen" zu dicht beieinander, hier brauchen Astronomen bis zu einem halben Jahr Geduld. Sie nehmen den Stern, die Galaxie oder das Schwarze Loch beispielsweise heute auf – und in einem halben Jahr erneut, wenn die Erde weiter auf die andere Seite der Sonne gewandert und dann rund 300 Millionen Kilometer von der heutigen Position entfernt ist. Das Bild wird so zwar nicht gleichzeitig aufgenommen – was bei kosmischen Dimensionen nicht schlimm ist –, dafür lässt sich aber die Entfernung des Himmelsobjekts genauer bestimmen.

Eine „Stereokamera" hat zwei Objektive und macht immer zwei Fotos auf einmal – für jedes Auge eines.

# Eine Münze verschwindet

Vor Durst klebt ihm die Zunge am Gaumen. Die Sonne brennt heiß. Kein Wasser weit und breit. Da, am Horizont, eine Oase! Doch sobald der Verdurstende näher kommt, entpuppt sich die Oase als „Fata Morgana"!

- ✓ leicht
- ☐ mittel
- ☐ schwer
- ☐ nur für Erwachsene unter Aufsicht von Kindern

**ZEIT:** ca. 5 Minuten

**Was brauchst du?**

◼ 1 Geldstück ◼ 1 Trinkglas ◼ Wasser

**Wie wird der Versuch aufgebaut?**

Setze dich an einen Tisch, lege die Münze etwa eine Armlänge von dir entfernt auf den Tisch und stelle das Trinkglas darauf (1). Wenn du jetzt von der Seite durch das Trinkglas auf den Boden des Glases schaust, kannst du die Münze darunter liegen sehen. Nun fülle das Glas bis zum Rand mit Wasser (2). Schau noch einmal auf die gleiche Weise durch das Glas auf die Münze.

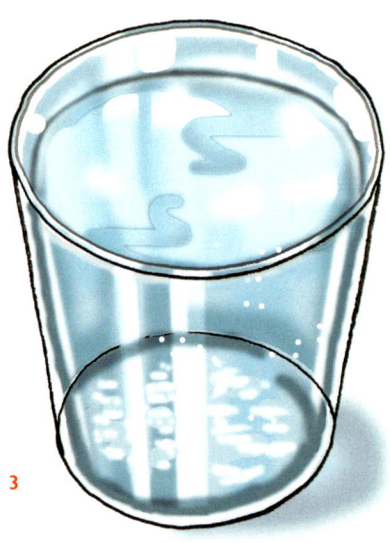

**Was passiert?**

Beim zweiten Mal kannst du die Münze nicht mehr sehen. Stattdessen schimmert der Boden silbrig (3). Unter ihm muss jedoch immer noch die Münze liegen. Das kannst du kontrollieren, indem du aufstehst und von oben in das Wasserglas schaust. Dann siehst du: Die Münze liegt unverändert unter dem Glas.

## Warum ist das so?

An jedem Übergang von einem Stoff zu einem anderen, an den sogenannten Grenzflächen, passieren spannende Dinge. Sind die Stoffe durchsichtig, so werden Lichtstrahlen an der Grenzfläche abgelenkt, also geknickt. In diesem Experiment treffen Luft, Glas und Wasser aufeinander. Ist kein Wasser, also nur Luft im Glas, fällt das Licht durch den Glasboden auf die Münze, wird von ihr reflektiert – du siehst die Münze. Mit Wasser im Glas ändert sich die Lichtbrechung entscheidend, denn flüssiges Wasser ist ein erheblich dichterer Stoff als gasförmige Luft. Das Licht wird nun stärker abgelenkt und fällt flacher auf den Glasboden. Nun strahlt es plötzlich nicht mehr durch den Glasboden auf die Münze, sondern wird von ihm reflektiert. Man nennt das Totalreflexion. Der Boden des Trinkglases erscheint jetzt undurchsichtig und schimmert silbern. Dieses Phänomen kannst du dir so ähnlich vorstellen wie das sogenannte „Ditschen": Wenn du einen flachen Stein ganz schräg auf eine Wasseroberfläche wirfst, fällt er nicht hinein, sondern springt wieder hoch, wird also „reflektiert".

## Wo kommt das vor?

Über Wüstensand, aber auch über dunklem Asphalt von Straßen, kann sich Luft sehr stark aufheizen. Dann sieht man Schlieren in der Luft, und die Straße scheint mit Wasser bedeckt – das ist aber oft nur der Himmel, der sich in der heißen Luft spiegelt. Die heiße Luft staut sich unter kühleren Luftschichten, die darüberliegen. Zwischen beiden Luftschichten bildet sich eine Grenzfläche, welche die Lichtstrahlen zur Erde hin krümmt. Da für unser Gehirn Lichtstrahlen immer gerade sind, steht dieses künstliche Bild auf dem Kopf. Die beiden Bilder, die man sieht – das wahre Bild und das Trugbild – verschmelzen oft miteinander, sodass ein Gegenstand viel größer und damit viel näher erscheint, als er ist. Berühmt ist die scheinbar greifbare Oase, die sich der durstigen Karawane darbietet – die sagenhafte „Fata Morgana".

Über Wasser- oder Eisflächen gibt es ähnliche Erscheinungen, jedoch umgekehrt: Die unteren Luftschichten sind kälter als die darüberliegenden. Die Lichtstrahlen werden entlang der Erdoberfläche gekrümmt, sodass etwa Schiffe oder Küsten zu sehen sind, die eigentlich unter dem Horizont sind. Sie scheinen dann im Himmel zu schweben, weil unser Gehirn nur gerade Lichtstrahlen kennt und sie für uns an den Himmel projiziert. Diese Trugbilder stehen übrigens nicht auf dem Kopf.

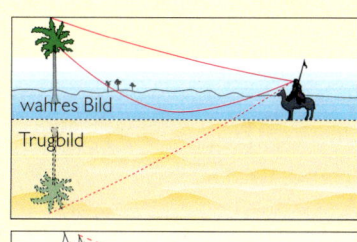

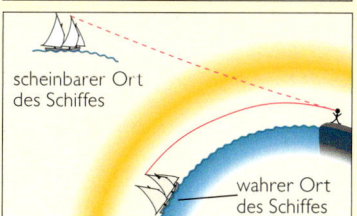

**So entstehen Trugbilder in warmen und in kalten Luftschichten über dem Erdboden.**

# Die Richtung wechseln

Manchmal klappt nichts, alles geht schief – die **Welt** scheint auf dem **Kopf** zu stehen. Doch vielleicht steht sie ja wirklich auf dem **Kopf**, nur sehen wir es nicht. Wie leicht sich **Dinge** manchmal umdrehen lassen, siehst du hier.

- ☑ leicht
- ☐ mittel
- ☐ schwer
- ☐ nur für Erwachsene unter Aufsicht von Kindern

**ZEIT:** ca. 5 Minuten

### Was brauchst du?

▪ 1 leeres Blatt Papier    ▪ 1 Trinkglas    ▪ Wasser    ▪ 1 Filzstift

1

### Wie wird der Versuch aufgebaut?

Falte das Blatt Papier in der Mitte, sodass du es wie ein Tischkärtchen hinstellen kannst. Kleine Knicke an den Füßen helfen, dass es besser steht. Male mitten auf eine Seite des Kärtchens einen Pfeil, der von links nach rechts zeigt (von rechts nach links geht auch). Stelle das geknickte Blatt auf den Tisch und das Trinkglas etwa eine Armeslänge davor **(1)**. Wenn du nun durch das Glas hindurch auf den Pfeil schaust, kannst du ihn sehen **(2)**. Fülle das Glas jetzt mit Wasser und schaue erneut durch Glas und Wasser hindurch auf den Pfeil.

2

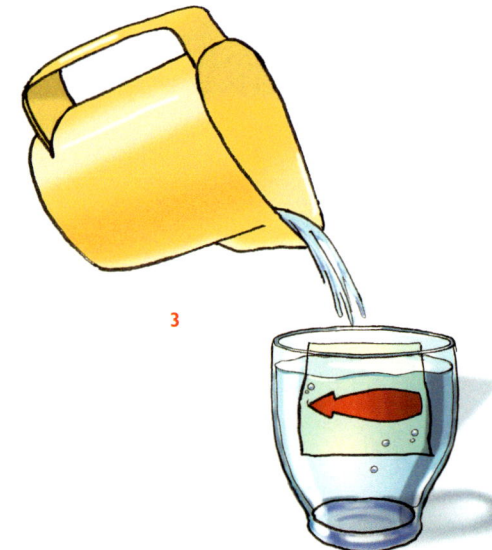

3

### Was passiert?

Der Pfeil hat sich komplett umgedreht und zeigt jetzt in die entgegengesetzte Richtung **(3)**!
Tipp: Sollte das nicht auf Anhieb klappen, verändere den Abstand zwischen dem Glas und dem Pfeil auf dem Papier.

## Warum ist das so?

Beim Übergang von einem Stoff in einen anderen werden Lichtstrahlen gebrochen (siehe Experiment S. 126). Dabei ist es entscheidend, wie dicht die Stoffe sind, denn in unterschiedlich dichten Stoffen bewegt sich Licht unterschiedlich schnell – der Grund für die Lichtbrechung: Das Licht schaltet sozusagen einen Gang rauf oder runter, je nachdem, ob es in ein dünneres (schneller) oder ein dichteres Medium (langsamer) kommt. Bei dem leeren Glas lenken die Glaswände das Licht kaum ab, das Wasser in dem vollen Glas hingegen schon. Jetzt wirkt das Glas wie eine optische Linse (siehe Experiment S. 136). Die Strahlen von Pfeilspitze und Pfeilende kreuzen sich und treffen genau umgekehrt ins Auge, weshalb der Pfeil umgedreht aussieht. Deshalb darfst du mit deinen Augen nicht zu nah am Glas sein.

### ■ Die Umkehrbrille

Obwohl auf der Netzhaut (Retina), der Mattscheibe in unserem Auge, alle Bilder auf dem Kopf stehen, sehen wir sie doch aufrecht – weil das Gehirn sie für uns umdreht. Wie flexibel es dabei ist, zeigt der „Stratton-Versuch" des US-amerikanischen Psychologen George Malcolm Stratton (1865–1958), der Versuchspersonen eine Umkehrbrille aufsetzte, welche die Bilder auf der Netzhaut aufrecht stellte. Während die Tester zunächst alles auf dem Kopf sahen und ihnen die Orientierung schwerfiel, war nach wenigen Tagen alles wieder „normal": Das Gehirn hatte gelernt und umgeschaltet. Wurde die Brille abgesetzt, reagierte das Gehirn sogar binnen weniger Minuten. Dieser Versuch zeigt auch, dass das, was wir wahrnehmen, nur das ist, was das Gehirn für uns daraus macht. ■

## Wo kommt das vor?

„Zylinderlinsen" bestehen aus durchsichtigen, runden oder halbrunden Glasstangen. Sie bündeln Licht in einer Linie, weil sie nur in einer Richtung gekrümmt sind. Eine „Zeilenlupe" ist eine solche Zylinderlinse: Legt man sie mit der glatten Seite etwa auf einen Zeitungstext, wird dieser durch die runde Seite hindurch vergrößert und kann Zeile für Zeile in großen Buchstaben gelesen werden. Die Buchstaben sind allerdings nur höher und nicht breiter, da die Zeilenlupe nur in einer Richtung vergrößert – sie ist ja auch nur in einer Richtung gekrümmt. Liegt die Zeilenlupe nicht direkt auf dem Papier, dreht sie die Buchstaben übrigens um – wie bei dem Pfeil in deinem Experiment. Ähnlich sehen Menschen, die eine krankhafte Hornhautverkrümmung haben (das Phänomen nennt man auch Astigmatismus oder „Stabsichtigkeit"), alles in einer Richtung auseinandergezogen.

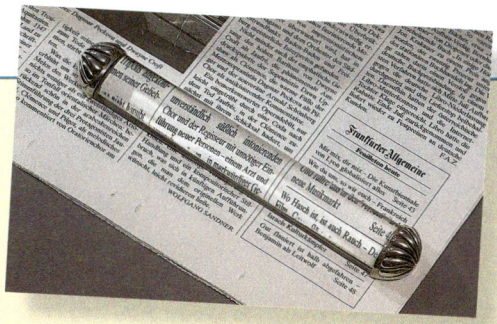

Sie erhalten Brillengläser, in die Zylinderlinsen eingebaut sind, die das Bild entzerren.
Auch im Kino spielt das eine Rolle: Breitwandfilme etwa im „Cinemascope"-Format werden auf normalem Film aufgenommen. Damit auf diesen ein breites Bild passt, staucht ein Spezialobjektiv an der Filmkamera das Bild zunächst zusammen. Im Kino weitet ein Objektiv am Projektor das Bild wieder für die Leinwand auf. In beiden Objektiven sind Zylinderlinsen eingebaut, die das Bild in einer Richtung verzerren und dann wieder entzerren.

# Der Stift mit dem Knick

Hast du schon mal einen „Knick in der Optik" gehabt?
Manche Tatsachen musst du dir tatsächlich erst einmal klar-
machen, weil du deinen Augen nicht immer trauen kannst.
Hier also der Kniff mit dem Knick.

☑ leicht
☐ mittel
☐ schwer
☐ nur für Erwachsene
unter Aufsicht von
Kindern

**ZEIT:** ca. 5 Minuten

**Was brauchst du?**

■ 1 Glas mit Wasser    ■ 1 Stift (möglichst kein bauchiger)

**Wie wird der Versuch aufgebaut?**
Stelle einfach den Stift in das Wasserglas. Blicke jetzt aus
verschiedenen Richtungen in das Glas hinein: von oben, von
schräg oben und etwas mehr von der Seite. Achte dabei auf
die Stelle, an welcher der Stift in das Wasser eintaucht, also
die Wasseroberfläche durchstößt.

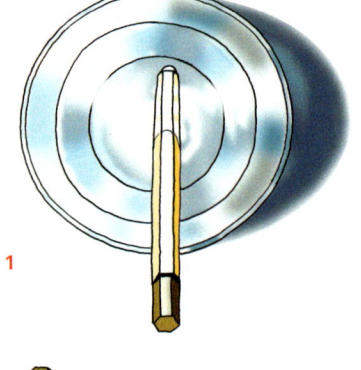

1

2

3

**Was passiert?**
Schaust du direkt von oben, sieht
der Stift normal aus (1). Schaust du
allerdings von schräg oben, siehst
du zwei parallele Stifte: einen von
oben und einen seitlich versetzt
(2). Und wenn du von der Seite
schaust, hat der Stift eindeutig
einen Knick (3)! Über und unter
Wasser ist der Stift jeweils gerade,
nur an der Stelle, wo er von der
Luft ins Wasser übergeht, scheint
er gebrochen zu sein, denn Ober-
und Unterteil sind gegeneinander
verschoben.

## Warum ist das so?

Lichtstrahlen verlaufen immer gerade, aber nur solange sie durch den gleichen Stoff wandern. Beim Wechsel von einem in den anderen Stoff werden sie gebrochen, was nichts anderes heißt als – geknickt. Je größer der Unterschied zwischen den Stoffen, desto stärker der Knick. Hier musst du bedenken, dass die Lichtstrahlen vom Stift dein Auge erreichen – und nicht etwa umgekehrt. Wenn du von schräg oben guckst, kommen sie von einem dichteren Stoff (Wasser) in einen weniger dichten (Luft) und werden etwas zur Wasseroberfläche hin geknickt. Das Ergebnis: Du siehst den Stift geknickt, obwohl eigentlich die Lichtstrahlen geknickt sind. Das ist das Gleiche, als ob die Lichtstrahlen nicht gebrochen, sondern gerade wären und stattdessen der Stift geknickt wäre.

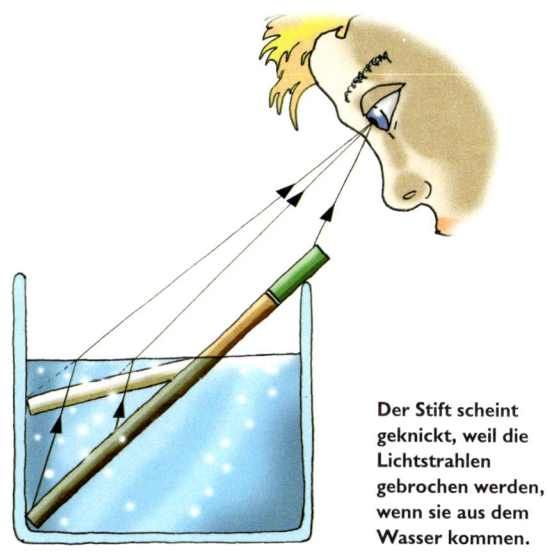

Der Stift scheint geknickt, weil die Lichtstrahlen gebrochen werden, wenn sie aus dem Wasser kommen.

## Wo kommt das vor?

Ohne Lichtbrechung würden keine Brille, keine Lupe, keine Kamera und kein CD- und DVD-Spieler funktionieren. Überall sind optische Linsen eingebaut, die Licht brechen und dadurch in die gewünschte Richtung ablenken – meist, um einen Lichtstrahl auf einen einzigen Punkt zu bündeln, um etwa eine CD oder DVD abzutasten oder scharf zu sehen.

Wenn du an der Ecke eines Aquariums stehst und durch die beiden Scheiben schaust, die an der Ecke aufeinandertreffen, kannst du manche Fische doppelt sehen, nämlich links und rechts hinter den Glasscheiben. Durch die Lichtbrechung erreichen dich die Strahlen einmal durch die Vorder- und einmal durch die Seitenscheibe, also zweimal.

Das Fischen wird durch die Lichtbrechung erst recht knifflig. Wer einmal versucht hat, im Wasser stehend mit dem Käscher einen Fisch zu fangen,

weiß, wie schwer das ist: Allzuoft trifft man daneben, weil der Käscher unter Wasser verschoben erscheint. Genauso darauf einstellen müssen sich Indianer am Amazonas, die mit Pfeil und Bogen „angeln". Sie sind so geschickt, dass sie mit ihren Pfeilen Fische unter Wasser treffen. Dabei müssen sie einkalkulieren, dass die Fische in Wirklichkeit näher sind, als es von über dem Wasser aus gesehen aussieht.

# Ich seh etwas, was du nicht siehst

Wie von Zauberhand schaltet die Fernbedienung den
Fernseher ein oder wechselt das Programm. Unsichtbares
Licht macht es möglich. Aber kannst du es wirklich
nicht sehen?

☐ leicht
☑ mittel
☐ schwer
☐ nur für Erwachsene
   unter Aufsicht von
   Kindern

**ZEIT:** ca. 5 Minuten

### Was brauchst du?

■ 1 Fernbedienung, etwa von Fernseher, DVD-Spieler oder Stereo-
anlage   ■ 1 Digitalkamera oder Camcorder

### Wie wird der Versuch aufgebaut?

Sieh dir die Fernbedienung genau an – sie hat auf der Oberseite Tasten, auf der Unterseite das Batteriefach und vorne
eine dunkle Blende, einen weißen Punkt aus Plastik oder eine
winzige Leuchte. Drücke irgendeine Taste und sieh – aber
bitte nur kurz – auf Blende, Punkt oder Leuchte (1). Siehst
du etwas? Schalte nun die Kamera ein und richte die Vorderseite der Fernbedienung auf das Kameraauge, das Kamera-
„Objektiv". Auf dem kleinen Kamerabildschirm kannst du
die Fernbedienung erkennen. Drücke nun wieder irgendeine
Taste auf der Fernbedienung.

1

2

### Was passiert?

Auf dem kleinen Bildschirm der Kamera sieht man,
dass die Fernbedienung an der Vorderseite hell
aufleuchtet (2), obwohl du eben mit bloßem Auge
nichts gesehen hast. Offenbar sieht die Kamera mehr
als wir! Wenn du genau hinsiehst, kannst du sogar
ein Flackern bemerken, das je nach Fernbedienungs-
taste unterschiedlich ist und dem Fernseher sagt, was
er tun soll – etwa das Programm wechseln oder die
Lautstärke ändern.

## Warum ist das so?

In der Tat sieht das elektronische Auge der Kamera einen breiteren Lichtbereich als unser menschliches Auge. Es nimmt infrarotes Licht wahr, das auf der Skala der elektromagnetischen Wellen unterhalb dessen liegt, was wir als „Rot" wahrnehmen („infra" ist lateinisch und heißt „unterhalb"). Damit liegt es außerhalb unseres Sehbereiches, und wir können es nicht mehr sehen. Die Fernbedienung nutzt Infrarotlicht, weil sie uns damit nicht stört und selbst wenig gestört wird, etwa durch die Lichtquellen im Zimmer wie Lampen. Obwohl es infra„rotes" Licht ist, zeigt es uns die Kamera weiß an.

### ■ Wie wir sehen

Für das Farbensehen hat unser Auge drei Arten von Zäpfchen in der Netzhaut, die für Blau, Grün und Rot zuständig sind. Daraus lassen sich alle anderen Farben zusammensetzen (siehe Experiment S. 32). Doch bei manchen Menschen funktioniert eine Art der Zäpfchen nicht richtig, sodass sie „farbenblind" sind und eine Farbe nicht richtig erkennen.
Tiere sehen die Welt mit anderen Augen. Hunde erkennen Blau, Gelb und Rot nicht gut, ihre Welt ist eher grünlich. Bienen sehen kein Rot, dafür sehr gut im ultravioletten Bereich. ■

## Wo kommt das vor?

Manche Kameras haben eine sogenannte „Nightshot"-Funktion, mithilfe derer man auch im Dunkeln sehen und fotografieren kann. Dafür wird der Infrarotfilter im Objektiv der Kamera zur Seite geschoben, sodass deren volle Empfindlichkeit im Infrarotbereich ausgenutzt wird. So trägt auch noch das Licht, das wir nicht sehen, zur Helligkeit bei. Als im Krefelder Zoo Schneeleoparden zur Welt kamen, wurden die drei Leopardenkinder gefilmt. Ein Infrarotscheinwerfer leuchtete das dunkle Gehege mit dem für die Tiere nicht sichtbaren Licht aus, und eine Internetkamera filmte das Geschehen, das nun interessierte Menschen in aller Welt beobachten konnten.
Mithilfe spezieller Infrarotkameras kann man auch Menschenleben retten. Denn alle warmen Körper – so auch Menschen – strahlen Infrarot (IR) aus, welches die Kameras wahrnehmen. Wenn sich

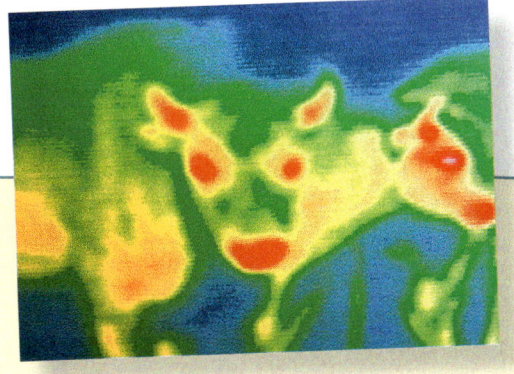

also jemand verirrt hat oder irgendwo verletzt liegt, kann man die Person mithilfe von Infrarotkameras aus der Luft orten – und das sogar nachts. Auch flüchtige Verbrecher können so im Gelände beobachtet und verfolgt werden. Je wärmer ein Körperteil ist – etwa Augen oder Mund –, umso intensiver ist die abgegebene IR-Strahlung, die im Bild dann rot erscheint.
Sogar aus dem All beobachten Satellitenaugen die Erde in allen Bereichen des für uns sichtbaren und unsichtbaren Lichtes. So kann man die Temperatur der Ozeane messen oder das Wetter vorhersagen.

# Merkwürdige Muster

„Halluzinationen" sind etwas, das wir sehen, was in Wirklichkeit aber gar nicht da ist. Manchmal glaubst du schon, Halluzinationen zu haben, wenn du plötzlich merkwürdige Muster siehst. Oft gibt es aber eine logische Erklärung!

- ✔ leicht
- ☐ mittel
- ☐ schwer
- ☐ nur für Erwachsene unter Aufsicht von Kindern

**ZEIT:** ca. 5 Minuten

### Was brauchst du?

■ 2 Küchensiebe oder Spritzschutzsiebe für Pfannen

### Wie wird der Versuch aufgebaut?

Lege die beiden Küchen- oder Spritzschutzsiebe in- bzw. aufeinander (1), halte sie eine halbe Armlänge von dir weg und schaue durch sie hindurch. Drehe nun eines der Siebe langsam hin und her.

### Was passiert?

Legst du die Siebe nur übereinander, erkennst du zwei Gitter, die sich überlagern – und meist ein paar kreisförmige Linien, die jedoch starke Dellen haben und unregelmäßig verlaufen. Bewegst du nun die Siebe, wabern diese Linien – sie verändern ihre Form und Größe (2).

## Warum ist das so?

Siebe haben eine klare, geordnete Struktur: Die einzelnen Fäden laufen parallel und senkrecht zueinander und bilden ein Gitter. Hältst du zwei Siebe übereinander, überlagern sich beide Gitter, und es entstehen ganz andere Muster. Weil die Küchensiebe am Rand gebogen sind und die Gitterlinien hier von vorne betrachtet enger werden, überlagern sich beide Gitter dort stärker, und es bilden sich Kreise. Bei den flachen Sieben, die als Spritzschutz für Pfannen verwendet werden, bilden sich gerade Muster, die nur dann krumm werden, wenn die Siebe verzogen sind, also nicht alle Fäden regelmäßig verlaufen. Wenn du eines der Siebe bewegst, wandern diese Linien und Kreise. Alle diese Erscheinungen nennt man „Moiré-Effekte" (das französische Wort „moiré" heißt auf Deutsch „marmoriert").

### ■ Hochauflösendes Fernsehen

Grundsätzlich gilt: Je höher die Auflösung eines Bildes ist, desto weniger Moiré-Effekte gibt es und umso schwächer werden sie, ganz wie beim Scannen von gedruckten Fotos. Bei dem neuen, hochauflösenden Fernsehen HDTV („**H**igh **D**efinition **T**ele**v**ision") wird dies der Fall sein. Es soll schärfere, flimmerfreie und buntere Bilder liefern. Das Bild wird aus 1250 Zeilen aufgebaut, doppelt so vielen wie bisher. ■

## Wo kommt das vor?

Auch wenn du an einer Brücke vorbeifährst, auf das Geländer blickst und dahinter das zweite Geländer auf der anderen Seite siehst, kannst du einen Moiré-Effekt bemerken: Die Muster der beiden senkrechten Geländegitter überlagern sich und bilden zusammen ein Muster von dichten und dünnen Stellen.

Klein karierte Hemden flimmern im Fernsehen. Hier überlagert sich das Hemdmuster mit den Bildzeilen des Fernsehers (siehe Experiment S. 106): Vor allem die waagerechten Linien des Hemds springen zwischen zwei Fernsehzeilen hin und her. Deshalb sind Kleidungsstücke mit solchen Mustern bei Leuten, die im Fernsehen auftreten, praktisch „verboten".

Ein ähnlicher Effekt kann beim Scannen von Bildern aus alten Büchern, Zeitungen und Zeitschriften auftreten. Gedruckte Bilder bestehen aus einzelnen

Farbpunkten, die in einem bestimmten Abstand gedruckt werden, einem Raster. Auch der Scanner schaut sich das Bild nur an bestimmten Punkten an, liest es mit einem bestimmten Raster ein. Wenn sich beide Raster in die Quere kommen, weil sie sich überlagern, können auf dem gescannten Foto störende Muster erscheinen, die bei einer höheren Auflösung beim Scannen – also wenn mehr Punkte abgetastet werden – verschwinden oder zumindest weniger werden.

# Kino mit dem Daumen

Der Daumen wird zum Filmprojektor – wie das? Für diesen Versuch brauchst du nichts als dieses Buch und deine rechte Hand, vor allem den Daumen. Der Film ist bereits eingelegt, du brauchst nur noch loszulegen. Und jetzt heißt es: Film ab!

- [ ] leicht
- [x] mittel
- [ ] schwer
- [ ] nur für Erwachsene unter Aufsicht von Kindern

**ZEIT:** ca. 1 Minute

## Was brauchst du?

- dieses Buch
- deine rechte Hand, vor allem den Daumen

**1**

## Wie wird der Versuch aufgebaut?

Blättere dieses Buch zum Anfang zurück (1). Nimm alle Buchseiten senkrecht zwischen Daumen und Zeigefinger deiner rechten Hand, biege sie etwas nach rechts und lass die Seiten so mit dem Daumen nacheinander los, dass sie in schneller Folge nach links fallen (2). Schaue dabei auf die rechte untere Ecke der rechten Seiten, also der Seiten mit dem Bild statt der Seitenzahl.

**2**

## Was passiert?

Schnell hintereinandergeblättert, ergeben die Zeichnungen auf jeder einzelnen Seite einen kurzen Film! Übrigens: Du kannst den Film auch rückwärts ablaufen lassen. Dazu nimmst du die Buchseiten mit der linken Hand und blätterst sie von hinten nach vorne durch.

## Warum ist das so?

Du blätterst einige Bilder durch und siehst einen Film? Bedanke dich beim „Phi-Phänomen" („phi" sprich „Fie"). Es besagt, dass wir mehr als 16 Bilder pro Sekunde in Folge als zusammenhängend und somit als bewegt wahrnehmen. Durch diesen Selbstbetrug des Gehirns sind Kino und Fernsehen erst möglich. Denn unser Sehsinn ist träge und funktioniert nicht beliebig schnell, sondern speichert sozusagen ein Bild für eine kurze Zeit, während es dieses an das Gehirn weitergibt. Bekommt das Auge schnell genug ein neues Bild gezeigt, kann das Gehirn nicht unterscheiden, ob sich in der Zwischenzeit tatsächlich etwas bewegt hat oder ob vor dem Auge lediglich ein Foto – oder bei diesem Versuch ein Bild – ausgetauscht wurde. Es reiht die Bilder aneinander, und du nimmst eine bewegte Handlung wahr.

### ■ Kino der Zukunft

Die Kinoprojektoren und ihre 48-Bild-Technik könnten schon bald Technik von gestern sein. Derzeit wird daran geforscht, das Kinobild mit Laserstrahlen zu erzeugen. Dafür sind drei Laser in den Grundfarben Gelb, Rot und Grün (siehe S. 33) erforderlich. Winzige Spiegel lenken die Laserstrahlen punktgenau über die Leinwand – ein Bild entsteht. Und statt auf Spule kommt der Film per Satellit und wird in der Nacht vor der ersten Vorstellung in den Kinocomputer überspielt. Schon heute kommt der Ton eines Kinofilms übrigens nicht mehr wie früher von einer sogenannten Tonspur auf dem Film selbst, sondern von einer separaten CD. ■

## Wo kommt das vor?

Im Kino sitzen wir nicht nur deshalb in einem dunklen Saal, damit wir besser sehen, sondern damit Kino überhaupt funktioniert (beim Fernsehen ist das anders – es ist lichtstärker). Denn Kino ist zuallererst eine Technik zur Täuschung unseres Sehsinns. Jeder Kinofilm hat 24 Bilder pro Sekunde. Würden diese einfach durchlaufen, würde das Bild verschmieren. Deshalb wird jedes einzelne Bild für kurze Zeit angehalten. Ist das jeweilige Bild für den Bruchteil einer Sekunde zum Stillstand gekommen, schwenkt eine Blende davor zur Seite, und das Bild wird für kurze Zeit an die Leinwand projiziert. Dann geht die Blende wieder zu und das nächste Bild kommt. Und das 24-mal pro Sekunde! Dieser aufwendige Mechanismus ist der Grund für das typische Rattern eines Kinoprojektors. Genau genommen sind aber nicht nur 24, sondern 48 Bilder pro Sekunde nötig. Und hier greift ein zweiter

Trick: Jedes Bild, das steht, wird noch einmal von einer „Flügelblende" – eine Art Ventilator mit zwei Flügeln – unterbrochen, sodass es zweimal hintereinander auf die Kinoleinwand geworfen wird und man auf 2 × 24 = 48 Bilder pro Sekunde kommt. Übrigens: Der Sehsinn von Insekten ist noch viel flinker – ein Kinofilm für Ameisen bräuchte mindestens 70 Bilder pro Sekunde, für Bienen sogar 200!

# In die Röhre gucken

Bestimmt kennst du das Märchen von den „Sterntalern".
„Sonnentaler" kommen hingegen nicht in einem Märchen vor,
sie gibt es wirklich. Sie „wachsen" auf den Bäumen! Wie das
funktioniert, kannst du ganz einfach ausprobieren.

☐ leicht
☑ mittel
☐ schwer
☐ nur für Erwachsene
    unter Aufsicht von
    Kindern

**ZEIT:** ca. 30 Minuten

### Was brauchst du?

■ 1 Pappröhre von Toiletten- oder Küchenpapierrolle   ■ 1 Stück
Alufolie (etwa 10 cm x 10 cm)   ■ 2 Gummibänder   ■ 1 Kugelschreiber   ■ 1 schwarzen Filzstift oder schwarze Wasserfarbe
■ 1 Stück Butterbrotpapier (Pergamentpapier, ca. 10 cm x 10 cm)
■ 1 Lichtquelle (Lampe)   ■ 1 möglichst dunklen Raum

### Wie wird der Versuch aufgebaut?

Male die Papprolle innen schwarz an (1). Falte um ein Ende
der Rolle das Butterbrotpapier und befestige es mit einem
Gummiband, die Alufolie befestigst du genauso am anderen
Ende der Rolle (2). Zum Schluss stichst du mit der Kugel-
schreiberspitze ein Loch in die Mitte der Alufolie (3). Gehe
in einen dunklen Raum, schalte das Licht an und richte deine
Papprolle mit dem Loch in der Alufolie auf die Lampe.

### Was passiert?

Auf der Mattscheibe deines
kleinen Butterbrotpapier-
Bildschirms ist die Lichtquelle zu sehen (4) – und
zwar auf dem Kopf und
seitenverkehrt.

## Warum ist das so?

Du hast eine einfache Lochkamera gebaut. Das Besondere ist, dass sie (scharfe) Bilder liefert, und das ohne irgendeine optische Linse. Der Preis dafür ist allerdings, dass diese Kamera lichtschwach ist. Das Objekt muss also ziemlich hell sein, damit es zu sehen ist, es sollte am besten selber leuchten oder beleuchtet werden. Das Loch in der Aluminiumfolie ist die Blende deiner Kamera. Sie sorgt dafür, dass sich jeder Punkt des Leuchtobjektes auf einem Punkt der Mattscheibe abbildet. Je kleiner die Blende ist, desto schärfer ist das Bild, jedoch auch umso dunkler. Je größer das Loch, desto größer werden die Lichtpunkte und desto mehr überlappen sie sich. Das Bild wird unscharf. Und genau wie bei einer modernen Kamera ist das Bild seitenverkehrt und steht auf dem Kopf, weil sich die einfallenden Lichtstrahlen in der Röhre kreuzen.

### ■ Eine Blende gegen das Blenden

Weil die „Camera obscura" ohne Glaslinse, sondern nur mit einer Blende arbeitet, ist sie sehr lichtschwach. Dieser Nachteil kann aber auch ein Vorteil sein. Schon die Inuit – oft auch „Eskimos" genannt – haben sich einfache Blenden gegen die Sonne angefertigt: Schneebrillen aus Knochen. Dazu legten sie zwei Knochenstücke aufeinander, sodass nur ein schmaler Schlitz zum Sehen frei blieb. Dadurch gelangt nur sehr wenig Licht in die Augen, gerade genug, um in der blendend weißen Landschaft der Arktis gut zu sehen und nicht „schneeblind" zu werden. Dass das, was sie sahen nicht – wie bei der „Camera obscura" – auf dem Kopf stand, liegt daran, dass das Auge zu dicht am Schlitz, also vor dem Kreuzungspunkt der Lichtstrahlen, ist. ■

## Wo kommt das vor?

Bereits vor 1000 Jahren wird von der Urform der Kamera, der „Camera obscura" (lateinisch für „dunkle Kammer") berichtet. Astronomen nutzten sie jahrhundertelang, um die Sonne zu beobachten, ohne direkt ins grelle Sonnenlicht schauen zu müssen: Sie projizierten die Sonne mithilfe einer kleinen Öffnung im Mauerwerk auf eine weiße Zimmerwand, wo sie unseren Stern und seinen Lauf in Ruhe studieren konnten. Natürlich stand die Sonne dabei auf dem Kopf.

Vor der Erfindung der Fotografie wurde die Lochkamera in der Malerei gerne genommen, um etwa Landschaften abzuzeichnen. Auf einer Glasscheibe als Kamerarückwand erschien das Bild und konnte originalgetreu abgezeichnet werden. So entstanden sehr echt wirkende Landschaftsbilder, die allerdings

auf dem Kopf standen. Zum Schluss musste man das Blatt Papier einfach nur umdrehen.

Lochkameras wachsen sogar auf Bäumen: Die sogenannten „Sonnentaler" entstehen durch das Blätterwerk der Bäume. Kleine Öffnungen zwischen den Blättern wirken wie eine Blende und projizieren helle Lichtflecken auf den Boden. Diese sind kreisrund oder leicht oval und ein Abbild der Sonne, ein natürliches Foto sozusagen.

# Die „Schusterkugel"

Knopf drücken, Licht an. So einfach wird die **Nacht** zum **Tag** gemacht. Auf diese Weise können wir heute auch noch arbeiten, wenn es draußen längst dunkel ist. Aber wie haben es die Menschen früher gemacht?

☐ leicht
☐ mittel
☐ schwer
☑ nur für Erwachsene unter Aufsicht von Kindern

**ZEIT:** ca. 15 Minuten

### Was brauchst du?

■ 1 Kerze ■ 1 Rotweinglas oder 1 bauchige Glasvase
■ Wasser ■ 1 Blatt Papier ■ 1 Feuerzeug oder Streichhölzer

### Wie wird der Versuch aufgebaut?

Diesen Versuch machst du am besten, wenn es draußen schon dunkel ist. Fülle das Rotweinglas oder die bauchige Glasvase mit Wasser voll (1). Stelle die Kerze so vor das Glas, dass sie mitten davor steht und nur 1 Fingerbreit vom Glas entfernt ist. Stelle dafür eventuell Glas oder Kerze auf ein paar Bücher, damit die Höhe stimmt. Halte das Blatt Papier auf die Seite des Glases, die der Kerze gegenüberliegt, und zünde die Kerze an. Am besten bittest du einen Helfer, das Licht im Raum zu löschen.

### Was passiert?

Du wirst auf dem Papier einen leuchtenden Fleck sehen, der ziemlich hell ist (2). Je weiter du mit dem Papier von Kerze und Glas weggehst, desto größer, aber auch schwächer wird der Fleck. Wenn du genau hinschaust, erkennst du, dass der Fleck die auf dem Kopf stehende Kerzenflamme ist.

Übrigens: Die Kerzenflamme kommt genau viermal vor – in echt, verkleinert auf der Vorderseite des Glases, verkleinert und gleichzeitig auf dem Kopf stehend an der Rückwand des Glases sowie vergrößert und auf dem Kopf stehend auf dem Papier hinter dem Glas.

## Warum ist das so?

Das wassergefüllte Glas bzw. die Vase wirkt wie eine optische Sammellinse (das ist eine Linse, die auf beiden Seiten nach außen gewölbt ist). Das Licht, das von der Kerze in sie hineinfällt, wird von ihr gebündelt und umgedreht auf der gegenüberliegenden Seite wieder ausgeworfen. Deshalb steht die Kerzenflamme auf dem Papier auf dem Kopf, und auch rechts und links sind vertauscht. Für die Beleuchtung spielt das keine Rolle. Das gebündelte Licht ist erstaunlich hell.

### ■ Schusterkugel flach wie Flunder

Eine Sammellinse – wie dein Wasserglas eine ist –, die ganz flach ist, hat der französische Ingenieur und Physiker Augustin Jean Fresnel (1788–1827)

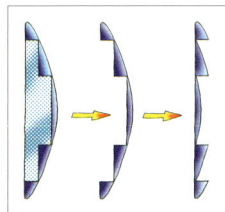

**Die Funktion der Fresnellinse hängt von den gekrümmten Glasflächen ab. Die restlichen Anteile (hell) können deshalb weggelassen werden. Die übrigen (blauen) werden in eine Ebene gebracht.**

erfunden: die sogenannte „Fresnellinse". Solche Linsen befinden sich etwa vor den Lampen von Leuchttürmen, um deren Licht zu bündeln, damit es weit über das Meer reicht. Hier wären normale Sammellinsen viel zu dick und zu schwer. Zudem klebt eine Fresnellinse an manchen Kleinbussen als flache, geriffelte Plastikfolie auf der Heckscheibe, damit der Fahrer beim Einparken den Abstand besser einschätzen kann, da sie auch vergrößert. Die Bildqualität dieser Linsen ist durch die Riffelung, also die Stufenstruktur allerdings schlechter als bei normalen Linsen. ■

## Wo kommt das vor?

Die „Schusterkugel" – eine mit Wasser gefüllte Glaskugel – war jahrhundertelang eine einfache, preiswerte und raffinierte Methode, sich genügend Licht auch für feine Arbeiten wie etwa Nähen zu verschaffen. Aber warum wird die Schusterkugel mit Wasser gefüllt und ist nicht ganz aus Glas? So ist sie leichter und einfacher herzustellen: Sie wird aus flüssigem Glas geblasen, als massive Kugel hätte sie gegossen werden müssen und wäre außen nicht so glatt und innen voller Schlieren und Luftblasen. In ausgeklügelten Modellen kann die Kerze immer höher geschraubt werden, damit beim Abbrennen der Lichtfleck nicht wandert. In der Oper „Die Meistersinger von Nürnberg" des deutschen Komponisten Richard Wagner (1813–1883) steht meistens eine Schusterkugel auf der Bühne, weil die Hauptfigur, der Dichter und Meistersinger Hans Sachs, als Schuhmacher arbeitete.

Den Effekt, dass die Schusterkugel das Licht bündelt, machen sich Meteorologen zunutze, wenn sie die Sonnenscheindauer messen. Der sogenannte „Sonnenscheinautograf" ist ein einfaches Gerät mit einer Glaskugel in der Mitte und einem Papierstreifen dahinter. Scheint die Sonne, brennt sie durch die Kugel eine schwarze Stelle ins Papier. Weil die Sonne wandert, bewegt sich auch der Brennpunkt, sodass man quer über den Papierstreifen den Tageslauf ablesen kann.

# Licht spalten

**Wir Menschen lieben die Sonne – und wir brauchen sie zum Leben. Doch Sonnenlicht verursacht auch den gefährlichen Sonnenbrand. Nimm das Sonnenlicht mal genau unter die Lupe, denn es steckt mehr drin, als du denkst!**

☐ leicht
☐ mittel
☐ schwer
✔ nur für Erwachsene unter Aufsicht von Kindern

**ZEIT:** ca. 10 Minuten

### Was brauchst du?

▪ 1 kleinen Handspiegel ▪ 1 Trinkglas ▪ Wasser
▪ 1 weißes Blatt Papier oder Karton ▪ nicht transparentes Klebeband (z. B. Pflaster von der Rolle oder Isolierband)

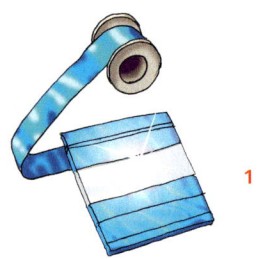

### Wie wird der Versuch aufgebaut?

Klebe den Spiegel mit dem undurchsichtigen Klebeband von zwei Seiten so weit zu, dass nur noch ein etwa 1 cm breiter Spalt frei ist (1). Lege den Spiegel schräg in das Trinkglas, und zwar so, dass der Spalt waagerecht liegt. Fülle das Glas bis mindestens zum Rand des Spiegels mit Wasser voll (2). Stelle nun deinen „Wasserspiegel" in die Sonne, sodass das Licht von vorn auf den Spiegel trifft. Halte das Blatt Papier auf der Sonnenseite schräg über den Spiegel, aber so, dass du die Sonne dadurch nicht abschirmst.

### Was passiert?

Du erkennst einen roten, gelben, grünen, blauen und violetten Streifen auf dem Papier (3). Die Streifen liegen dicht beieinander und gehen ineinander über. Sollte es nicht gleich klappen, führe das Blatt Papier langsam in einem Bogen vor dem Spiegel entlang, bis die Streifen erscheinen.
Achtung: Bei dem Experiment nie direkt in die Sonne oder den Spiegel gucken, das schadet den Augen.

## Warum ist das so?

Du hast das Sonnenlicht in seine Grundfarben zerlegt. Denn das scheinbar weiße Sonnenlicht ist im Grunde bunt, aber alle Farben zusammengenommen ergeben „weißes Licht", wie Sonnenlicht es ist. Das Sonnenlicht wird im Experiment zweimal gebrochen: beim Übergang in das Wasser hinein und aus dem Wasser heraus. Dabei werden die verschiedenen elektromagnetischen Wellen, aus denen das Licht besteht, unterschiedlich stark gebrochen, also abgelenkt. Kürzere Wellenlängen wie Violett werden stärker geknickt als längere wie Rot. Weil im Sonnenlicht alle Farben und damit alle Wellenlängen des sichtbaren Lichts enthalten sind, siehst du ein durchgehendes Band an Farben, das sogenannte „Spektrum". Die Abfolge der Farben ist immer Rot, Orange, Gelb, Grün, Blau, Indigo und Violett. Dieser Versuch funktioniert übrigens nur mit Sonnenlicht, das als parallele Strahlen ankommt. Mit punktförmigen Lichtquellen wie Taschenlampen erhältst du so kein Spektrum.

### ■ Newtons „Erscheinung"

Als der englische Mathematiker, Physiker und Astronom Isaac Newton (1643–1727) mit einem Glasdreieck (Prisma) und Sonnenlicht experimentierte, konnte er erst gar nicht glauben, was er da sah: bunte Farben statt weißen Sonnenlichts. Deshalb taufte er das farbige Lichtband „Spektrum" (vom lateinischen „spectrum" für „Erscheinung"). ■

## Wo kommt das vor?

Auch beim wunderschönen Regenbogen wird das Licht der Sonne aufgespalten. Er entsteht, wenn du die Sonne im Rücken hast und es vor dir regnet. Dabei kannst du das Spektrum des Sonnenlichts sehen, weil es in den Wassertropfen – wie bei dem Experiment – zweimal gebrochen und zu dir zurückgeworfen wird. Ein Regenbogen kann auch an Wasserfällen oder Springbrunnen entstehen. In der „Spektroskopie" untersucht man ein Spektrum genau. Denn jedes chemische Element gibt ganz bestimmtes Licht ab, wenn es erhitzt wird und leuchtet. Sein Spektrum besteht nur aus einzelnen, farbigen Linien. Natrium etwa, das im Kochsalz enthalten ist, hat nur im gelben Bereich eine

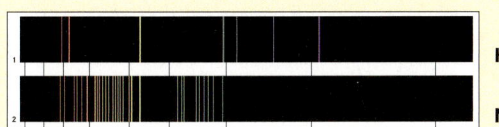

Helium

Neon

einzige Linie, gibt also nur Licht einer bestimmten Wellenlänge ab, andere Elemente wie die Edelgase Helium und Neon haben mehrere, aber immer charakteristische Spektrallinien. Das ist praktisch, denn so hat jedes Element eine Art „sichtbaren Fingerabdruck". Weil unsere Sonne sehr heiß ist (ca. 5500 °C an der Oberfläche), sendet sie ein sehr gleichmäßiges – eben weißes – Licht aus. In der Astronomie (Sternenkunde) kann man – indem man das Licht weit entfernter Sterne auffängt und zerlegt – mithilfe der Spektroskopie sogar bestimmen, aus welchen Elementen diese bestehen.

# Singende Gläser

Oma hat Geburtstag, die ganze Familie sitzt am Mittagstisch, und es ist sooo langweilig. Jetzt muss man sich zu helfen wissen. Schnapp dir ein Weinglas und lass es singen. Mozart hat das auch gemacht.

□ leicht
☑ mittel
□ schwer
□ nur für Erwachsene unter Aufsicht von Kindern

**ZEIT:** ca. 5 Minuten

**Was brauchst du?**

■ 1 Weinglas    ■ Wasser

1

### Wie wird der Versuch aufgebaut?

Wasche dir zunächst die Hände mit Seife. Fülle dann das Weinglas halb voll mit Wasser. Tauche eine Fingerspitze hinein **(1)** und fahre mit dem nassen Finger oben am Glasrand entlang. Du wirst von alleine die richtige Geschwindigkeit herausbekommen. Gib, wenn möglich, einen Spritzer Essig ins Wasser.

2

### Was passiert?

Sobald du die richtige Geschwindigkeit erreicht hast, fängt das Glas an zu singen! Du hörst einen feinen, hellen Ton, der bei der richtigen Fingergeschwindigkeit am lautesten ist **(2)**. Probiere das mit unterschiedlich viel Wasser im Glas aus oder mit mehreren Gläsern – vielleicht bekommst du ja eine Tonleiter hin?

## Warum ist das so?

Du hast so viel Elan, dass du das Glas zum Schwingen bringst. Wie machst du das? Unter einem Mikroskop könntest du sehen, dass dein Finger nicht glatt über den Glasrand rutscht, sondern in winzigen Sprüngen rubbelt, als ob er stolpert. Bei jedem Sprung wird das Glas angestoßen. Springt dein Finger in einer bestimmten Regelmäßigkeit, trifft er die sogenannte „Eigenfrequenz" des Glases, also einen speziellen Ton, der dem Glas eigen ist. Dann schwingt das Glas besonders stark und damit laut. Bist du zu schnell oder zu langsam, schwingt das Glas weniger, also leiser. Das schwingende Glas versetzt seinerseits die Luft in Schwingungen, dieser Schall gelangt an dein Ohr – du kannst ihn hören. Je mehr Wasser im Glas ist, desto höher ist der Ton, weil du damit die Eigenfrequenz des Glases anhebst.

### ■ Singende oder springende Gläser?

Eine beliebte Legende sagt, dass Sänger Gläser „zersingen" können, sie also mit der Kraft ihrer Stimme zerspringen lassen. Den Sangesgrößen Maria Callas (1923–1977) oder Enrico Caruso (1873–1921) wird dies nachgesagt. Tatsächlich ist das allerdings kaum möglich. Die menschliche Stimme müsste etwa 100-mal lauter sein, als sie ist, um das Glas in so starke Schwingungen zu versetzen, dass es zerspringt. Technisch ist es sehr wohl möglich. Ein Glas vor einem starken Lautsprecher zerspringt bei der richtigen Frequenz und der dafür nötigen großen Lautstärke wie von selbst. Das klappt allerdings nur im Akustiklabor und nicht zu Hause. ■

## Wo kommt das vor?

Im 18. und 19. Jahrhundert war das „Surfen auf dem Glasrand" sehr populär. Das inspirierte Komponisten wie Wolfgang Amadeus Mozart (1756–1791) dazu, Musikstücke für das Glasspiel zu komponieren. In der Musik sind singende Gläser daher ein fester Begriff. Zahlreiche mehr oder minder gefüllte Gläser oder in einer aufsteigenden Anordnung montierte unterschiedlich große Glasschalen bilden eine „Glasharfe", „Glasharmonika" oder „Glasorgel", die meistens solo, manchmal mit Orchester vorkommt. Sie hat einen feinen, sphärischen Klang.

**Bei der Glasharmonika tritt man das Pedal, das die Achse und damit die Glasschalen in Drehung versetzt. Ein feuchter Finger an die Glasränder gehalten, erzeugt den Ton.**

Um Töne zu erzeugen, ist Reibung überhaupt gut geeignet: Ob mit dem Finger auf dem Glasrand oder mit dem Geigenbogen auf der Saite – stets wird etwas in Schwingung versetzt und bringt wiederum die Luft zum Schwingen. Bei Finger wie Geigenbogen ist es daher wichtig, dass sie nicht fettig, also nicht glatt sind. Der Geigenbogen wird mit Kolophonium – einem Harz – bestrichen, der Finger in Essig oder Kalkwasser getaucht, um die Reibung zu erhöhen.

# Nachhilfe für Bananen

„Alles Banane!" heißt „Alles in Ordnung!". Für manche Länder in Mittel- und Südamerika ist wirklich „alles Banane" – sie leben vom Bananenanbau. Dafür, dass die Bananen nicht schon braun zu uns kommen, sorgen findige Köpfe ...

☑ leicht
☐ mittel
☐ schwer
☐ nur für Erwachsene unter Aufsicht von Kindern

**ZEIT:** ca. 1 Woche

### Was brauchst du?

■ 2 unreife Bananen (noch ziemlich grün)  ■ 1 reifen (!) Apfel
■ 2 große Schüsseln  ■ Plastikfrischhaltefolie

### Wie wird der Versuch aufgebaut?

Lege in jede Schüssel eine unreife Banane. In eine Schüssel legst du zusätzlich den reifen Apfel hinein (1). Jetzt spannst du über beide Schüsseln Frischhaltefolie und dichtest sie ab, indem du die Frischhaltefolie gut andrückst (2). Wenn sie nicht hält, kannst du noch ein Gummiband zu Hilfe nehmen. Stelle beide Schüsseln an einen dunklen, ruhigen Platz und warte 1 Woche.

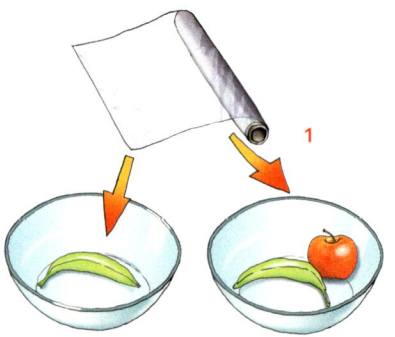

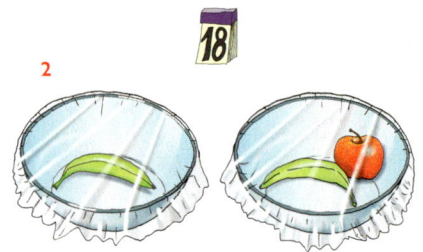

### Was passiert?

Die Banane beim Apfel reift eindeutig schneller! Offenbar bekommt sie vom Apfel „Nachhilfe" in Sachen Reife. Während sie schon erste braune Stellen bekommt, sieht die einsame Banane noch eher grün aus (3).

## Warum ist das so?

Viele Früchte produzieren einen besonderen Stoff und geben ihn ab, wenn sie reif werden. Es ist ein unsichtbares, etwas süßlich riechendes Gas und heißt Ethylen (sprich „Etülehn"). Es wird beim Reifen nicht nur frei, sondern bewirkt selbst auch das Reifen. Ein reifer Apfel gibt besonders viel Ethylen ($C_2H_4$) ab, das sich in deinem kleinen Treibhaus (siehe Experiment S. 146) anreichert und die Banane ihrerseits zum Reifen anregt. So wird sie mithilfe des Apfels schneller reif als ohne. Auch eine reife Banane kann eine unreife durch die Abgabe von Ethylen schneller reifen lassen. Für viele Pflanzen ist Ethylen ein sogenanntes „Hormon", also ein Stoff, der innere Vorgänge steuert wie beispielsweise das Reifen, bei dem sich unter anderem Zucker und Aromastoffe bilden, welche die Frucht erst genießbar und richtig lecker machen.

### ■ Warum ist die Banane krumm?

Das ist eine geradezu klassische Frage. Denn mit ihrer Form ist die Banane einzigartig. Alles andere Obst und Gemüse wächst halbwegs gerade: Gurke, Rettich, Bohne. Nur die Banane nicht ... Bananen wachsen nur aus den großen weiblichen Blüten eines Bananenbaums, die aufgrund ihres Eigengewichts senkrecht herabhängen. Verblühen sie, bilden sich die Fruchtstände, aus denen sich die Bananen entwickeln. Sie heißen „Hände", denn aus ihnen ragen die Bananen wie Finger heraus – bis zu 16 Stück! Die Finger sind zunächst nach unten gerichtet, wie die Blüte, doch dann richten sie sich beim Wachsen zur Sonne aus und streben nach oben. Dabei krümmen sie sich. ■

## Wo kommt das vor?

Die frisch geernteten Bananen, die hauptsächlich aus Südamerika kommen, würden wir kaum erkennen: Sie sind klein, hart und grün. Ihr Transport ist trickreich und erfordert viel Technik. Das Pflanzenhormon Ethylen spielt dabei eine große Rolle, denn während des Transportes im Schiff ist es unerwünscht. „Bananenhände", also die typischen Bündel, werden in speziellen Bananenkisten transportiert, die extra Öffnungen haben, durch die im Laderaum kühle Luft strömt, der man Kohlendioxid beigibt. Damit wird entstehendes Ethylen weggepustet, die Bananen fallen während des Transports in eine Art Winterschlaf und beginnen nicht, schon unterwegs zu reifen. Erst nach der Ankunft in Europa werden die Bananen im Lagerhaus mit ethylenhaltiger Luft versorgt, wodurch sie in wenigen Tagen kontrolliert und sehr schnell heranreifen.

Obst und Gemüse können sehr empfindlich aufeinander reagieren, wenn sie nebeneinanderliegen. Weil Äpfel und Tomaten viel Ethylen von sich geben, können sie Bananen heranreifen lassen, Kartoffeln zum Keimen anregen oder Gurken vergilben lassen. Auch Rosen verlieren durch Ethylen leichter Blüten und Blätter.
Pflanzen, die Stress haben, etwa durch Wassermangel, geben ebenfalls Ethylen von sich, weshalb das Gas auch ein „Stresshormon" von Pflanzen ist.

# Biologie + Technik = Bionik

## Schnell wie ein Fisch

Haifische haben in Körperlängsrichtung auf ihren Schuppen haarfeine Rillen. Sie verringern die Reibung im Wasser erheblich, weil sich dadurch beim Schwimmen weniger Wirbel bilden. So braucht der Fisch nicht so viel Kraft, um voranzukommen – und da Energiesparen im Tierreich überlebenswichtig ist, hat der Hai einen Vorteil. Der Mensch hat sich diesen Trick abgeguckt: Mittlerweile gibt es für Profischwimmer Schwimmanzüge mit Rillen, die schnelleres Schwimmen versprechen. Auch Flugzeuge wurden mit „Haifischfolie" beklebt, um den Luftwiderstand zu vermindern.

## Schwimmen im Sand

Der „Sandfisch" in der Sahara ist eine Echse und kann im Wüstensand „schwimmen" – was viel anstrengender ist als Schwimmen im Wasser. Deshalb hat der Sandfisch eine besonders glatte Haut, die die Reibung (siehe Experiment S. 70) senkt. Zum einen kann er so leicht durch den Sand flutschen, zum anderen nutzt sich die Haut kaum ab. Forscher sind von dem Tier fasziniert und versuchen, hinter das Geheimnis seiner glatten Haut zu kommen, die sich im Sand erstaunlicherweise sogar weniger abnutzt als polierter Stahl! Sie hoffen, mithilfe des Sandfischs einmal Materialien zu entwickeln, die sehr wenig Reibung aufweisen und deshalb sehr lange halten. Bisher allerdings hütet der Sandfisch sein Geheimnis ...

## Sauber, sauber – der Lotuseffekt

In Asien ist die Lotuspflanze heilig und ein Symbol für Reinheit. In der Tat wird sie kaum schmutzig. Ein paar Tropfen Wasser genügen, um Staub einfach vom Blatt abperlen zu lassen. Auch Honig und sogar Klebstoff können das Blatt nicht benetzen und perlen einfach ab. Das liegt an der Blattoberfläche, die aus Wachskristallen besteht, die nur wenige tausendstel Millimeter groß sind. Sie bilden eine Art Minigebirge, bei dem Gegenstände nur die Bergspitzen berühren. Deshalb haben sie auf dem Blatt keinen Halt und können einfach abgespült werden. Man hat nach diesem Vorbild Wandfarbe für Außenwände entwickelt, die schmutzabweisend ist. Weiter durchgesetzt hat sich der Lotuseffekt bisher jedoch noch nicht, es wird aber viel experimentiert.

## Vogelflügel für Flugzeuge

Wirbelschleppen sind gefährlich (siehe S. 95). Sie entstehen vor allem an den Flügelenden, und zwar durch Ausgleichsströmungen zwischen dem Überdruck unter und dem Unterdruck über dem Flügel. Eine Idee, weniger Wirbel zu machen, kommt von den Vögeln. Adler, Geier oder Störche haben an den Flügelenden gespreizte Federn, welche diese Wirbel verringern. Bei Flugzeugen gibt es bisher „Mono-Winglets" – das Flügelende ist schräg nach oben geknickt. Noch besser wären mehrere Winglets wie die Federn an den Flügelenden von Vögeln oder der „Split-Wing-Loop", eine Art Schlaufe am Ende des Flügels.

## Brandmelder nach Käferart

Der „Schwarze Kiefernprachtkäfer" soll aus bis zu 80 km Entfernung Feuer wahrnehmen können. Nach Waldbränden legt er seine Eier in das Holz frisch verbrannter Bäume, wo sie sich ungestört entwickeln können, da kein anderes Tier diesen Trick kennt. Seinen „Infrarotfühler" (siehe Experiment S. 128) haben Zoologen jetzt nachgebaut. Er soll besser als bisherige Infrarot-, also Wärmefühler sein. In dem winzigen Sensor ist eine Flüssigkeit, die sehr gut Infrarotstrahlung aufnimmt. Dadurch erwärmt sie sich und dehnt sich – wie beim Käfer – aus. Der entstehende Druck ist ein Maß für die Stärke der Wärmestrahlung.

# Unter Gläsern wächsts sich besser

Nicht nur wir Menschen haben ein festes zu Hause, auch Pflanzen können eines haben – ganz aus Glas, schön hell und meist mollig warm. Was haben sie und wir davon? Teste es aus!

☐ leicht
☑ mittel
☐ schwer
☐ nur für Erwachsene unter Aufsicht von Kindern

**ZEIT:** ca. 5 Tage

### Was brauchst du?

- 2 Blatt Saugpapier von der Küchenrolle
- 1 Trinkglas
- Kressesamen (aus dem Gartenfachgeschäft)
- Wasser
- 2 kleine Teller (z. B. Untertassen)

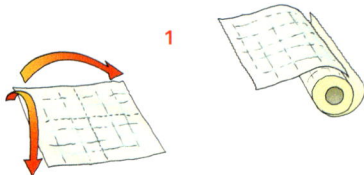

### Wie wird der Versuch aufgebaut?

Falte die beiden Blätter Saugpapier je vier Mal, bis du zwei handtellergroße Quadrate hast, die unter dein Trinkglas passen (1). Lege sie auf die beiden Teller, gieße so viel Wasser dazu, dass sich das Papier ganz damit vollsaugt. Auf die beiden nassen Saugpapierstapel streust du jeweils etwa gleich viele Kressesamen (2). Auf eine der Untertassen stülpst du das Trinkglas (3). Jetzt wächst auf einem Teller die Kresse an der Luft, auf dem anderen unter einer Glasglocke. Stelle beide Teller an einen ruhigen, hellen Platz und gib bei Bedarf Wasser dazu.

### Was passiert?

Die Kresse unter dem Trinkglas keimt früher und wächst schneller als die Kresse ohne Glasglocke (4). Nach etwa fünf Tagen hat sich unter dem Trinkglas ein richtiger Kresseteppich gebildet, während die Kresse auf dem anderen Teller gerade erst zu keimen beginnt.

146

### Warum ist das so?

Das Klima unter der Glasglocke regt die Pflanzen zum Wachsen an, weil mehrere Vorteile zusammenkommen: Es gibt dort genauso viel Licht wie im Freien, gleichzeitig ist es unter dem Glas aber wärmer und feuchter, da weder die Feuchtigkeit noch die Wärme aus dem Glas herauskönnen – ideale Voraussetzungen für die Kresse, um gut zu wachsen. Zudem ist es unter der Glasglocke absolut windstill. Und weil kein Lüftchen weht, geht auch weniger Wasser verloren, und das, was verdunstet, reichert sich in der Luft an. Durch diese hohe Luftfeuchtigkeit werden die zarten Keime nicht trocken und können sich gut entwickeln.

### Der „Treibhauseffekt"

Die Erde ist wie ein riesiges Treibhaus. Unsere Atmosphäre lässt die Sonnenstrahlung durch, aber die von der Erde reflektierte Wärmestrahlung nicht wieder ins All zurück. So ist es dank Atmosphäre erträglich warm auf der Erde, und die Temperaturen schwanken zwischen Tag und Nacht bei Weitem nicht so stark wie auf anderen Planeten, die keine Atmosphäre haben. Zusätzlich zum natürlichen und für uns lebenswichtigen Treibhauseffekt kommt ein menschengemachter. Vor allem Treibhausgase wie etwa Kohlendioxid aus der Verbrennung von Erdöl, Erdgas und Kohle (Auto, Heizung) heizen die Atmosphäre künstlich auf. Dass das der Fall ist, ist heute unumstritten. Wie dies unser Leben verändert, wird derzeit erforscht.

## Wo kommt das vor?

Solche Glasglocken – man nennt sie dann Treib- oder Gewächshäuser – sind eine unverzichtbare Technik in der Pflanzenzucht. Schon im 17. Jahrhundert wurden welche gebaut, um exotische Pflanzen wie Orangenbäume über den Winter zu bringen. Sie heißen passenderweise „Orangerien". Das einfachste „Gewächshaus" ist das Frühbeet, etwa beim Spargel. Dazu wird das Spargelfeld zunächst mit schwarzer Plastikfolie abgedeckt, die tagsüber Wärme aufnimmt und sie an den Boden weitergibt. Später wird die Folie oft gewendet und ihre weiße Seite zeigt nach oben, um eine Überhitzung zu verhindern. Die Folie lässt aber auch kein Wasser verdunsten und schützt vor Wind. Bei der Spargelernte schlägt man die Folie auf und sticht mit einem Spezialmesser in die Erde, um den Pflanzentrieb möglichst tief abzuschneiden. Deshalb sagt man auch, dass man Spargel „sticht".

Die großen Gewächshäuser, in denen in kurzer Zeit viel Gemüse gezogen wird, nutzen den sogenannten „Treibhauseffekt": Sie bestehen aus Wänden und Dächern aus Glas oder Kunststoff, die zwar Sonnenlicht durchlassen, aber die Wärmeabstrahlung zurückhalten. Deshalb ist es in Gewächshäusern immer wärmer als draußen. Im Winter werden sie zusätzlich beheizt, im Sommer mit Jalousien abgedeckt, damit sie sich nicht zu sehr aufheizen. Zusätzlich wird ab und an gelüftet.

# Erbsen-Heizung

**Hund, Katze, Maus – sie sind warm, wenn du sie anfasst. Und du selbst hast immer eine Betriebstemperatur von 37 °C – wenn du kein Fieber hast. Pflanzen lässt das alles scheinbar kalt. Aber ist das wirklich so?**

□ leicht
☑ mittel
□ schwer
□ nur für Erwachsene unter Aufsicht von Kindern

**ZEIT:** ca. 3 Tage

1

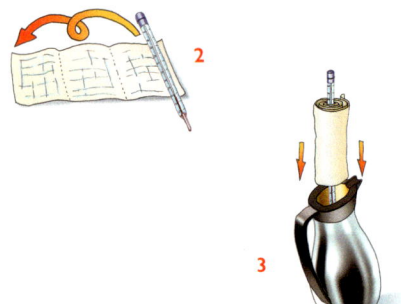

2

3

### Was brauchst du?

■ 1 Thermoskanne ■ ca. 30 Trockenerbsen (ungeschält)
■ 1 Thermometer (0 °C – 100 °C aus der Apotheke)
■ Wasser ■ 3 Blatt Saugpapier von der Küchenrolle (am Stück)
■ ein paar Wattebäuschchen

### Wie wird der Versuch aufgebaut?

Stecke etwa 5 Wattebäuschchen in die Thermoskanne und fülle so viel Wasser ein, dass sie richtig nass sind. Obendrauf gibst du rund 30 Trockenerbsen (1). Die drei Blätter Saugpapier am Stück faltest du zweimal längs und wickelst das Thermometer darin ein (2). Am Schluss steckt es mitten in einer Rolle Saugpapier, die du nun in die Flasche schiebst (3). Das Papier stopfst du gut in die Öffnung, bis es fest sitzt. Zum Schluss soll das Thermometer bis zwischen die Erbsen reichen und der Papierstopfen soll die Thermoskanne anstatt des Deckels verschließen. Lies die Temperatur ab (4). Lass alles einige Tage stehen und lies täglich erneut die Temperatur ab. Notiere dir die Werte.

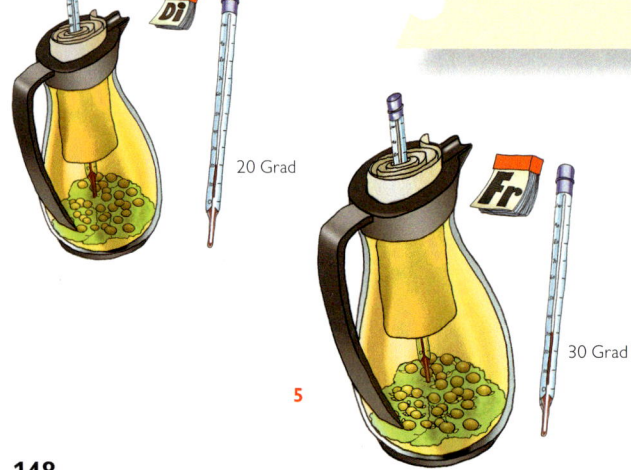

4

20 Grad

30 Grad

5

### Was passiert?

Von einer anfänglichen Temperatur von 20 °C ist das Thermometer nach 1 Tag schon auf 23 °C gestiegen, nach 2 Tagen auf 25 °C, und nach 3 Tagen ist es in der Kanne 30 °C warm (5). Schaust du jetzt in die Kanne, siehst du, dass die Erbsen angefangen haben, zu keimen: Sie sind aufgequollen, und kleine weiße Triebe wachsen aus ihnen heraus.

## Warum ist das so?

Erbsen sind die Samen der Erbsenpflanze, und wie alle Samen enthalten sie für uns wichtige Nährstoffe wie etwa Vitamine. Diese braucht die Pflanze, wenn sie zu keimen beginnt. Getrocknet sind Samen lange keimfähig (siehe Experiment S. 150). Kommen sie bei Temperaturen über 5 °C mit Feuchtigkeit in Berührung, quellen sie auf und beginnen zu keimen. Dabei wird der Vorrat an Eiweiß, Fett und Stärke im Samen verbraucht, bis die junge Pflanze – der Keimling – sich über seine Wurzeln und Blätter selbst versorgen kann. In dieser Zeit „atmet" er, verbraucht also Sauerstoff ($O_2$) und gibt Kohlendioxid ($CO_2$) ab, ähnlich wie wir Menschen. Als Abfallprodukt entsteht Wärme, die du hier misst. Wenn die Pflanze dann Blätter besitzt, betreibt sie Fotosynthese, bei der sie Kohlendioxid ein- und Sauerstoff ausatmet.

## Wo kommt das vor?

Soll ein Automotor ein Fahrzeug bewegen, so „atmet" er dazu Sauerstoff ein, verbrennt ihn mit Benzin und stößt unter anderem Kohlendioxid aus. Dabei erhitzt sich der Motor nebenbei – umso mehr, je schneller er läuft und je mehr Benzin er verbraucht. Dann läuft der Kühler auf Hochtouren, um die Wärme in die Umgebung abzuführen. Auch wir Menschen atmen Sauerstoff ein und „verbrennen" ihn zusammen mit den Kohlenhydraten (Stärke, Zucker) in unserem Körper zu Kohlendioxid. Auch dabei wird Wärme frei, die wir als warmblütige Lebewesen allerdings gut gebrauchen können, um unsere Körpertemperatur auf rund 37 °C zu halten.

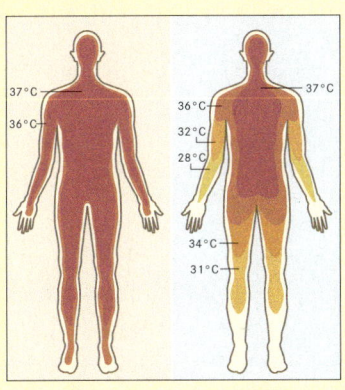

**Bei Wärme (links) ist unser Körper fast überall 37 °C warm. Und selbst bei Eiseskälte (rechts) halten Warmblüter, wie der Mensch einer ist, ihre sogenannte Körperkerntemperatur aufrecht, d. h. die Temperatur der lebenswichtigsten Körperteile wie die des Kopfes und der inneren Organe.**

Der japanische Stinkkohl macht seinem Namen alle Ehre. Aber er kann nicht nur stinken, er produziert auch Wärme, die er für seine Fortpflanzung benötigt. Selbst bei Minustemperaturen hat er es in seinem Inneren mollig warm: 20 °C erzeugt er in seinem Blütenstiel und zählt damit zu den besten Kraftwerken in der Pflanzenwelt.

Auch der bei uns als „Baumfreund" bekannte Philodendron selloum (sprich „Fielodendron sellum"), eine Zimmerpflanze mit großen, tief gelappten Blättern, die zur gleichen Pflanzenfamilie wie der Stinkkohl gehört, erzeugt Wärme. Bei 4 °C Außentemperatur ist es in seinen geschlossenen Blüten 38 °C warm. Durch die höhere Temperatur strömen die Duftstoffe besser aus der Blüte, ähnlich wie bei einer Duftlampe, bei der eine Kerze Duftöl verdampft. Weil die Pflanze nach Aas „duftet", lockt sie Insekten an, welche die Blüte bestäuben.

# In der Ruhe liegt die Kraft

Ein harter Winter mit Schnee und Eis – und trotzdem im nächsten Jahr wieder neues Grün. Erstaunlich, wie Pflanzen das machen und was sie dafür alles aushalten. Stell sie auf die Probe!

**ZEIT:** ca. 2 Wochen

### Was brauchst du?

- 2 Blatt Küchenpapier
- 2 kleine Teller (Untertassen)
- Wasser
- 2 Trinkgläser
- 1 Schälchen
- Gefrierfach
- Kressesamen (aus dem Gartenfachgeschäft)
- Backofen

### Wie wird der Versuch aufgebaut?

Falte die beiden Saugpapierblätter je vier Mal, bis du zwei handtellergroße Stücke hast. Lege eines davon auf einen Teller, gieße bis zum Tellerrand Wasser dazu und gib einige Kressesamen darauf. Stülpe ein Glas darüber (1). Wie in dem Experiment auf S. 146 ziehst du so eine Woche Kressesamen. Füll ab und an Wasser nach. Dann steckst du die Keimlinge ohne Trinkglasdeckel über Nacht in das Gefrierfach des Kühlschranks und stellst in einem Schälchen noch neue Kressesamen dazu (2). Am Tag darauf stellst du beides 15 Minuten bei 90 °C in den Backofen (3). Nach dieser „Rosskur" kommen die Keimlinge wieder unter Glas an ihren Platz. Die neuen Samen legst du auf das andere Saugpapier auf einen Teller, gibst Wasser hinzu und stülpst das zweite Glas darüber (4). Nun warte eine Woche.

### Was passiert?

Die Kressekeimlinge haben den Kälte- und Hitzeschock nicht überstanden. Sie wachsen nicht weiter, weil sie abgestorben sind. Obwohl sie dasselbe mitgemacht haben, wachsen die neuen Kressesamen munter, als sei nichts geschehen (5).

## Warum ist das so?

Pflanzen haben eine besondere Phase, in der sie nicht wachsen, aber über längere Zeit ohne Nahrung und Flüssigkeit auskommen können und auch widrige Umstände aushalten können: als Samen. Samen haben keinen Stoffwechsel, brauchen also keine Nahrung und scheiden nichts aus – ganz im Gegensatz zur Pflanze, die Kohlendioxid aufnimmt und Sauerstoff abgibt. Trotzdem sind Samen nicht tot, denn unter den richtigen Bedingungen – wenn man sie beispielsweise anfeuchtet – beginnen sie plötzlich zu keimen und damit zu wachsen.

In deinem Experiment haben die Samen Hitze und Frost unbeschadet überlebt, die Keimlinge hingegen hatten das schützende Samenstadium schon verlassen und starben durch die Rosskur ab.

### ■ Überlebenskünstler

Mikroben – einfache Lebensformen wie Pilze, Algen oder Bakterien – sind ungemein überlebensfähig. Sie können extreme Hitze und Kälte, großen Druck und Unterdruck (Vakuum) sowie lange Zeiten ohne Wasser und Nahrung aushalten – ähnlich wie Samen. Auch Raumsonden können Mikroben als „blinde Passagiere" an Bord haben. So ließ man im Jahre 2003 die Jupitersonde „Galileo" auf den lebensfeindlichen Planeten Jupiter abstürzen, da sie sich dessen Mond „Europa" zu stark näherte. Auf Europa vermutet man lebensfreundliche Bedingungen – und vielleicht Leben – und wollte ihn deshalb nicht mit irdischen Mikroben verunreinigen. ■

## Wo kommt das vor?

Die „Samenruhe" ist eine Ruhepause, in welcher Samen nicht keimen. Bei vielen Pflanzen ist diese Pause kurz, andere brauchen Frost, damit die Samenruhe endet und der Samen keimen kann. Einige Kiefernarten in Australien haben fest geschlossene Zapfen, die sich erst nach einem Buschbrand öffnen, woraufhin die Samen in die fruchtbare Asche fallen. So wachsen sie nach dem Brand schnell wieder und sind der Konkurrenz voraus. „Die Wüste lebt!", behaupten viele – zu glauben ist es kaum, wenn man sich die weiten Sandflächen betrachtet. Aber im Sand schlummern Samen oft jahrelang – um dann bei einem der seltenen Regenfälle die Wüste für einige Tage in einen Blumenteppich zu verwandeln.

Viele Pflanzen verbreiten sich, indem ihre Früchte gefressen werden. Während diese durch Magen

und Darm des Tieres, oft von Vögeln, wandern, werden sie weitergetragen. Dank Samenruhe überstehen die Samen den Weg durch Tiermägen und keimen erst dort, wo sie ausgeschieden werden.

In der Pflanzenzucht wird die Samenruhe künstlich verkürzt. Die Samen von Frostkeimern werden in Gefrierschränken gefrostet, um das Signal zur Keimung zu geben. Andere Samen werden angeritzt oder in konzentrierte Schwefelsäure getaucht, um die Keimung in Gang zu setzen.

# Der Stoff, aus dem die Windeln sind

**Auch du hast sie getragen, als du noch ganz klein warst:
Babywindeln. Heute kümmern sie dich nicht mehr.
Doch schau sie dir genau an: Wie können sie so viel
Flüssigkeit halten?**

☑ leicht
☐ mittel
☐ schwer
☐ nur für Erwachsene
  unter Aufsicht von
  Kindern

**ZEIT:** ca. 15 Minuten

### Was brauchst du?

- 1 Höschenwindel
- 1 Küchen- oder Briefwaage
- 1 Trinkglas (ca. 0,2 l)
- Wasser

### Wie wird der Versuch aufgebaut?

Lege die frische Windel auseinandergefaltet auf die Waage
und notiere dir ihr „Leergewicht" (1). Lege die geöffnete
Windel dann mit der Innenseite nach oben auf die Spüle und
gieße mit einem Trinkglas langsam Wasser auf das Vlies (2). Je
nach Größe der Windel musst du das mehrmals wiederholen.
Drücke dabei hin und wieder leicht auf die Windel. Irgendwann kann sie kein weiteres Wasser mehr aufnehmen, und es
tropft aus ihr heraus. Lege die volle Windel nun vorsichtig auf
die Waage und notiere dir ihr Gewicht.

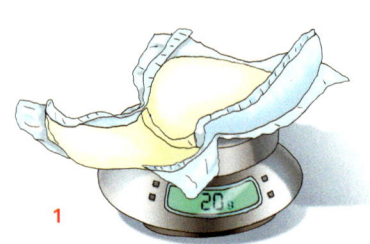

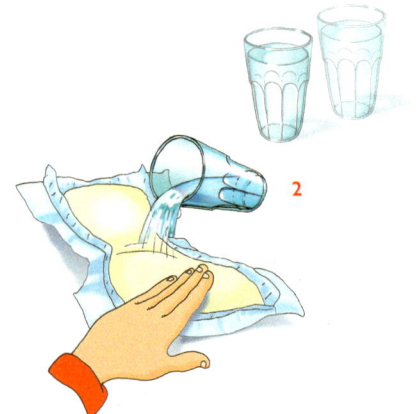

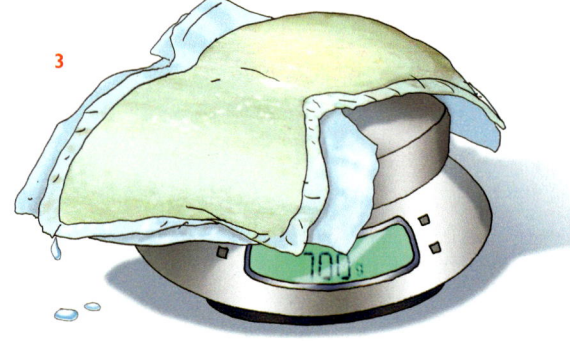

### Was passiert?

Die Windel kann weit mehr als einen halben
Liter Wasser aufnehmen, und zum Schluss
bringt eine Windel, die trocken 20 g wiegt,
nass satte 700 g auf die Waage (3) – das ist
das 35-Fache ihres eigenen Gewichtes! Durch
das Wasser quillt die Windel auf und wird
enorm dick. Innen ist sie am Schluss nicht
mehr weiß, sondern durchsichtig. Wenn du
draufdrückst, fühlt sie sich nicht mehr fest,
sondern glibberig an.

## Warum ist das so?

Außen hat die Windel eine wasserundurchlässige Folie, innen ein wasserdurchlässiges Vlies. Dazwischen sind weicher Zellstoff und eine zuckerähnliche Substanz, welche die Flüssigkeit aufnimmt: ein „Superabsorber", auch als Hydrogel bezeichnet. Das ist ein Kunststoff, der ein Vielfaches seines eigenen Gewichts an Flüssigkeit aufnehmen kann. Dabei quillt er auf und schließt die Flüssigkeit fest ein. Stark vergrößert könnte man ein feinmaschiges Netz aus Molekülketten erkennen, das in seinen Zwischenräumen Wasser festhält.

■ **Hydrogele sind überall!**
Wir Menschen bestehen großteils aus natürlichen Hydrogelen, denn unser Körper besteht zu zwei Dritteln aus Wasser, das er irgendwie festhalten

muss. Ähnliche Hydrogele werden in Ketchup eingebaut, damit es die für uns typischen Eigenschaften hat, das heißt schwerfällig aus der Flasche kleckert und nicht von den Pommes frites fließt. Auch Fertigsaucen für Salat nutzen naturähnliche Hydrogele, um einerseits so fest zu sein, dass die Kräuter nicht auf den Flaschenboden absinken, und trotzdem flüssig zu bleiben. Sogar weiche Kontaktlinsen bestehen aus Hydrogelen. Werden sie trocken, was sie auf keinen Fall dürfen, schrumpfen sie. Dann passen sie nicht mehr korrekt auf das Auge und sind unbrauchbar. ■

## Wo kommt das vor?

Superabsorber – künstliche, vernetzte Hydrogele (übersetzt: „Wassergelatine") – können bis zum 500-Fachen ihres eigenen Gewichts an Wasser aufnehmen und bis zum 40-Fachen an Urin. Sie werden seit 1986 in Babywindeln eingesetzt, weil kein anderes Material so viel Wasser aufnehmen und halten kann wie sie. Außerdem sind sie preiswert.

Auch in Monatsbinden für Frauen und den sogenannten Inkontinenzwindeln, die alte Menschen manchmal brauchen, sind Superabsorber enthalten. Eine ungewöhnliche Anwendung sind Minitoiletten für unterwegs: Sie haben die Form einer länglichen Tüte, in die man oben hineinpinkelt und die bis zu 0,5 l Urin fasst – und man riecht nichts.

**Praktisch: die Minitoilette für unterwegs**

Um etwa Wüsten zu begrünen und abgeholzte Regenwälder aufzuforsten, entwickelten Forscher den sogenannten „Geohumus", ein Gemisch aus Erde und Superabsorber. Der Superabsorber hält das Regenwasser in der Erde – bindet es an sich –, das andernfalls schnell versickern würde und den Pflanzen nicht zur Verfügung stände. Zum einen setzt man diesen Spezialhumus in Trockengebieten ein, um dort Pflanzen das Wachstum zu ermöglichen, zum anderen auch in Überschwemmungsgebieten, wo überschüssiges Wasser an den Absorber gebunden und so am Abfließen gehindert wird.

# Spaghetti brechen

Der Kochtopf ist zu klein und die Spaghetti sind zu lang. Aber es soll Nudeln geben. Also werden die Spaghetti gebrochen, damit sie in den Topf passen. Doch warum gibt das so viele Bruchstücke?!

☑ leicht
☐ mittel
☐ schwer
☐ nur für Erwachsene unter Aufsicht von Kindern

**ZEIT:** ca. 5 Minuten

**Was brauchst du?**

■ mindestens eine ungekochte Spaghettinudel

**Wie wird der Versuch aufgebaut?**

Nimm eine Spaghettinudel und halte sie an beiden Enden fest (1). Biege sie langsam und behalte die Mitte im Auge, also die Stelle, an der sich die Spaghettinudel am stärksten biegt (2). Biege die Nudel immer weiter.

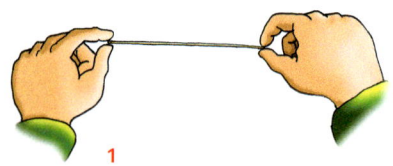

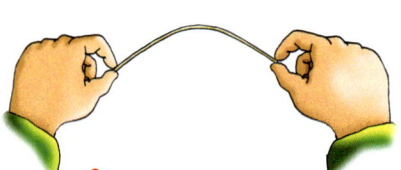

**Was passiert?**

Irgendwann bricht die Spaghettinudel – aber nicht in zwei Teile, sondern mindestens in drei, meist sogar in vier, manchmal sogar mehr Stücke (3). Tipp: Nimm mal ein paar Spaghetti mit in die Badewanne und brich sie unter Wasser. Auch dort brechen sie in mehr als zwei Teile, aber die Bruchstücke schleudern langsamer weg, sodass du sie besser beobachten kannst.

## Warum ist das so?

Das Phänomen der brechenden Spaghetti zählte lange Zeit zu den großen Rätseln der Physik. 2005 gelang es den Physikern Basile Audoly und Sébastien Neukirch in Frankreich, den Schleier zu lüften. Sie klemmten Spaghetti an einem Ende fest und bogen sie so weit, dass sie gerade noch nicht brachen. Beim nächsten Versuchsschritt, dem Loslassen, filmten sie die Nudeln mit Hochgeschwindigkeitskameras und stellten fest, dass sie beim Zurückfedern brachen. Daraufhin stellten sie Berechnungen an. Ihr Ergebnis: Beim Zurückschnellen der Spaghetti bauen sich Wellen auf, die entlang der Spaghetti hin und her laufen.

Das nennt man „Resonanz". Diese Schwingungen können sich so überlagern, dass die Spaghettinudel an bestimmten Punkten so stark vibriert, dass sie bricht. Und beim Brechen der Spaghetti werden erneut Schwingungen ausgelöst, welche die Bruchstücke ein zweites oder sogar drittes Mal brechen lassen – wie in deinem Experiment.

## Wo kommt das vor?

Fast jeder Gegenstand neigt zu Eigenschwingungen („Resonanz"), wenn er von außen dazu angeregt wird. Bei den Spaghetti ist es ein Bruch oder das Zurückschnellen, was in ihnen Eigenschwingungen auslöst, die so stark sind, dass sie erneut zum Bruch führen. Auf unbefestigten Schotter- oder Sandstraßen etwa in Afrika oder im australischen Busch bilden sich dadurch, dass viele Fahrzeuge über den relativ weichen Untergrund fahren, oft viele Bodenwellen in der Fahrbahn. Fährt ein Auto mit einer bestimmten Geschwindigkeit über diese Wellen, können die Fahrzeugstoßdämpfer die Schwingungen der Autofederung nicht mehr ausreichend dämpfen. Diese schaukeln sich dann bis zur sogenannten „Resonanzkatastrophe" auf: Erst hüpft das Fahrzeug, dann schwingt es so stark, dass es nicht mehr zu beherrschen ist und umkippt oder sich sogar überschlägt.

Aus dem gleichen Grund sollen Soldaten nie im Gleichschritt über eine Brücke gehen. Sie könnten die Brücke mit ihren Tritten zu Eigenschwingungen anregen, die sie zerstören würde.

Dass dazu ein Luftzug ausreichen kann, zeigt der Fall der „Tacoma Narrow Bridge" im Nordwesten der USA vom 7. November 1940. Bei einer Windgeschwindigkeit von 67 km/h wurde die Hängebrücke zu Eigenschwingungen angeregt, die immer größer wurden. Die Fahrbahn schlug zunächst Wellen, verdrehte sich dann, bis sie schließlich in der Mitte auseinanderriss und in den Fluss stürzte. Dabei kam ein Cockerspaniel ums Leben.

# Eine Säge aus Papier

Beim Papierfalten oder wenn man Briefumschläge anleckt, kann man sich böse schneiden, denn die Papierkanten sind ganz schön scharf. Aber lässt sich deshalb aus Papier eine Säge bauen?

leicht
mittel
schwer
✓ nur für Erwachsene unter Aufsicht von Kindern

**ZEIT:** ca. 30 Minuten

### Was brauchst du?

■ 1 Blatt Papier oder dünne Pappe   ■ 1 Zirkel   ■ 1 Schere
■ 1 spitzen Bleistift   ■ 1 lange Schraube und 1 darauf passende Schraubenmutter   ■ 1 Bohrmaschine   ■ 1 Helfer oder Helferin
■ 1 rohe Spaghettinudel oder 1 Zahnstocher

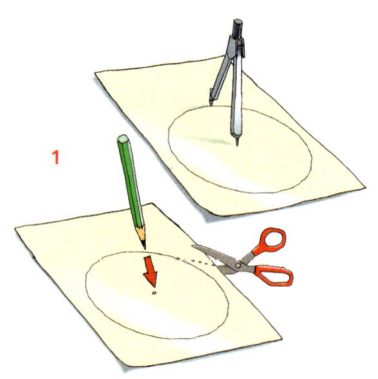

### Wie wird der Versuch aufgebaut?

Zeichne mit dem Zirkel einen etwa 20 cm großen Kreis auf das Blatt Papier. Schneide den Kreis aus und vergrößere das Loch in der Mitte vorsichtig mit einem spitzen Bleistift, bis gerade die Schraube durchpasst (1). Schraube das runde Blatt mit der Mutter auf der Schraube fest (2). Lass dir nun das lange Ende der Schraube wie einen Bohrer in die Bohrmaschine einspannen, und bitte den Erwachsenen, die Bohrmaschine anzuwerfen. Halte vorsichtig eine Spaghettinudel an das rotierende Sägeblatt.

Achtung: Haltet euch nur vor oder hinter dem Papiersägeblatt auf, nie daneben! Sollte es kaputtgehen, könntet ihr sonst von wegfliegenden Papierfetzen getroffen werden.

### Was passiert?

Das Sägeblatt zerteilt die Nudel, obwohl es nur aus wabbeligem Papier ist (3). Auch ein Zahnstocher wird ohne Probleme zersägt. Grundsätzlich gilt: Je schneller die Bohrmaschine ist, desto kräftiger sägt das Papier.

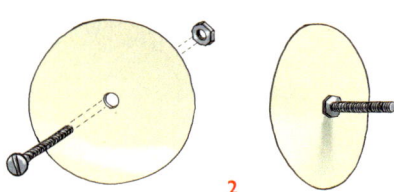

## Warum ist das so?

Beim Karussellfahren spürst du, dass du nach außen gezogen wirst. Schuld daran ist die Fliehkraft oder Zentrifugalkraft. Sie kommt zustande, weil das Drehen keine gleichmäßige Bewegung ist wie eine einfache Geradeausbewegung. Die Drehung besteht aus vielen kleinen Änderungen der Richtung, das heißt, es geht immer wieder ein Stück um die Ecke. Aufgrund deiner Massenträgheit (siehe Experiment S. 160) musst du immer wieder um die Ecke gezogen werden und zwar umso schneller und damit stärker, je größer das Karussell ist. Das kannst du gut spüren, wenn ihr euch zu zweit an den Händen haltet und euch gemeinsam im Kreis dreht: Dabei werden die Arme straff gespannt. Genauso geht es dem Papier: Es wird durch die Fliehkraft gespannt. Dadurch wird es zwar nicht härter, aber steifer, steif genug, um harte Dinge zu zersägen.

### ■ Eine Säge für den Gips

Vielleicht hast du schon einmal einen Gips getragen, weil du dir Arm oder Bein gebrochen hast. Der Gips wird aus nassen Mullbinden gewickelt, die mit Gips getränkt sind. Trocknet der Gips, wird er knochenhart und stützt das verletzte Körperteil. Aber wie kommt er wieder ab? Mit einer Kreissäge! Die meisten Menschen können gar nicht hinschauen, wenn ihnen der Gips abgenommen wird, denn die Kreissäge sieht fürchterlich gefährlich aus. Doch statt weh zu tun, kitzelt sie nur, wenn sie durch den Gips durch ist und eventuell auf die Haut kommt. Wie das? Weil sich das Sägeblatt nicht vollständig dreht, sondern nur hin- und herschwingt. Damit kann es feste Gegenstände wie Gips zersägen – die Haut aber schwingt einfach mit, weil sie weich ist und nachgeben kann. ■

## Wo kommt das vor?

Wo der Rasenmäher nicht weiterkommt, weil das Gras zu hoch steht oder der Boden abschüssig ist, hilft eine Motorsense. Hatte sie früher rotierende Messer, die das Gras schnitten, ist es heute nur noch ein einzelner Nylonfaden, der sich am Kopf der Sense dreht. Durch die Rotation wird der Faden dank Fliehkraft steif wie ein Stab und schneidet Halme und Stängel ab. Das hat mehrere Vorteile: Wenn die Sense nicht läuft, ist der Faden schlaff – im Gegensatz zu Messern, die immer gefährlich scharf sind. Außerdem muss der Nylonfaden nicht geschärft werden. Ist er verbraucht, wird er erneuert, was einfach und preiswert ist. Bei manchen Modellen kann er sogar bei laufendem Motor aus einer Spule nachgeschoben werden.
Im Zirkus gibt es Artisten, die mit der Peitsche arbeiten: Einer hält eine Zigarette im Mund, der andere schneidet sie mit einem knallenden Peit-

schenhieb ab. Auch hier ist die Peitsche durch die ruckende Bewegung für kurze Zeit so steif, dass sie scharf ist wie ein Messer.
Beim Schleudern in der Waschmaschine dreht sich die Wäsche bis zu 2800-mal in der Minute. Dabei wandert das Wasser durch die Löcher aus der Waschtrommel heraus und die Wäsche wird durch die Fliehkraft richtig steif.

# Verhexte Streichholzschachtel

Zauberer werden auch „Illusionisten" genannt, denn sie leben von der Illusion, also davon, dass sie uns ein „X" für ein „U" vormachen. Doch oft versteckt sich dahinter knallharte Wissenschaft.

**ZEIT:** ca. 10 Minuten

### Was brauchst du?

▪ 1 leere Streichholzschachtel ▪ 5 10-Cent-Stücke
▪ Bastelkleber ▪ Tisch oder Kommode

### Wie wird der Versuch aufgebaut?

Klebe die Geldstücke mit ein paar Tropfen Bastelkleber aufeinander (1) und befestige diesen kleinen Münzturm mit einem weiteren Tropfen in einer Ecke der Streichholzschachtel-Schublade (2). Schiebe nun die Schublade vorsichtig in die Schachtel zurück (3) und lege diese – nur mit ihrer „Münz-Ecke" – auf die Ecke von Tisch oder Kommode.

### Was passiert?

Obwohl es zunächst so scheint, dass die Streichholzschachtel das Gleichgewicht verlieren und herunterpurzeln müsste, bleibt sie auf dem Tisch liegen und ragt zum größten Teil waghalsig über die Tischplatte hinaus (4).
Tipp: Dieses Experiment wirkt noch spektakulärer, wenn du einen schweren Stein in einen Schuhkarton klebst. Du darfst bloß niemanden merken lassen, dass die Schachtel an einer Stelle besonders schwer ist, sonst ist der Effekt kaputt.

## Warum ist das so?

Wenn wir einen Behälter sehen, nehmen wir automatisch an, dass er – egal wie schwer er ist – gleichmäßig gefüllt ist. Damit hätte er in der Mitte seinen Schwerpunkt – das ist der Punkt, in dem du dir die ganze Masse des Behälters vorstellen kannst –, und du könntest ihn theoretisch in seiner Bodenmitte auf einem Finger balancieren.

Die Streichholzschachtel allerdings ist absichtlich ungleichmäßig befüllt. Damit weicht der tatsächliche Schwerpunkt stark von dem erwarteten Schwerpunkt ab. Wahrscheinlich könntest du die Schachtel mit der Ecke, in der die Münzen liegen, auf deinem Finger balancieren. Auf jeden Fall fällt sie nicht vom Tisch, wenn sie auf der Tischecke steht, weil hier mehr Gewicht ist als im Rest der Schachtel.

### ■ Schwerpunkt, wechsel dich!

Die Nerobergbahn in Wiesbaden fährt – mit wechselndem Schwerpunkt – eine 438 m lange Strecke 83 m hoch auf den Neroberg. Sie besteht aus zwei Waggons, die über ein dickes Seil miteinander verbunden sind, das oben auf dem Berg um eine Rolle läuft. Beim Start ist ein Waggon oben, einer unten. Der obere Wagen wird mit bis zu 7000 l Wasser gefüllt, sodass er schwerer ist als der untere Waggon und diesen beim Herunterfahren nach oben zieht. Unten angekommen, wird das Wasser entleert und auf den Berg zurückgepumpt, damit es in den anderen Waggon gefüllt werden kann. So fährt die Nerobergbahn seit 1888 ohne eigenen Motor und befördert heute mithilfe dieser einfachen Physik rund 250 000 Menschen pro Jahr. ■

## Wo kommt das vor?

Autokräne wirken richtig zierlich, wenn sie an ihrem langen Teleskoparm schwere Lasten heben. Bis zu 1000 t – das entspricht dem Gewicht von rund 700 Autos – können die stärksten Modelle heben. Damit sie dabei nicht umkippen, bildet das Fahrzeug, auf dem sie angebracht sind, ein großes Gegengewicht: Bis zu 1000 t (was wieder 700 Autos entspricht) ist das Fahrzeug schwer. Außerdem muss der Arm möglichst senkrecht stehen. Je aufrechter er steht, desto schwerere Lasten kann er heben. Wird der Arm zu sehr geneigt ausgefahren, besteht die Gefahr, dass sich der Schwerpunkt von Kran und Last nicht mehr über dem Fahrzeug befindet – dann kippt der Kran um.

Segelschiffe haben unten eine schwere Kielflosse, die den Schwerpunkt des Schiffs durch ihr Gewicht nach unten verlagert. Dadurch kippen die Schiffe auch bei starkem Wind nicht um und kentern.

Besonders tückisch sind Bierzeltgarnituren: die Tische und Bänke zum Aufklappen. Weil sich die Beine der Bänke nicht ganz außen befinden, fallen immer wieder Menschen von der Bank, wenn sie ganz außen sitzen und alle anderen plötzlich aufstehen. Dann liegt der Schwerpunkt plötzlich nicht mehr zwischen den Beinen der Bank, sondern am Rand, und die Bank kippt zur Seite.

# Wenn Massen träge sind

Das flaue Gefühl in der Achterbahn, weil der Magen keine
Kurven mag, oder der Ruck im Bus, wenn der Fahrer anfährt
oder auf die Bremse tritt. Muss das sein? Leider ja.

**ZEIT:** ca. 10 Minuten

### Was brauchst du?

■ 1 Hammer   ■ etwa 50–70 cm feste Paketschnur
■ etwa 1 m Nähgarn, um den Hammer daran aufzuhängen

### Wie wird der Versuch aufgebaut?

Diesen Versuch musst du zweimal machen, aber auf unterschiedliche Weise. Beide Male knotest du das Nähgarn unter
dem Kopf des Hammers so um den Stiel, dass die beiden
Garnenden etwa gleich lang herunterhängen **(1)**. Knote den
Hammer mit dem einen Ende des Fadens z. B. an der Türklinke fest, das andere Ende hängt herunter. Außerdem befestigst du den Hammer mit der Paketschnur als Sicherheitsleine
so an der Türklinke, dass die Schnur leicht durchhängt **(2)**.
Ziehe nun beim ersten Mal langsam, beim zweiten Mal mit
einem kräftigen Ruck unten an dem lose herabhängenden
Faden.

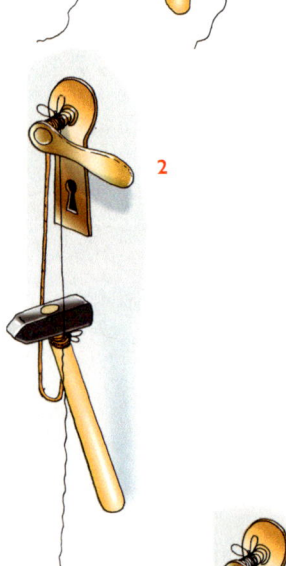

### Was passiert?

Wenn du langsam an dem unteren
Ende ziehst, reißt der Faden über
dem Hammer, und der Hammer fällt
herunter bzw. in die Sicherheitsleine
**(3)**. Pass auf, dass er dir nicht auf die
Hand fällt. Ziehst du schnell an dem
Faden, reißt er unterhalb des Hammers und der Hammer bleibt an dem
oberen Stück Faden hängen **(4)**.

## Warum ist das so?

Ziehst du langsam an dem Fadenende, muss der untere Teil des Fadens die Kraft aushalten, mit der du ziehst. Der obere Teil auch, er hält aber zusätzlich noch das Gewicht des Hammers, ist deshalb stärker belastet als der untere Fadenteil und reißt eher. Wenn du jedoch schnell ziehst, verhält sich der Hammer für einen Moment wie „festgenagelt" in der Luft. Dadurch muss nur der untere Faden deine Ziehkraft aushalten und reißt. Dieses Verhalten des Hammers nennt man „Massenträgheit".

Alle Dinge haben eine Masse und verhalten sich daher träge. Jeglichen Änderungen ihrer Geschwindigkeit oder Bewegungsrichtung setzen sie die sogenannte „Trägheitskraft" entgegen. Sie wollen quasi da bleiben, wo sie sind. Das macht es schwer, in Fahrt zu kommen, abzubremsen oder eine Kurve zu fahren.

## Wo kommt das vor?

Genauso wie bei deinem Hammer kann beim Abschleppen eines Autos das Abschleppseil reißen, wenn der vordere Fahrer ruckartig anfährt.
Du kannst die Trägheitskraft auch am eigenen Leib spüren, z. B. wenn der Bus schnell anfährt. Dann versucht dein Körper aufgrund der Trägheit, an seiner Stelle zu bleiben, doch da der Boden unter dir wegfährt und dabei deine Füße mitnimmt, kippst du nach hinten. Beim Bremsen passiert das Gleiche: Dein Körper verhält sich träge und will sich weiter nach vorne bewegen, weshalb du entsprechend nach vorne kippst.
Trägheit kann aber auch nützlich sein, z. B. wenn man Erdbeben messen will. Die Messgeräte, auch Seismografen genannt, sind im Prinzip extrem

schwere Gewichte, die an einem Seil aufgehängt sind. An ihnen ist unten ein Stift angebracht. Bei einem Erdbeben bleibt nun das Gewicht dank seiner Trägheit samt dem daran befestigten Stift in Ruhe, während sich der Boden mit einem Papier darunter hin und her bewegt. So zeichnet der Stift die Bewegung der bebenden Erde auf das Papier. Mit dem „Foucault'schen Pendel" – einer schweren Kugel, die an einem viele Meter langen Seil bis fast auf den Boden hängt – lässt sich die Erddrehung nachweisen. Weil es dank seiner Trägheit immer in derselben Richtung schwingt, während sich die Erde samt uns Menschen unter ihm wegdreht, sieht es für uns Betrachter so aus, als ob sich das Pendel dreht: Die Drehung der Erde wird sichtbar.

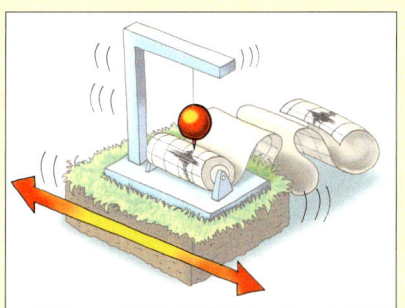

**So funktioniert ein Seismograf:** Wenn die Erde bebt, bewegt sie sich – samt der Papierrolle – unter der Kugel hin und her. Ein Stift an dem Gewicht überträgt die Bewegung auf das Papier.

# Unmögliche Turnübungen

Manchmal ist es wie verhext, und die einfachsten Sachen klappen nicht. So ist es auch hier: Scheinbar simple Bewegungen sind auf einmal einfach unmöglich. Was machst du bloß verkehrt?

- [ ] leicht
- [x] mittel
- [ ] schwer
- [ ] nur für Erwachsene unter Aufsicht von Kindern

**ZEIT:** ca. 15 Minuten

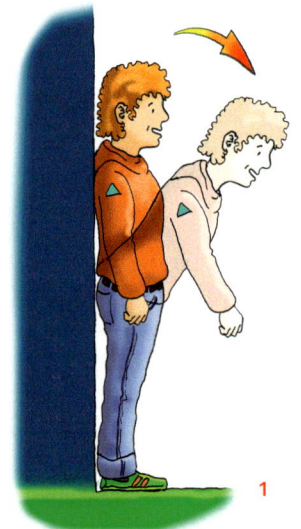

1

2

**Was brauchst du?**

■ 1 Wand

---

**Wie wird der Versuch aufgebaut?**

Stelle dich mit dem Rücken ganz dicht an eine Wand, sodass Fersen, Po, Schulterblätter und Kopf die Wand berühren (1). Beuge dich jetzt nach vorne. Oder stelle dich seitlich an die Wand, sodass dein ganzer Körper die Wand berührt (2). Versuche nun, das äußere Bein zu heben und abzuspreizen.

Weitere Varianten sind: Stelle dich mit dem Gesicht an die Wand, sodass deine Zehenspitzen, dein Bauch und deine Nasenspitze die Wand berühren. Versuche, dich auf die Zehenspitzen zu stellen. Oder du setzt dich ganz aufrecht auf einen Stuhl, wobei die Beine im rechten Winkel abgewinkelt sind. Versuche nun aufzustehen, ohne dich nach vorne zu beugen oder die Füße zu verschieben.

**Was passiert?**

Keiner der Versuche wird dir gelingen! Bitte gib acht, dass du dir bei keiner dieser „unmöglichen Turnübungen" wehtust, indem du zum Beispiel umkippst.

## Warum ist das so?

Wenn wir uns bewegen, machen wir das, indem wir ganz geschickt unser Gewicht verlagern und so stets im Gleichgewicht bleiben. Wenn wir uns nach vorne beugen, geht normalerweise der Po nach hinten. So bleibt unser Schwerpunkt in der Mitte, über unseren Füßen. Das ist aber mit der Wand im Rücken nicht möglich. Und um das Bein in eine Richtung heben zu können, muss sich dein Oberkörper in die entgegengesetzte Richtung bewegen. Aber auch da ist die Wand im Wege. Bei den anderen Varianten klappt das Verlagern des Schwerpunkts ebenfalls nicht, und so scheitern auch diese Versuche.

### ■ Roller mit Sinn fürs Gleichgewicht

Der „Segway Human Transporter" („Menschen-Beförderer") ist ein ungewöhnlicher Motorroller, denn seine beiden Räder stehen nicht hintereinander, sondern nebeneinander wie bei einem Fahrradanhänger. Zwischen den Rädern ist ein kleiner Kasten, auf dem man steht, eine oben herausragende Stange dient als „Lenkrad". Dieses Elektrofahrzeug fährt 20 km/h schnell und kippt dabei nicht um – erstaunlich für ein Gefährt

mit zwei parallelen Rädern! Mit einem eingebauten Computer und fünf kleinen Gyroskopen (siehe Experimente S. 88, 90) regelt es sein Gleichgewicht. Lehnt man sich nach vorne, gibt der Motorroller Gas, lehnt man sich leicht zurück, bremst er. ■

## Wo kommt das vor?

Sogar die einfachsten Bewegungen sind aufgrund der Gewichtsverlagerung ziemlich kompliziert, und wir beherrschen sie nur deshalb „im Schlaf", weil wir sie lange geübt haben: Kleine Kinder brauchen mehrere Monate, bis sie sicher auf zwei Beinen stehen oder gar rennen können. Bis dahin fallen sie oft hin. Auch beim Bau von Robotern, die sich auf zwei Beinen bewegen sollen, zeigt sich, dass das Stehen, Gehen und Laufen eine Technik ist, hinter der eine hochpräzise Regelung steht. Denn der Schwerpunkt von Mensch oder Roboter muss sich stets über ihren „Fußsohlen" befinden. Bei Menschen läuft die Regelung über das Gehirn. Wird dieses – etwa durch Alkoholkonsum – in seiner Leistung beeinträchtigt, geschieht die Regelung nicht mehr schnell genug und man schwankt oder stürzt.

Roboter – vor allem die sogenannten „Humanoiden", also Menschenähnlichen, was Form und Bewegung anlangt – brauchen eine präzise und vor allem schnelle Regelung und starke Motoren, die schnell reagieren. Erst moderne Computerprozessoren sind schnell genug, um mehrere Tausend Mal in der Sekunde den Schwerpunkt zu bestimmen, damit sich der Roboter kontrolliert bewegen kann. Damit können Roboter seit Kurzem Treppen steigen, rennen und sogar tanzen und hüpfen.

# Schwebende Postkarten

Sie sind unscheinbar grau und meist hinter bunten Plastik-kappen verborgen: die Magnete. Sie sind magisch – ihre Kraft scheint aus dem Nichts zu kommen. Und entweder finden sie sich anziehend oder abstoßend.

☐ leicht
☐ mittel
☐ schwer
✔ nur für Erwachsene unter Aufsicht von Kindern

**ZEIT:** ca. 1 Stunde

## Was brauchst du?

- 3 Postkarten
- 4 Zahnstocher
- 1 Papierlocher
- 1 Messer
- Klebstoff
- 1 Weinkorken
- 3 rechteckige Magnete (z. B. wie man sie für Magnettafeln verwendet)
- 1 Stift

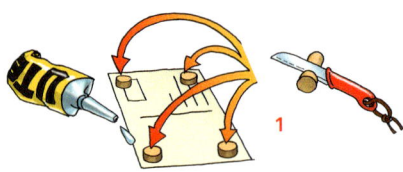

## Wie wird der Versuch aufgebaut?

Lass dir den Weinkorken in 4 Scheiben schneiden und klebe die Korkenscheiben in die Ecken einer Postkarte (1). Stanze dann mit einem Locher Löcher in die vier Ecken der anderen beiden Postkarten. Dafür legst du sie am besten aufeinander und lochst sie gemeinsam (2). Klebe nun die drei Magnete jeweils flach genau in die Mitte aller drei Postkarten (3). Lege jetzt die Postkarten probehalber so aufeinander, dass sich die Magnete abstoßen. Dazu musst du eine Karte vielleicht waagerecht drehen oder einmal umdrehen. Mach dir am besten eine Markierung an eine Kante, damit du später weißt, wie sie aufeinanderlagen. Stecke nun die Zahnstocher in die Mitte der vier Korkscheiben (4) und fädele die beiden ge-lochten Postkarten auf die Zahnstocher (5), und zwar in der Lage, die du vorher ausgetestet hattest.

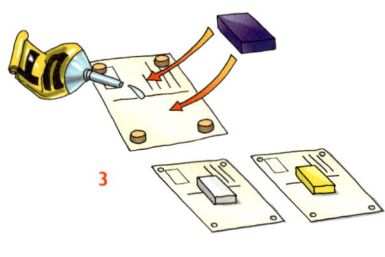

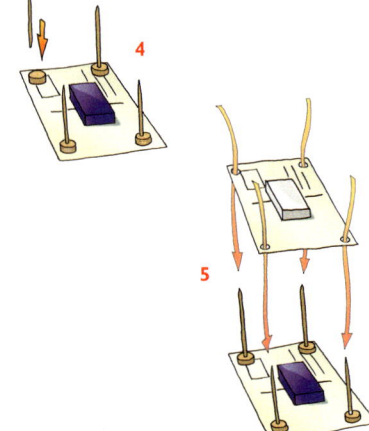

## Was passiert?

Du hast einen „schwebenden Papierstapel": Die zweite Postkarten schwebt über der ersten und die dritte über der zweiten (6).

## Warum ist das so?

So wie sich in der Elektrizität Plus (+) und Minus (–) anziehen, + und + (sowie – und –) sich hingegen abstoßen, ziehen sich auch im Magnetismus Gegensätze an und Gleiches stößt sich ab. So stemmt hier ein Magnet den andern, wenn die gleichen Pole übereinanderliegen. Weil das eine kipplige Sache ist, stabilisieren die Zahnstocher deine Konstruktion, damit die Karten mitsamt der Magnete nicht seitlich wegrutschen. Dabei entwickeln die Magnete ganz schöne Kraft. Das merkst du, wenn du oben draufdrückst.

### ■ Untrennbar zu zweit

Magnetismus hat immer etwas mit Elektrizität zu tun. In Elektromagneten fließen Ströme durch Kupferdrahtspulen, in denen ein Eisenkern steckt.

Der Strom, der durch die Spule fließt, erzeugt ein Magnetfeld, das den Eisenkern magnetisiert. Je mehr Strom fließt, desto stärker ist der Elektromagnet. Dieser Effekt wird überall dort genutzt, wo schwere Metallgegenstände gehoben werden sollen, wie etwa auf dem Schrottplatz. Hier kann ein Kran Eisenteile anheben und über einem Lastwagen wieder fallen lassen, indem der Strom durch die Spule ausgeschaltet wird. Im Gegensatz zum Permanentmagnet – hier liegt die Ursache in den Atomen, in denen winzige Ströme fließen – lassen sich Elektromagnete umpolen. Dazu muss nur der Strom in der umgekehrten Richtung fließen. ■

## Wo kommt das vor?

Stell dir vor, du hättest eine Reihe von Magneten nebeneinander auf dem Tisch liegen und ein einzelner würde in der Luft darüberschlittern. Das ist das Prinzip der Magnetschwebebahn. Deren Magnete sind superstarke Elektromagnete, damit ihre Anziehungskraft verändert werden kann. Die Trasse für diese Bahn steht auf Stelzen, und der Magnetschwebezug greift auf beiden Seiten um die Fahrbahn herum. Dadurch kann er nicht entgleisen. Werden die Magnete in Bahn und Trasse eingeschaltet, heben sich die Waggons 15 mm hoch – wie deine Postkarten, nur dass der Zug viel schwerer ist! So schwebt der Zug in der Luft – reibungsfrei und somit auch energiesparend – dahin, und beim Fahren ist nur der Fahrtwind zu hören. Der „Transrapid" – so nennt man diese Bahn – ist mit Geschwindigkeiten zwischen 300

und 500 km/h schneller als ein ICE. Weil er in Bau und Betrieb jedoch teurer ist und nicht zu dem bestehenden Schienennetz der Eisenbahn passt, wird er derzeit nur in China für einzelne Kurzstrecken eingesetzt, weitere sind in Planung.

Ein ähnliches Prinzip verwenden Magnetlager, etwa für hochwertige Computerfestplatten. Hier sind keine normalen Kugellager eingebaut (siehe Experiment S. 68), sondern Magnete, die sich abstoßen. So können die Platten übereinanderschweben und sich berührungslos und verschleißfrei drehen.

# Die Erde – ein riesiger Magnet

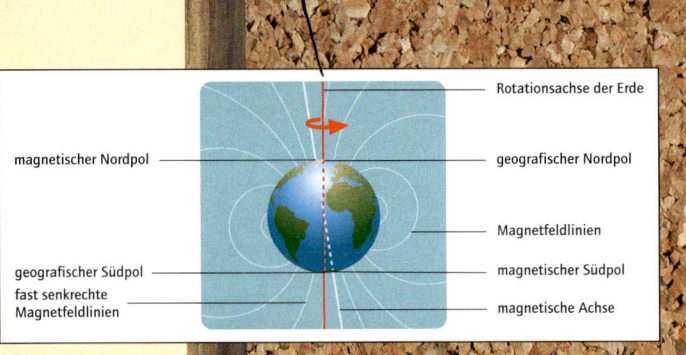

magnetischer Nordpol
geografischer Südpol
fast senkrechte Magnetfeldlinien

Rotationsachse der Erde
geografischer Nordpol
Magnetfeldlinien
magnetischer Südpol
magnetische Achse

## Doppelt gemoppelte Pole

Die Erde hat einen Nord- und einen Südpol – denkt man. Aber tatsächlich hat sie zwei von jeder Sorte: je einen magnetischen und einen geografischen. Die magnetischen Pole befinden sich dort, wo die Kraftlinien des Magneten Erde senkrecht aus der Erde kommen. Die geografischen Pole sind dort, wo die gedachte Achse, um welche die Erde sich dreht, die Erdkugel durchstößt. Der magnetische Nordpol ist derzeit 1400 km vom geografischen Nordpol entfernt und bewegt sich 7,5 km im Jahr nach Norden. Der magnetische Südpol liegt 2700 km vom geografischen Südpol entfernt und wandert 10 km pro Jahr nach Nordwesten. Weil die magnetischen und geografischen Pole erheblich auseinanderliegen, zeigt der Kompass eine größer werdende „Missweisung" oder „Deklination" an, je näher man den Polen ist. Denn die magnetischen Pole sind nur ein Hilfsmittel, um die geografischen Pole zu finden.

## Dynamo im Erdkern

Unsere Erde ist ein gigantischer Dynamo. Man vermutet, dass gewaltige elektrische Ströme im flüssigen Erdinneren ein starkes, erdumspannendes Magnetfeld erzeugen. Wahrscheinlich entstehen die Ströme in Tiefen von 2900 bis 5200 km, im äußeren, flüssigen Eisenkern der Erde.
Am Nordpol ist der „magnetische Nordpol" des Magneten Erde, am Südpol ist der „magnetische Südpol". Das Magnetfeld der Erde reicht um die halbe Erde herum und verbindet Nord- und Südpol, ohne dass wir etwas davon spüren. Erst ein kleiner Magnet zeigt uns die unsichtbaren Kraftlinien an, die alles – außer manchen Metallen – durchdringen, indem er sich entlang dieser Magnetfeldlinien ausrichtet und mit einem seiner Enden exakt zum Nord- und mit dem anderen zum Südpol zeigt. Dazu muss er sich natürlich frei bewegen können.

## Erdmagnetfeld als „Sonnenschirm"

Das Erdmagnetfeld ist für alle Lebewesen auf der Erde ein wichtiger Schutz vor der Sonne. Von der fliegen ständig winzige geladene Teilchen (Elektronen und Protonen) in alle Richtungen weg. Ein Teil davon kommt mit fast 2 Millionen km/h auf die Erde zu und prallt auf das Erdmagnetfeld, das dadurch auf der Sonnenseite der Erde richtig eingedrückt wird. Die meisten dieser Teilchen werden vom Erdmagnetfeld elegant um die Erde herumgelenkt. Auf der sonnenabgewandten Seite bildet das Erdmagnetfeld einen riesigen Schweif.

## Launisches Erdmagnetfeld

Das Erdmagnetfeld ändert sich: Es dreht sich, denn die Pole wandern. Das wissen Archäologen. Denn an alten Feuerstellen und in Lavagestein behalten Eisenteilchen die Magnetisierung bei, die sie bei hohen Temperaturen angenommen haben. Da man weiß, in welchen Abständen sich das Magnetfeld umkehrt, kann man daraus auch schließen, wann Menschen an den Fundstellen Feuer gemacht haben. Allerdings gilt das nur für lange zurückliegende Zeiten, denn das Erdmagnetfeld polt sich nur alle 500 000 Jahre um. Dann ist am geografischen Nordpol der magnetische Südpol und umgekehrt. Eine Zeit lang ist es dann sogar überhaupt nicht vorhanden. Welche Folgen das für das Leben auf der Erde hat, wird erforscht. Seine jetzige Ausrichtung – den magnetischen Nordpol in der Arktis und den magnetischen Südpol in der Antarktis – hat es übrigens „erst" seit etwa 30 000 Jahren.

## Basteltipp: Kompass selbst gemacht

Du brauchst: 1 Schüssel, 1 länglichen Magneten, 1 Plastik-Deckel, 1 Filzstift und Wasser.

Fülle die Schüssel mit Wasser voll. Lege den Deckel mit der Öffnung nach oben auf den Tisch und den Magneten dort in die Mitte. Setze den Deckel mit dem Magneten darin sachte auf das Wasser.

Der Deckel mit dem Magneten dreht sich, bis er seine endgültige Position gefunden hat. Weil Stadtpläne immer nach Norden ausgerichtet sind, kannst du mithilfe eines Stadtplans und einem Blick aus dem Fenster herausfinden, welches Ende des Magneten nach Norden zeigt, und es mit dem Filzstift entsprechend markieren. Jetzt hast du einen einfachen, dafür aber preiswerten Kompass.

# Feuer unter Wasser

Wenn zwei sich nicht vertragen, heißt es: „Die sind wie Feuer und Wasser!" Denn Feuer und Wasser passen nicht zusammen. Wirklich? Mit einem Trick kommen Feuer und Wasser miteinander aus.

□ leicht
□ mittel
□ schwer
☑ nur für Erwachsene unter Aufsicht von Kindern

**ZEIT:** ca. 10 Minuten

### Was brauchst du?

■ 11 Wunderkerzen ■ Klebefilm ■ 1 große (Glas-)Schüssel mit Wasser ■ 1 Feuerzeug

### Wie wird der Versuch aufgebaut?

Mach dieses Experiment bitte im Freien, etwa auf Terrasse oder Balkon. Stelle die Schüssel mit Wasser auf den Boden, zünde 1 Wunderkerze an **(1)** und lege sie, sobald sie brennt, ins Wasser **(2)**. Nimm jetzt 10 Wunderkerzen und umwickle sie mit Klebefilm, sodass daraus eine Art Päckchen wird **(3)**. Die Spitzen bleiben frei. Halte danach das Päckchen mit den 10 Wunderkerzen aufrecht (mit den Spitzen nach oben), zünde die Kerzen oben an und warte ganz kurz, bis alle brennen **(4)**. Jetzt legst du das Bündel Wunderkerzen schnell in die Wasserschüssel.

Achtung: Dieses Experiment ist nicht ungefährlich! Mache deshalb diesen Versuch nur mit einem Erwachsenen!

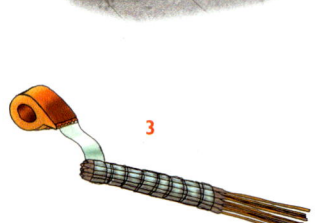

ZISCH

### Was passiert?

Die einzelne Wunderkerze verlischt im Wasser, aber die 10 Wunderkerzen brennen unter Wasser weiter. Dabei blubbert es ordentlich, und Blasen voller Rauch steigen aus der Schüssel auf **(5)**. Zum Schluss bedeckt eine schwarze Staubschicht das Wasser.

## Warum ist das so?

Wunderkerzen können unter Wasser brennen, denn sie haben den Sauerstoff, den sie zum Brennen brauchen, mit an Bord. Aber eine einzelne ist zu schwach und wird so stark von dem sie umgebenden Wasser abgekühlt, dass ihre Temperatur unter die sogenannte Zündtemperatur sinkt, die sie zum Brennen braucht. 10 fest zusammengebundene Wunderkerzen sind allerdings stark genug, ihre Temperatur im Inneren über der Zündtemperatur zu halten, sodass sie unter Wasser weiterbrennen. Durch ihre Hitze verdampfen sie dabei Wasser, das in Gasblasen aufsteigt. Wenn du dir die abgebrannten Wunderkerzen genau anschaust, siehst du, dass die außen liegenden Wunderkerzen nur auf der innen im Päckchen liegenden Seite abgebrannt sind. Denn außen kühlte sie das Wasser viel zu sehr ab – so wie bei der einzelnen Wunderkerze. Wunderkerzen bestehen zur Hälfte aus Bariumnitrat $(Ba(NO_3)_2)$, einem Metallsalz, das den Sauerstoff für die Verbrennung liefert. Zu rund einem Drittel bestehen sie aus Eisenpulver und zu einem Zehntel aus Aluminiumpulver. Der Rest ist Bindemittel, das die

graue Masse zusammenklebt und am Draht festhält. Bei der Wunderkerze verbrennt also Metall, und das mit weißem, hellem Licht und wegsprühenden Funken, die so typisch für Wunderkerzen sind.

### ■ Wunderkerzen im Weltraum

Weil Feuerwerkskörper in kurzer Zeit sehr viel Sauerstoff verbrennen, haben sie ihn in fester Form immer mit dabei, wie Wunderkerzen. Deshalb können sie auch im Weltraum brennen, wo ja kein Sauerstoff zur Verfügung steht. Weil dort keine Luft und damit auch kein Luftwiderstand ist, würden die Funken sogar noch viel weiter fliegen als auf der Erde. Auch ein Böller könnte demnach im Weltall explodieren – allerdings völlig lautlos. Denn ohne Luft gibt es auch keinen Schall und damit auch keine Geräusche. ■

## Wo kommt das vor?

Auf See gibt es spezielle „Seenotfackeln", die Schiffe an Bord haben, für den Fall, dass sie in Seenot geraten. Sie brennen eine Minute lang mit sehr hellem Licht. Sind sie einmal entzündet, brennen sie sogar unter Wasser weiter, denn auch sie haben ihren kompletten Brennstoff dabei. So können sie auch dann nicht verlöschen, wenn sie bei bewegter See versehentlich ins Wasser fallen oder ein Welle über die Bordkante schlägt.

Auch beim Unterwasserschweißen werden Flammen mit weit über 1000 °C erzeugt. Dabei verbrennen etwa die aus einer Gasflasche zuge-

führten Gase Acetylen und Sauerstoff. Wie an Land werden dabei Metallteile miteinander verbunden, indem sie an der Kontaktstelle so stark erhitzt werden, dass sie flüssig werden und unlösbar miteinander verkleben.

# Glossar

Hier kannst du jederzeit einige Begriffe nachschlagen, die dir in diesem Buch begegnen. Begriffe mit einem Pfeil davor werden an anderer Stelle im Glossar genauer erklärt.

**Auftrieb** wirkt der Gewichtskraft (→ Masse) entgegen und ist in Wasser so groß wie die Wassermasse, die von einem Gegenstand verdrängt wird. Verdrängt dieser Gegenstand mehr Wassergewicht, als er selbst wiegt, schwimmt er. So kann selbst ein Schiff aus Eisen schwimmen, weil sein großer, aber hohler Schiffsrumpf mehr Wassergewicht verdrängt, als er selbst wiegt.

**Dichte** das Verhältnis von → Masse zum → Volumen eines Körpers. 1 kg Blei nimmt zum Beispiel viel weniger Raum ein als 1 kg Luft. Blei ist also viel „dichter" als Luft.

**Drehmoment (Drehimpuls)** ein Maß für die Drehwirkung, die eine Kraft an etwas Drehbarem – wie etwa Schrauben – erzielt. Mit Drehmomentschlüsseln, bei denen man eben diese Kraft vorab einstellen kann, werden etwa beim Auto die Radmuttern der Räder angezogen, sodass die Schrauben nicht zu fest angezogen werden können.

**Druck** das Verhältnis von einer Kraft zu einer Fläche, auf die sie drückt. So drückt auch die Luft auf die Erde. Dieser **Luftdruck** entspricht der Gewichtskraft von rund 1 kg pro Quadratzentimeter.

**elektrisches Feld** besteht zwischen negativen und positiven Ladungen oder um eine einzelne positive oder negative Ladung herum. Jedes geladene Objekt in einem elektrischen Feld erfährt darin eine Kraft – wird also angezogen und/oder abgestoßen, je nachdem, wo es sich befindet, wie stark es geladen ist und wie stark das elektrische Feld ist.

**Elektron** → Ladung

**Energie** die Fähigkeit, Arbeit zu verrichten, also etwas zu verändern. Energie kann unterschiedlich auftreten: als mechanische Energie in einer gespannten Feder, als chemische Energie in Kraftstoff, als Wärmeenergie im Heizkörper, als elektrische Energie aus der Steckdose. Alle Energieformen lassen sich ineinander umwandeln, wobei allerdings immer Energie verloren geht.

**Feld** → elektrisches Feld, → Magnetfeld

**Frequenz** Häufigkeit, mit der etwas regelmäßig geschieht, z.B. 60–80 Pulsschläge pro Minute. In der Technik sind häufige Vorgänge meist → Schwingungen und für uns sehr schnell. Hier werden sie pro Sekunde gemessen. Die Einheit dafür ist das „Hertz" (Hz). Der Strom aus der Steckdose hat eine Frequenz von 50 Hz (50 Schwingungen pro Sekunde).

**Gewichtskraft** → Masse

**Gravitation** → Schwerkraft

**Korrosion** Zerstörung von Stoffen durch äußere Einflüsse. Das kann durch Licht, Feuchtigkeit, Hitze und Kälte, mechanische Abnutzung oder die Einwirkung aggressiver Stoffe wie Säuren geschehen. Gäbe es keine Korrosion, würden Dinge ewig halten.

**Kristall** ein äußerst regelmäßig aufgebauter Stoff. Kristalle entstehen aus heißen Schmelzen, flüssigen Lösungen oder gasförmigen Dämpfen.

**Ladung (elektrische)** wird überall um uns herum durch winzige Teilchen verursacht. Ladung kann positiv (+) oder negativ (–) sein, gleichnamige Ladungen stoßen sich ab. Bewegen sich elektrische Ladungen, also die negativ geladenen **Elektronen**, z.B. in einem Draht, fließt ein elektrischer → Strom. Wo mehr Elektronen sind, ist der Minuspol (–), wo weniger sind, der Pluspol (+). Zwischen + und – herrscht eine elektrische → Spannung.

**leiten** transportieren von → Strom oder Wärme durch sich hindurch, also ohne sich selbst zu bewegen. Stoffe, die besonders gut Wärme oder Elektrizität leiten, heißen **„Leiter"**.

**Lichtbrechung** Ablenkung von Lichtstrahlen, wenn sie von einem in einen anderen Stoff kommen. Dies geschieht, weil die Geschwindigkeit der Lichtwellen in jedem Stoff anders ist. Je nach → Wellenlänge werden sie in einem Stoff unterschiedlich stark gebrochen: je kleiner diese ist, desto größer normalerweise die Ablenkung.

**Linse (optische)** Glaskörper, welcher die → Lichtbrechung ausnutzt, um Lichtstrahlen in gewünschter Weise zu verändern, etwa zu bündeln (wie bei einer Lupe) oder aufzufächern (wie bei Streulinsen von Scheinwerfern).

**Lösung** eine Substanz, in der ein oder mehrere Stoffe gelöst sind, z. B. Salzwasser. Dabei verliert der Feststoff, etwa das Salz, seine feste Struktur. Ungesättigte Lösungen können weiterhin Stoffe lösen, gesättigte nicht mehr.

**Luftdruck** → Druck

**Magnetfeld** besteht zwischen einem magnetischen Nord- (N) und einem magnetischen Südpol (S). Jedes magnetisierbare Objekt erfährt in einem magnetischen Feld eine Kraft – wird also angezogen und/oder abgestoßen, je nachdem, wo es sich befindet, wie gut es selbst magnetisiert oder magnetisierbar ist und wie stark das magnetische Feld ist.

**Masse** die Ursache für das Gewicht und die Trägheitskraft eines Körpers. Jeder Körper besitzt eine bestimmte Masse. Durch die Erdanziehungskraft (Gravitation), welche die Masse anzieht, wiegt ein Körper auf der Erde etwas. Die Kraft, mit welcher der Körper angezogen wird, nennt man **Gewichtskraft**. In der Schwerelosigkeit des Weltraums wiegen

Massen nichts, auf dem Mond nur ⅙ so viel wie auf der Erde. Bei einem Astronauten, der auf der Erde 100 kg auf die Waage bringt, zeigt sie auf dem Mond nur rund 17 kg an.

**Molekül** ein kleines Teilchen, das aus zwei oder mehr Atomen der chemischen Elemente besteht. Wasser besteht aus Wassermolekülen ($H_2O$), die jeweils aus zwei Wasserstoffatomen (H) und einem Sauerstoffatom (O) bestehen. Moleküle sind nach den Atomen die nächstgrößeren Bausteine im Universum.

**Oxidation** wenn sich ein Stoff mit Sauerstoff verbindet. Das ist die häufigste chemische Reaktion auf der Erde, weil Sauerstoff reichlich in der Luft sowie im Wasser und der Erdkruste vorhanden und außerordentlich reaktionsfreudig ist. Ein bekannter und lästiger Fall von Oxidation ist das Rosten. Das Gegenteil der Oxidation ist die **Reduktion**.

**Pol** Ursprung von elektrischen oder magnetischen Feldern. → Elektrische Felder haben Plus- (+) und/oder Minuspol (–), → Magnetfelder einen Nord- (N) und einen Südpol (S).

**Reduktion** → Oxidation

**Reflexion** wenn etwas zurückgeworfen („reflektiert") wird. Das kann der Ball an der Wand sein oder der Lichtstrahl, der von Spiegel oder Katzenauge reflektiert wird. Wird der Lichtstrahl vollständig (= total) reflektiert – so, dass kein Anteil des Lichts den Reflektor durchdringt –, spricht man von Totalreflexion.

**Reibung** Widerstand beim Bewegen eines Körpers auf oder an Oberflächen: beim Fahren unerwünscht, da Reibung Energie verbraucht, beim Bremsen wichtig, sonst könnte man nicht anhalten. Die Haftreibung ist die Reibung in Ruhe und größer als die Gleitreibung eines bewegten Körpers. Am geringsten ist die Rollreibung, wenn Körper nicht aneinander schaben,

sondern aufeinander abrollen, sich also nur an kleinsten Flächen kurz berühren.

**Schall** unsichtbare Wellen, vor allem in Luft, aber auch in allen anderen Stoffen (z. B. Wasser). Schallwellen mit 16 bis 20 000 → Schwingungen pro Sekunde (Hz) können wir hören, die mit weniger (Infraschall) oder mehr (Ultraschall) nicht.

**Schmelzpunkt** Temperatur, bei der ein fester Stoff beim Erwärmen flüssig wird. Der Schmelzpunkt ist abhängig vom Stoff und vom (Luft-)Druck. Je stärker der Stoff unter Druck steht, desto höher muss er erhitzt werden, bis er schmilzt, also beginnt, flüssig zu werden. Der Gefrierpunkt ist die Temperatur, bei der ein flüssiger Stoff beim Erkalten fest wird. Meist liegen Schmelz- und Gefrierpunkt bei derselben Temperatur.

**Schwerkraft** Kraft, mit der Dinge von Himmelskörpern wie Planeten angezogen werden. Auf der Erde wird deshalb alles nach „unten", in Richtung Erdmittelpunkt gezogen. Die Schwerkraft hängt von der → Masse des angezogenen Körpers und der Masse des Himmelskörpers ab. Sie wird auch Gravitation genannt.

**Schwerpunkt** ein gedachter Punkt, den man sich als Mittelpunkt der ganzen → Masse eines Körpers vorstellen kann. Er liegt meistens innerhalb, manchmal auch außerhalb eines Körpers, je nach seiner Form: Eine Kugel hat ihren Schwerpunkt genau in der Mitte, ein sichelförmiger Halbmond hat ihn etwas „vor der Nase".

**Schwingung** Wenn etwas zwischen zwei Zuständen hin und her wechselt, etwa ein Pendel.

**Siedepunkt** Temperatur, bei der ein flüssiger Stoff beim Erwärmen gasförmig wird. Der Siedepunkt ist vom Stoff und vom (Luft-)Druck abhängig. Je stärker der Stoff unter Druck steht, desto

stärker muss er erhitzt werden, bis er siedet, also beginnt, zu verdampfen. Der Kondensationspunkt ist die Temperatur, bei der ein gasförmiger Stoff beim Erkalten flüssig wird. Meist liegen Siede- und Kondensationspunkt bei derselben Temperatur.

**Spannung (elektrische)** kommt durch den Unterschied in der elektrischen → Ladung zwischen Minus- (–) und Pluspol (+) zustande. Die Maßeinheit ist das „Volt" (V).

**Strom (elektrischer)** Bewegung von → Elektronen in einem elektrischen → Leiter vom Minus- zum Pluspol. Die Maßeinheit ist das „Ampere" (A).

**Volumen** die Größe, also die Ausdehnung oder der Rauminhalt eines Körpers, gemessen in Liter (l) oder Kubikmeter ($m^3$).

**Wellenlänge** Länge einer Welle von einem Wellenberg zum nächsten. Das kann man sich gut mit Meereswellen vorstellen, wird jedoch meistens als Maß für die Länge der (meist) unsichtbaren elektromagnetischen Wellen (z. B. Funkwellen oder Lichtwellen) benutzt. So beträgt die Wellenlänge des Wechselstroms aus der Steckdose 6000 km, die von sichtbarem Licht ½ millionstel Millimeter. Je kürzer die Wellenlänge, desto höher ist die → Frequenz.

**Zentrifugalkraft/Fliehkraft** Kraft, mit der ein Körper bei einer Kreisbewegung nach außen gedrückt wird, weil er sich aufgrund seiner Trägheitskraft geradeaus – also aus der Kreisbahn heraus – bewegen will.

**Zündtemperatur** Temperatur, ab der ein brennbarer Stoff verbrennen kann, wenn genügend Sauerstoff vorhanden ist. Unterhalb der Zündtemperatur verbrennen nicht einmal leicht entzündliche Stoffe wie Benzin.

# Register

# Bildquellenverzeichnis

aisa, Archivo iconográfico, Barcelona  127
Bibliographisches Institut & F. A. Brockhaus,
    Mannheim  17, 53, 69, 93, 95, 123, 123,
    139, 149, 166
© CORBIS/Royalty-Free  139
GARDENA, Ulm  157
NASA  91
Firma Nautik, Keppler + Vitt, Sasbach am
    Rhein/www.nautik-gmbh.de  67, 113
Firma Orlimed, Filderstadt/info@orlimed.
    de  153
picture-alliance/akg-images, Frankfurt am
    Main  73
picture-alliance/ASA, Frankfurt am Main
    35, 73, 81
picture-alliance/dpa, Frankfurt am Main
    11, 13, 19, 22, 25, 27, 29, 31, 33, 39,
    42, 45, 51, 53, 55, 57, 61, 63, 65, 69,
    71, 75, 77, 78, 79, 87, 89, 93, 97, 99,
    101, 103, 105, 107, 109, 111, 115, 117,
    118, 121, 123, 129, 133, 137, 141, 143,
    144, 147, 159, 161, 163, 163, 165
picture-alliance/Godong, Frankfurt am
    Main  47, 75
picture-alliance/Bildagentur Huber, Frank-
    furt am Main  37, 41, 49, 85, 144
picture-alliance/kpa photo archive, Frank-
    furt am Main  25, 135
picture-alliance/OKAPIA, Frankfurt am
    Main  15, 21, 31, 37, 59, 83, 144, 149,
    151, 169
picture-alliance/Stockfood, Frankfurt am
    Main  13
Firma PRO REEDs Rohrblattbau, München
    Foto: http://peterhundert.com  97
W. Pulfer, München  141

RBT-Raumbildtechnik, Aichwald  121
Torquato, Geesthacht/www.torquato.de
    125
University of Washington Libraries, Special
    Collections  155
Welzel Gerhard, Seeshaupt  95
Westdeutscher Rundfunk/Annika Fußwin-
    kel, Köln  5

Weitere Fotos, grafische Darstellungen,
Karten und Zeichnungen:
Bibliographisches Institut & F. A. Brockhaus,
Mannheim.

# Dank

Dieses Buch wäre nicht möglich gewesen ohne meine Frau,
Lisa Moorwessel, die mich nach Leibeskräften entlastet und auch
sonst in jeder Weise liebevoll unterstützt hat; und nicht ohne
unsere Tochter Karla, die immer wieder ein neues Experiment
von ihrem Papa kennenlernen will. Andreas Wieck danke ich sehr
für die freundschaftlich-kritische Durchsicht der Experimente.

Und Monika Piel, Wolfgang Schmitz, Matthias Wegener, Ulla
Illerhaus und Tobias Gehle herzlich dafür, dass die Experimente
in „Heckers Hexenküche" ein fester Bestandteil von LILIPUZ
und des WDR geworden sind.

Joachim Hecker